U0014573

都市傳說事典

臺灣百怪談

田野訪談—真實紀錄

親身體驗—現代靈異

都市魔幻—社會奇案

何敬堯◎著

小G瑋◎繪

前言：走入臺灣都市傳說的怪談世界

何敬堯

你聽過何種臺灣都市傳說？

神出鬼沒的紅衣小女孩、詭異的黃衣小飛俠、校園裡的學姐倩魂、恐怖遊樂園怪談、半夜出現的日軍幽靈、廁所鬼手……千奇百怪的鯤島都市傳說，你聽過哪些玄奇故事？

猶記得童年時，我對於北宜公路的九彎十八拐靈異故事充滿印象。雖然我小時候從未去過，卻在心中幻想那是一座陰闇鬼域，魑魅魍魎無所不在，道路兩旁隨時飛舞著黃澄澄的紙錢。我幼年時曾告誡自己，以後絕對不能踏足那座拐彎公路，否則將會發生恐怖之事。

長大之後，某次開車旅遊，我無意中駛入了九彎十八拐，當下心驚膽跳，冷汗直流。但是，一路上卻行車順利，沿途風光明媚，山林綠意盎然，也沒有看到傳聞中四處飄飛的黃色紙錢。雖然道路拐彎多，但只要謹慎小心駕駛，開車過程大致上很順利。

這次行車經驗，讓我很訝異，我為何童年時會認為九彎十八拐是一座陰森森的魔域險境？我究竟是在何處聽聞九彎十八拐的怪談？

二〇〇九年，距今十幾年前，當時我就讀新竹清華大學臺灣文學研究所，正嘗試研究臺灣妖怪文化，探索「妖怪、怪異」的時候，同時也觸及都市傳說領域。研究過程中，我終於對九彎十八拐故事形成的脈絡有了一些理解，也逐漸明白自己從小到大聽過的許多鬼故事為何能在我心中烙印下如此深刻的印記。

一直以來，我都是一名膽小之人，現今仍是如此。如果有人跟我一起看恐怖電影，那人通常不會被鬼片情節嚇到，而是被我倏然驚嚇害怕的誇張動作和叫聲給嚇到。

有時候，我很疑惑，自己為何正在研究這些讓我心情緊繃、怕到冒冷汗的詭異故事？或許，我只是想藉由怪談的窗口，一窺臺灣社會文化潛藏的心理意識。或許，我想要理解「恐懼」究竟從何而來，才會開始踏上調查怪談真相的旅程。或許，我只是希望替自己不安定的心靈進行除魅儀式。

於是，我開始訪查各種有關「妖怪、怪異」的奇幻故事，以及本書的主題——臺灣都市傳說。

探訪都市傳說的旅程：錄之存疑

很多人對於臺灣都市傳說有著很大的興趣，並且執著於「破解」都市傳說究竟是真是假。真與假，通常是都市傳說研究者鍥而不捨的終極命題。

都市傳說之中的情節，何者為真，何者為假，固然是重要問題，但是在我的研究過程中，我逐漸發現自己越來越不在意此事。對我而言，真假問題只是次要之事，當第一重要之事已被調查得知（或調查後一無所獲），我才會在次要步驟去檢驗都市傳說的真假問題。

我最在意的第一重要之事，也是我認為都市傳說研究最基本的核心：

這個都市傳說最早由何人、何種社群所流傳？流傳地區是在哪裡？流傳時間是哪個時候？當都市傳說跨越了不同的社群、不同的地區、不同的時間，是否產生變化，發展出哪些不同版本？怪談傳播的媒介是口耳相傳，抑或是電視、報紙、書籍、遊戲、網路、電影……等等不同形式？

這些首要問題之中，我又認為現代都市傳說與「傳播媒介方式」有著千絲萬縷的密切關係。追尋都市傳說的源頭雖然是重要之事，但我認為「傳述過程」更是催生都市傳說誕生的重要因素。

秉持這樣的想法，我開始撰寫《都市傳說事典：臺灣百怪談》一書，在書中簡略介紹一百種臺灣都市傳說內容與怪談傳述形式。

本書寫作基調沿用我在二〇一八年著作《妖怪臺灣地圖》的通俗風格，不偏向過度學術考究論述，而是以簡易明瞭、輕鬆趣味的形式概述臺灣百年來的都市傳說風貌。

同時，本書也會有許多「親身經歷、實地訪查」的資料與照片輔助，以及展示我個人收藏有關臺灣怪談的古書、老海報、黑膠唱片、民俗老物……等等物件，希望讓都市傳說的多元面貌展現於讀者眼前。

本書參考的資料，大致上有五類：書籍報刊、網路資訊、影音媒體（如電視、電影）、我訪談他人的紀錄，以及我個人經歷與感想。前三種資料是都市傳說流傳時的重要媒介，也是見證都市傳說流傳狀態的文本證據。第四種資料是我採訪他人講述怪談的紀錄，而第五種資料則是我個人對於各種都市傳說的感想或實際經驗。

本書使用的第四種資料不少，因為我期望能在書中呈現都市傳說「被講出口」的口述情形。我無意在本書一直維持絕對客觀超然的立場，因此才加入第五種參考資料。都市傳說既然是現代的、當下的民間傳奇，那麼作為現代人的我，應該也可以說明我聽過、經歷過何種都市傳說，並且進一步分享我對於這些怪談的個人想法。基於這種寫作理念，本書很多內容是十分主觀的介紹。

此外，使用主觀立場介紹臺灣都市傳說，另一個原因則是現代怪談的版本太過於紛雜多樣，不同版本之間甚至彼此矛盾。若要以客觀立場詳細分析每項都市傳說的來龍去脈、相異版本，恐怕一種都市傳說就足以發展成三萬字以上的學術論文。限於本書篇幅有限，所以我採取了比較主觀的寫作策略，只向讀者介紹我實際聽聞過、感受過、認為較通俗的臺灣都市傳說風貌。本書說明的都市傳說內容，也許會與讀者們的聽聞經驗有所不同，若有任何差異，敬請見諒。

並且，本書也會記錄一些具有歧視觀點的都市傳說。都市傳說就是一種未經證實的謠言，謠言有時候會充滿惡意，有時候會以負面眼光歧視社會上的特定族群。我撰稿時，不斷掙扎是否要收錄這些「不好的」都市傳說。

後來，我閱讀《香港都市傳說全攻略》一書，書籍作者施志明先生在前言提及：「無論如何，全書的寫作框架上，我們希望一方面將相關傳說記錄下來，說是『錄之存疑』也好。期待有些個案問題，日後能夠成功破解。」施先生的說法，一語驚醒夢中人。

我認為收集臺灣都市傳說，應該可以秉持「錄之存疑」的精神，盡量留下各種都市傳說文本，作為未來參考。因此，我會在這本書中收納一些具有歧視觀點的都市傳說，或者是社會主流觀點認為「不好的」都市傳說。

此外，我也會在書中記錄一些「不太知名」、「逐漸失傳」的怪談，希望能為這些「勢力薄弱」的怪談留下一些足跡，藉此「錄之存疑」。

本書總共收納一百種臺灣都市傳說與傳述情況，我必須坦言書中的「一百篇文章」無法將臺灣所有都市傳說一網打盡。

每一天，臺灣都有可能產生嶄新的都市傳說。有一些以前的都市傳說只流傳在極短暫的時間裡，現今已經很難將那些傳說細節挖掘出土。此外，根據我的初步設想，我認為臺灣在日治時期的都市化、現代化過程中，就開始逐漸產生我們今日定義的都市傳說相關故事，所以臺灣都市傳說脈絡應從臺灣的日本時代開始算起。

如此一來，從日治時期到戰後以來，歷經百年時光，臺灣都市傳說項目簡直多如繁星，難以全面綜覽，許多怪談也因為時過境遷而被遺忘在時間縫隙裡。

因此，本書只希望能以一百篇介紹文章，向讀者簡單描述日治時期至今日的臺灣都市傳說風貌，展現臺灣現代怪談的冰山一角，拋磚引玉，期待讀者也能繼續深入探索鯤島都市傳說文化。

都市傳說的提倡者

都市傳說，也就是流傳於現代社會中的傳奇故事，情節通常靈異恐怖、怪異神祕、難辨真偽，有時候很難查證源頭出處。都市傳說的內容，經常反映現代都市生活情境，讓人感覺似乎真有其事，另外也有可能是古代鄉野怪談的當代版本。至於都市傳說的流傳，有時候是口耳相傳，也可能藉由電視、報刊、網路……等方式流傳四面八方。

都市傳說的研究，始於一九六〇年代，當時美國正興起「都市民俗學」（Urban Folklore）的研究。在這個研究浪潮中，學者理查德・多爾森（Richard M. Dorson）使用「都市傳說」（Urban Legend）這個詞彙來形容現代都市流傳的故事。之後多爾森的學說由他的學生布魯范德（Jan Harold Brunvand）繼承，布魯范德持續完善都市傳說理論，並且讓「都市傳說」一詞廣為世人熟知。

對於布魯范德來說，一九五九年是很重要的一年。那一年，布魯范德協助多爾森校對他的著作《美國民俗》（*American Folklore*），書中最後一章舉例了百貨公司傳說、包裹中的死貓等故事，讓布魯范德印象很深刻。不久之後，布魯范德看到地方報紙刊登了一個類似多爾森書中故事的新聞，撰稿者聲稱是真實經歷。布魯范德覺得這篇新聞很有趣，便將這篇報頁剪下來，這就是布魯范德收集的第一個都市傳說文本。之後，他持續收集大量的故事文本，開始認真研究都市傳說。

布魯范德的都市傳說研究很有影響力，他的學說流傳於世界各國，也盛行於日本與漢文化圈之中。除此之外，布魯范德在都市傳說領域的重要成就，是奠立了都市傳說研究類型的基礎，並且訂定了通用的「都市傳說類型索引」。

布魯范德最知名的作品是一九八一年出版的《消失的搭車客：美國都市傳說及其意義》（*The Vanishing Hitchhiker: American Urban Legends and Their Meanings*），這本書以民俗學角度分析美國都市傳說故事，進一步解釋民間傳說不只流傳於古代傳統社會，現代都市環境也會產生具有神奇色彩的傳說怪談。布魯范德認為研究都市傳說，可以成為研究現代都市文化的一種方法學。

很特別的是，布魯范德感興趣的都市傳說，不限定於新聞報章上的故事，他也會關注電影、音樂、漫畫、電子遊戲……等等通俗文化上的怪談現象，將之視為研究材料。

布魯范德的都市傳說研究，在世界各國非常流行。例如，一九八〇年代末期，布魯范德學說被引入日本，「都市傳說」這個詞彙漸漸被運用於民俗學以外的領域，成為日本人對於現代怪談的通俗稱呼。時至今日，臺灣受到日本大眾文化的影響，也十分流行「都市傳說」這個詞彙。

一九九三年，布魯范德在《嬰兒列車》（*The Baby Train*）書中將都市傳說列出數個類型索引，之後在二〇一二年出版的《都市傳說百科全書》（*Encyclopedia of Urban Legend*）一書將原先的索引擴充並修訂，列出十種都市傳說主題，羅列如下：

1. 關於汽車的傳說。
2. 關於動物的傳說。
3. 恐怖傳說。
4. 意外事故傳說。
5. 性和醜聞傳說
6. 犯罪傳說。
7. 商業和職業傳說。
8. 政府、軍事和社會的傳說。
9. 名人傳說。
10. 學院傳說。

布魯范德的十種都市傳說類型，清晰簡單，容易分類，雖然有其侷限（例如一個怪談包含多種元素該如何分類？），但是這種分類系統依然成為目前世界上最具權威性、普遍性的分類方法。

布魯范德在都市傳說研究領域有著卓越貢獻，但是也有人質疑他，認為他背棄了民俗學最重視的「口述傳統」。此外，也有人不滿意「都市傳說」這個詞彙，而是採取「當代傳說」(Contemporary Legend)、「現代傳說」(Modern Legend)、「都市信仰故事」(Urban

Belief tale）等等稱呼。

關於都市傳說概念，還有一點需要特別說明。現代日本的都市傳說經常包含「靈異、恐怖」的情節，受到日本影響，許多臺灣人可能先入為主認為都市傳說就是鬼故事、靈異故事、恐怖故事。

事實上，都市傳說不一定擁有「靈異、恐怖、神鬼、死亡、血腥」的情節。根據布魯范德建立的都市傳說類型索引，恐怖傳說、超自然傳說只是都市傳說其中一種類型，另外還有許多種類的都市傳說不會涉及這些黑色情節，甚至可能只是詼諧戲謔的開玩笑故事。

例如，臺灣中部年輕人喜談八卦山大佛是隱藏版的「大佛機器人」，這個都市傳說就不涉及恐怖或鬼魅。

臺灣都市傳說的百年時代

研究臺灣都市傳說，第一個面臨的問題是時代範圍。究竟從哪個時間點開始，臺灣民間怪談才算是都市傳說？

西方學者大致上會以十八世紀至十九世紀的「工業化」作為分水嶺區分傳統與現代都市傳說的界線。例如布魯范德在《消失的搭車客》書中收集的許多案例，早期的故事可追溯至一九三〇年代。

在一九九〇年代，中國學術界受到布魯范德學說影響，開始積極探究中國都市傳說概念。有學者曾以中國進入「現代化」（改革開放、經濟起飛）來做分水嶺，界定一九八〇年代之後的中國民間傳說才算是當代都市傳說。

至於香港學者施志明、潘啟聰在二〇一九年合著出版的《香港都市傳說全攻略》一書，則將香港都市怪談的時間點從二十世紀初期（一九〇〇年）開始算起。

今日臺灣都市的建設起點始於日治時代，當時殖民地政府在臺灣推動一系列都市化建設，以西方現代化制度為典範，在臺灣進行文化、教育、經濟、公共衛生等等改革，促使臺灣邁向現代文明之路。因此，談論臺灣都市傳說之時，我認為日治時期是鯤島都市傳說開始慢慢成型發展的時代。

我初步設想，日治時期的民間傳說故事，只要曾經受到新興的大眾傳播媒體的推波助瀾（如報紙、刊物⋯等等），或者與日治時期特殊現代化社會情境有關，我就會視為具有「都市傳說」的特質。

日治時期，許多流傳於城市巷弄間的傳奇故事（例如運河水鬼喜抓情侶、基隆分屍案靈異怪談）是大眾茶餘飯後的閒話，甚至戰後依舊盛傳，成為電影、小說、戲劇的熱門題材，影響力不容小覷。

「都市傳說」詞彙中的「都市」隱含著「現代、當代」的意涵，所以並非是指「故事場景只在都市發生的怪談」，而應該理解為「在現代化都市生活中流傳的怪異故事，涉及現代生活場景」。因此，像是出沒於臺中山區的紅衣小女孩，雖然現身於荒郊野外，但其故事流傳於現代社會中，因此也屬於都市傳說。

都市傳說就是流傳於現代化都市生活中的怪談，所以將日治時期的民間怪談視為臺灣都市傳說的起點，應該合情合理。

因此，本書介紹的鯤島都市傳說，將會以日本時代為起點，延續至戰後，也會提及這幾年新誕生的都市怪談。

另外，雖然我編寫本書時，曾經參考布魯范德的分類來找尋臺灣都市傳說案例，但是本書分類方式不會沿用布魯范德分類法。我希望這本書不要偏向學術化、條列化，所以書中介紹各項都市傳說的順序將會較為隨興，我考量的是各篇文章串聯起來閱讀的節奏感。

儘管如此，編寫此書還是需要一些簡易的分類法則，讓一百篇文章不會雜亂無序。於是，從一九四五年戰後至今的都市傳說，我以都市傳說發生地點作為初步分類，分為「城市怪談」、「學校怪談」、「鬼屋怪談」、「野外怪談」這四類。這四種分類彼此之間的界線很模糊，只是為了方便讀者概略得知怪談發生的主要場所而暫時分類。若讀者想瀏覽各種都市傳說的元素與詳細分類，可以參考本書卷末的分類表〔怪談元素簡易索引〕。

本書的撰寫過程

其實，《都市傳說事典：臺灣百怪談》一書會產生，純屬意外。這本書原本不屬於我人生寫作清單中的計畫。

二〇一九年八月底，奇幻基地出版社編輯張世國先生藉由臉書（Facebook）寄來訊息，向我詢問能否與我合作，共同推出一本介紹知名都市傳說的書籍？當時，我正忙碌於《妖怪鳴歌錄》奇幻小說完結篇，一心撰寫臺灣妖怪阻止地牛魔獸破封滅世的故事，實在分身乏術，無法回應張編輯的盛情邀約。

因此，我只是禮貌回覆對方，感謝對方來信，不過並沒有正面回答對方的邀請。這時，張編輯持續來信介紹他的各種構想，甚至用心撰寫了一份企劃書給我參考。我對於張編輯的熱情很訝異，詳細閱讀他寫的企畫書之後，我也非常敬佩他對於都市傳說概念的闡釋。

雖然，我有兩個月的時間幾乎「已讀不回」張編輯陸續傳來的訊息，但我其實很感動他想要推廣都市傳說文化的心意，也很欽佩他提出的企劃書內容。左思右想之後，我總算回覆對方的來信，說明自己也許可以撰寫臺灣都市傳說之書，但我也表明自己正在忙碌寫作，無暇顧及都市傳說企劃案，必須要等一年多的時間之後，我才有時間動筆。沒想到，張編輯對於我提出的寫作時間並無異議，開口就說願意等我。我很感謝張編輯如此深厚的信任與支持，於是就決定接下這個企劃案。

二〇二〇年底，我終於完稿《妖怪鳴歌錄：安魂曲》，正式完結「妖怪鳴歌錄」奇幻系列作，總算有時間思考都市傳說書籍架構。二〇二一年一月，我開始動筆寫作本書《都市傳說事典：臺灣百怪談》，同年五月寫完十八萬字的書稿。

雖然本書的實際執筆時間只有短短五個月，但其實書中大量資料是我從七年前編纂《妖怪臺灣》時就開始田野調查的臺灣都市傳說故事。我蒐集臺灣都市傳說資料，原本只是希望當作日後寫小說的參考材料，不過接受張編輯邀請之後，我便決定將這些資料當作基礎來寫作本書。

昔日蒐集都市傳說資料，受到許多師長、朋友的幫助，我萬分感謝。尤其是二〇二〇年夏季，我受到中正大學江寶釵老師的邀請，擔任中正大學駐校作家，開設臺灣妖怪文化講座。駐校講座中，我以問卷調查方式，蒐集了學生願意公開分享的都市傳說經歷。能有這個難得的機會，我由衷感激江寶釵老師，謝謝江老師一直以來的支持與協助。在中正大學講課的時光，如此美好而愉快。

在臺中學校教書的林老師，也在我蒐集都市傳說文本時，給予我非常大的幫忙，實在感激不盡。萬分感恩願意與我分享都市傳說故事的許多前輩、朋友，謝謝您們的分享，此書才能完成。感謝畫家小Ｇ瑋的巧筆奇畫，臺灣都市傳說的神祕風貌於焉展現，讓人驚嘆不已。能夠再次與他合作，是我莫大的榮幸。

以及，非常感謝奇幻基地張世國編輯的耐心等待與支持，本書才擁有誕生的機會。

臺灣都市傳說的異世界，還有許多未解的謎團，本書也有諸多不足與缺憾。但我仍希望盡力查訪各種都市傳說的怪異風貌，呈現鯤島現代傳奇故事的趣味面向。

關於奇異的傳說怪談，我的態度一向是不肯定，也不否定，永遠抱持開放的心，期望自己能以同理心面對世上一切存在。

對於妖鬼靈怪的世界，我認為人們可以不相信，也可以相信，兩種態度都無傷大雅，人人自有選擇。選擇相信或不相信，我認為是人類天生擁有的權利。但如果因為執著於相信（或不相信），而對他人他物做出無禮、傷害的舉動，或者是強迫別人跟從自己的選擇，或者為了調查都市傳說而犯罪，我認為這就是錯誤的行為。

例如，為了調查鬼屋傳說真假，因而闖入私人土地，這就是違法之事。或者像是「詛咒信」，將惡念寄送給他人，這也是不好的行為。有時候，為了驗證、破解都市傳說，結果傷害了自己或他人的身體髮膚，這種行為更是絕對的錯誤。

妖怪鬼神之說，都市傳說是真是假，我認為每個人都可以擁有各自的詮釋。至於比這種詮釋更重要的事情，我認為應該是隨時隨地對於萬事萬物懷抱尊敬之心、同理之心。因此，我也希望能在本書傳達這個理念。

鯤島都市傳說，奇妙而不可思議，期待本書百篇怪談能帶來閱讀的樂趣，這是我心中最為盼望的祈願。

何敬堯 6/1 大肚山

何敬堯 @作者

小說家，臺中人，定居大肚山。臺灣大學外文系、清華大學臺灣文學研究所畢業。寫作主題橫跨奇幻、歷史、推理、妖怪。近年來耕耘於臺灣妖怪文化領域。榮獲全球華文青年文學獎、臺大文學獎、臺北縣文學獎。美國佛蒙特藝術中心駐村創作、中正大學駐校作家。作品已被改編為漫畫、手機遊戲、桌上遊戲……等形式。近年作品《妖怪臺灣》、《妖怪鳴歌錄》則陸續改編成音樂劇。

【歷年著作】

二〇一六年，懸疑小說《怪物們的迷宮》。

二〇一六年，駐村筆記《佛蒙特沒有咖哩：記那段駐村寫作的日子》（合著）。

二〇一七年，妖怪集錄《妖怪臺灣：妖鬼神遊卷》，榮獲金石堂年度十大影響力好書。

二〇一七年，時代小說《華麗島軼聞》（合著），榮獲博客來 OKAPI 年度選書。

二〇一九年，妖怪遊記《妖怪臺灣地圖：環島搜妖探奇錄》，榮獲文化部中小學生讀物選介。

二〇二〇年，妖怪集錄《妖怪臺灣：怪譚奇夢卷》。

二〇二二年，怪談集錄《都市傳說事典：臺灣百怪談》。

【妖怪鳴歌錄．奇幻小說系列】

二〇一八年，《妖怪鳴歌錄 Formosa：唱遊曲》【上集】，榮獲臺灣文學館好書推廣、文化部中小學生讀物選介。

二〇二一年，《妖怪鳴歌錄 Formosa：安魂曲》【下集】。

小G瑋 @繪者

FB : https://www.facebook.com/dragoss27/
IG : smallgwei
twitter : https://twitter.com/f941522
tumblr : https://smallgwei.tumblr.com/

臺灣臺北人，畢業於東海大學美術系油畫組，二〇一五年開始創作關於神明系列插畫，擅長塑造角色，其中以Q版神怪角色廣受喜愛，二〇一六年完成以神明為主軸的《東方眾神畫冊》，到二〇一九年與何敬堯合作的《妖怪臺灣地圖》、日本雜誌《怪與幽》，二〇二一年則開始連載妖怪武俠漫畫《墨厭》，從此奠定於神怪界的奇幻繪師。

【學歷】
復興商工 - 廣告設計科。
東海大學 - 美術學系 油畫組。

【獲獎】
二〇〇八年，國泰藝術節 金獎。
二〇一五年，巴哈姆特 ACG 漫畫創作大賽 入選。

【作品】
二〇一五年，《東方眾神》，神明角色公仔。
《祕雕魚》，插畫繪本。
《九份劇場》，壁畫&角色設定。
《玉兔搗蛋》，角色設定。
原創短篇漫畫《搖滾大作戰》。
《未來漁夫》短篇漫畫。
《浪人十二生肖》插畫&角色。
二〇一九年，《轉生賦》插畫創作。
二〇二一年，《墨厭》蓋亞出版連載漫畫。

目錄

【校園怪談】

【鬼屋怪談】

【野外怪談】

日治時期怪談

奇聞一 運河奇案：傳說中的殉情地點

怪談元素・水鬼、戀愛

我聽到不可思議的怪談……

日治時期，一九二六年正式開通的臺南安平新運河是名噪一時的殉情之地。

情侶或妓樓女子如果感情不順，經常在這條運河跳河自殺，「美人浮屍」的新聞屢見不鮮。

因為運河殉情事件太多，民眾認為此河藏有水鬼，可能會找人抓交替。因此，人們就在岸邊設立菩薩神像，祈求神靈保佑憾事不再發生。

探查筆記

都市傳說有時候會流傳「自殺地點」，例如日本最知名的自殺森林「青木原樹海」，每年都有許多人在這座森林中喪失寶貴的生命。臺灣在日本時代，也有遠近馳名的自殺地點，並且專門針對殉情之人，那就是開通於一九二六年的臺南安平新運河，許多日本內地人或本島人都會來到此處結束生命。

臺南運河自殺案，最有名的故事是名妓金快與吳姓情人在河中殉情，此事據說發生於

今日的臺南運河。

運河奇案故事，曾被改編為電影、歌曲等等創作。這是筆者收藏的早期黑膠唱片《運河悲喜曲》封面，此作品也取材自運河奇案故事。

一九二九年。當時金快是新町遊廓南華園第一名花，所以她與情人互抱投河的憾事，在民間流傳甚廣，人們也將此事改編為「運河殉情記」、「運河奇案」等等故事。

民間傳聞中，大多認為金快是一位多才多藝的藝旦。藝旦是具備詩文戲曲才能的風月女子，會在酒樓陪伴客人吟詩唱酬。通常藝旦並不賣身，若客人與之交情越來越深厚，藝旦女子才有可能與對方共度春宵。當藝旦文化沒落之後，藝旦賣身情形才逐漸增多。

因為臺南運河頻傳殉情事件，人們懷疑河中有水鬼，才會不斷找替死鬼。一九三一年，臺南文人洪鐵濤曾在《三六九小報》撰寫一篇〈擬祭臺南運河水鬼文〉，致祭運河水鬼之靈，感嘆水鬼生前坎坷命運，期望水鬼能夠同病相憐擁有類似遭遇的可憐活人：

「視與爾（水鬼）同病者，應為相憐，呵之護之，且暗中而扶助之，俾勿蹈爾故轍，庶可藉此吐爾胸中不平之氣。」

17 Formosa Singer.（臺灣情調）
日本の藝妓さんとは少し違ひます踊はしません歌ふだけで
高い聲で歌ひます一種の哀情を含んだ異國情調と云ふ感じで

日治時期，風月場所的女子不一定都會賣身，也有可能單純賣藝，例如「藝旦」。筆者收藏一張發行於一九三〇年代的繪葉書（明信片），圖片女主角是當時的臺灣藝旦，名為「寶釵」，裝扮十分時髦。

明信片介紹說明：「Formosa Singer：與日本藝妓略有差異，不舞蹈，只唱歌。嘹亮高亢的歌聲中，流露著一種蘊含哀傷情緒的異國情調。」

一九三五年出版的《風月》雜誌報導過一名藝旦「寶釵」，推測可能就是此張明信片的女主角。根據雜誌介紹，當時她芳齡十七，住在臺北太平町四丁目，曾在孔雀珈琲店擔任女給，通曉日語，也曾參與日本治臺四十週年的臺灣博覽會表演活動。

怪談元素：女鬼

奇聞二 妓婦之靈：身世悲慘的女鬼

我聽到不可思議的怪談……

日治時期，臺灣在近代化、都市化的過程中，繁華的都市生活也讓特種行業欣欣向榮。不過，許多投身於花街柳巷的女子，可能身不由已，或者被騙，或者被迫，因此才會流落煙花巷。

命途多舛的妓樓女子，有時候會選擇了結自己的生命，或者與情人殉情而死。有時候，人們會在城市暗巷中，目睹她們哀戚的幽靈。

探查筆記

竹中信子在一九三〇年出生於臺灣，成長於宜蘭蘇澳，是一位「灣生」。她十五歲時，因為日本戰敗而離開臺灣。之後，她為了追尋故鄉臺灣的歷史，於是撰寫《日治台灣生活史：日本女人在台灣》四冊系列書，書中詳細介紹臺灣日治時期的庶民史，尤其關注殖民地日本女性的命運，更著重描述當時娼妓業的情況。根據她的研究，日治初期渡臺的日本女性，大多是從事娼妓業的女子。

竹中信子秉持著人道關懷的角度，研究當時特種行業的各種風貌。她探討了女子墜入火坑的理由、娼妓業管理政策的施行情況，也在書中提及當時流行的妓婦幽靈傳說。她撰寫的系列書「明治篇」，描述了當時傳說的概況：

「報紙時常刊載台北出現幽靈的新聞。據說有人在昏暗的深夜裡點著燈，在舊房子看到一個狀似藝妓的女鬼，露出十分痛苦的樣貌。這個消息很快就傳遍大街小巷，引起騷動。記者得知後報導出來。謠言傳了一陣子，民眾都半信半疑，甚至在好奇心的驅使下群集在傳聞的現場。這種藝妓和娼妓幽靈的傳聞，正道出她們充滿怨恨的人生。」

竹中信子在書中描述，那時候被賣到臺灣來賣淫的日本女性，很多人的遭遇都很悲慘。因此，竹中信子認為，接二連三出現的幽靈傳聞，其實是「民眾對這些女性的同情和正義感的投射」。

奇聞三

基隆七號房：吉村殺妻分屍案

怪談元素：犯罪、女鬼、戀愛

我聽到不可思議的怪談……

臺灣在日本時代，曾經發生驚悚的分屍案，社會議論紛紛。恐怖的分屍案發生在基隆，日人吉村恒次郎殺害其妻，並與情人將妻子分屍，屍塊放入石油罐中，拋棄於基隆港外海。吉村之妻被殺後，當地傳言其妻亡魂會在暗夜現身，甚至有人看到鬼火飛舞空中。吉村殺妻分屍案轟動社會，當時報紙會連日報導警方辦案進度，民眾也爭相進入法庭旁聽案件。後來，此事件經過民間渲染流傳，俗稱「基隆七號房慘案」。直到今日，仍有基隆耆老傳述七號房靈異慘案。

探查筆記

殺人事件經常成為都市傳說渲染的焦點，日治時期知名的殺人分屍案是吉村殺妻事件，經過民間傳述，俗稱「基隆七號房慘案」。

社會大眾認為，「七號房」就是命案發生處。不過原始案件中，兇手吉村恒次郎居住在基隆天神町九七番地，此處才是吉村絞殺其妻的行兇場所。學者推測「七號房」可能源自於「九七番地」數字。

吉村殺妻事件，簡介如下：總督府交通局書記吉村恒次郎，娶妻宮氏，另外與女子屋良靜有私情，所以正妻宮氏很厭惡屋良靜。一九三四年，吉村與屋良靜生下的女兒意外死亡，屋良靜怨恨宮氏曾說要殺死其女，於是她就慫恿吉村殺害其妻。吉村同意情人想法，某夜就以手巾絞殺了宮氏，並將屍體帶到義重町的屋良靜住屋處，和她一起分屍其妻。宮氏屍體被分為頭部、兩腕、兩腳、胴體等部分，分裝於四個石油罐內，拋棄於基隆外海。

吉村妻子被殺之後，其妻亡魂時常出現，靈異事件頻傳。根據《臺南新報》的報導文章，當時人們謠傳天神町的吉村家至義重町之間常有鬼火飛跳，傳言是宮氏亡靈含冤現身。此外，屋良靜被警方訊問時，突然精神錯亂，滴水無法入口，人們也傳說她是被宮氏鬼魂掐脖子。

宮氏亡靈的怨念，甚至影響了捕魚業者。殺人案發生時，當時基隆港應該是漁獲量很多的時節，但漁獲量卻銳減。於是人們謠傳，宮氏亡靈在水底作祟，導致魚群被怨魂沖散。因此，捕魚業者在魚市場舉行供養儀式，期望能撫慰宮氏之靈。沒想到未過兩天，漁獲竟大豐收，魚價暴騰，業者歡天喜地，也讓宮氏鬼靈之說更加盛行。

吉村殺妻分屍案，經過口耳相傳，流傳越來越廣，並且成為創作者的熱門題材，像是臺語片、歌仔冊、電視劇、電影都有相關作品。

今日的基隆港口。

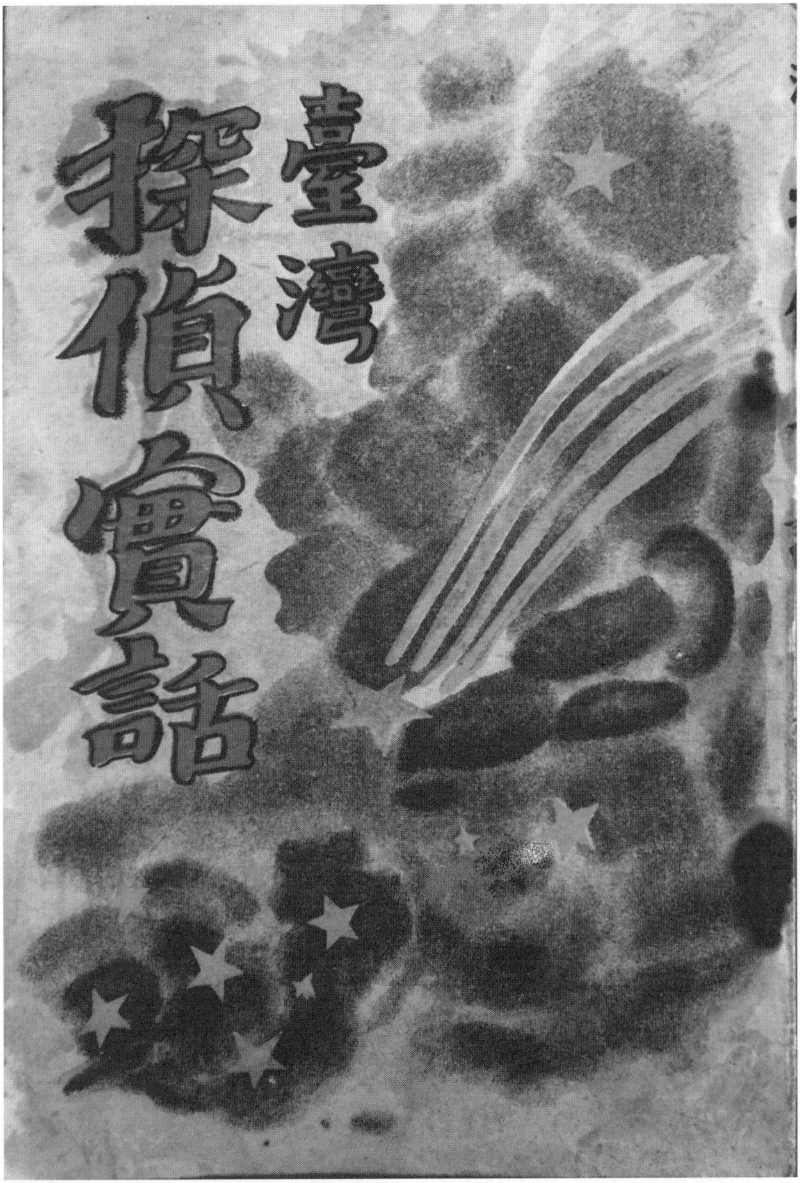

日治時期，吉村殺妻案很轟動，這件慘案是人們茶餘飯後的熱門話題。《臺灣探偵實話》（一九四三年）曾在書中詳述此案件經過。

奇聞四

二林奇案：扮鬼嚇兇手

怪談元素：犯罪

我聽到不可思議的怪談……

現今的彰化縣二林鎮，在日本時代末期曾經發生過恐怖的殺人滅屍案，轟動一時。據說兇手盧章殺害好友石阿房，奪走對方錢財，埋屍於甘蔗園。警察辦案時，鎖定嫌疑犯盧章，派人裝扮成石阿房鬼魂，恐嚇盧章，才讓盧章認罪。後來這樁案件流傳於民間，被人們稱為「二林奇案」。

探查筆記

「二林奇案」是臺灣知名傳說，曾被改編為唸歌、歌仔冊，也有人錄製成廣播劇、黑膠唱片，是昔日社會大眾耳熟能詳的經典奇案。

不過，流傳民間的「二林奇案」故事內容究竟有多少真實情節，難以詳細考證，目前可以參考的資料是《二林鎮志》書中記錄的故事。

根據《二林鎮志》的調查，二林地區發生殺人滅屍案，時間可能是一九四一年至一九四四年之間，大約是春末夏初時節。

據說犯人盧章是二林鄰近的芳苑鄉人，他與客家人石阿房是好友，兩人都是被日本人徵調到戰地的軍夫（非正規軍，運輸彈藥、糧食等軍備物資）。兩人返鄉之後，盧章從事農作，石阿房在北部從事貿易買賣，產業頗大。石阿房某日攜帶大量現金南下到二林鎮，想要買花生到北部銷售。這時，盧章來到二林旅社跟石阿房會面，覬覦好友錢財，於是帶著石阿房到郊外，趁機打死對方，埋屍於甘蔗園內。後來，石阿房之妻等不到丈夫回家，向警方報案。辦案警察名叫洪有來，他訪查多日，最後鎖定嫌疑犯盧章，於是派人扮演石阿房鬼魂，半夜在拘留室內恐嚇盧章，才讓盧章俯首認罪。

《二林鎮志》的文章資料，主要來自彰化縣芳苑鄉耆老陳守（一九一五年～？）的口述，因此很難判斷書中故事的真實性，也有可能是耆老將早期唸歌藝人的說唱內容添入奇案情節之中。

「二林奇案」的原始情況究竟如何，目前不得而知。不過在民間說唱藝人的改編之下，這則奇案擁有許多曲折離奇的情節。

例如，陳再得編著《二林奇案：盧章打死石阿房》，著重描寫盧章與石阿房在戰地前線胡作非為的過往，兩人會侵犯、殺害女子，導致女鬼跟隨兩人身旁。警方辦案時，派人假扮石阿房鬼魂，甚至將牢房設計成陰間閻王殿，聘請戲班扮演黑白無常等鬼官，讓盧章嚇到坦承犯案。

怪談元素：犯罪

奇聞五

廖添丁：神出鬼沒的義賊

我聽到不可思議的怪談……

廖添丁是日治時期的義賊，據說他擁有高超武藝，神出鬼沒，專門劫富濟貧，深受民眾喜愛。神通廣大的廖添丁，後來被同夥殺害。廖添丁雖然不幸殞命，但民間一度謠傳他未死，人們傳言他仍然暗中行俠仗義，仁義幽影依舊穿梭於城市巷弄之間，成為臺灣獨特的奇俠傳說。

探查筆記

廖添丁，出生於大肚上堡秀水庄（現今的臺中市清水鎮秀水里），生於一八八三年，卒於一九〇九年。人們認為廖添丁是義賊，他會在半夜飛簷走壁，專門劫富濟貧。

一九〇九年，廖添丁被同謀楊林背叛，楊林以鐵鍬擊殺廖添丁。廖添丁死後，民間謠傳他未死，死亡消息只是掩人耳目，他其實仍然暗中行俠仗義。

廖添丁未死的謠言，讓日本政府很困擾，於是在報紙闢謠，嚴正否認傳言。不過，就算人們認為廖添丁已死，關於他的神奇傳說，依然在民間流傳不歇。

例如，一九一〇年一月十六的《漢文臺灣日日新報》報導：「廖添丁之墓，該地之人多有持香禱求者，以為生時兇猛，死後必為雄鬼。」當時人們會祭拜其墓，祈禱病癒平安。此外，該年四月一日的另一篇日文報導〈迷信兇賊之靈〉則提到廖添丁的託夢傳說。

據說當時有一名劉姓老婦哭訴於廖添丁墓前，因為她借錢給某人，某人卻久未還錢，老婦只能祈求廖添丁主持正義。後來，廖添丁鬼靈竟然出現在某人夢中，責罵對方膽敢賴帳於老婦。某人驚醒後，隔天趕緊還錢。老婦人感謝廖添丁有靈，大祭其墓，此事因而傳開，人們更加相信廖添丁死後有靈。日警聽聞此事，認為可疑，於是拘押劉婦審問。劉婦被關之後，廖添丁竟然顯靈於日警妻子夢中，大聲斥責日警隨意拘押無辜老婦，其妻因而驚醒。日警得知此事，大驚失色，趕緊釋放老婦。

神通廣大的廖添丁，生前神出鬼沒，死後更能任意出現於人們夢中，不愧是市井小民津津樂道的傳奇人物。廖添丁傳說在日治時期流傳廣泛，到了戰後依然繼續傳頌。例如廖漢臣撰寫《臺北城下的義賊廖添丁》、歌仔冊《臺灣義賊新歌廖添丁》，或者是電影、電視劇演出其人其事，都讓廖添丁故事更加流傳四方。

城市怪談

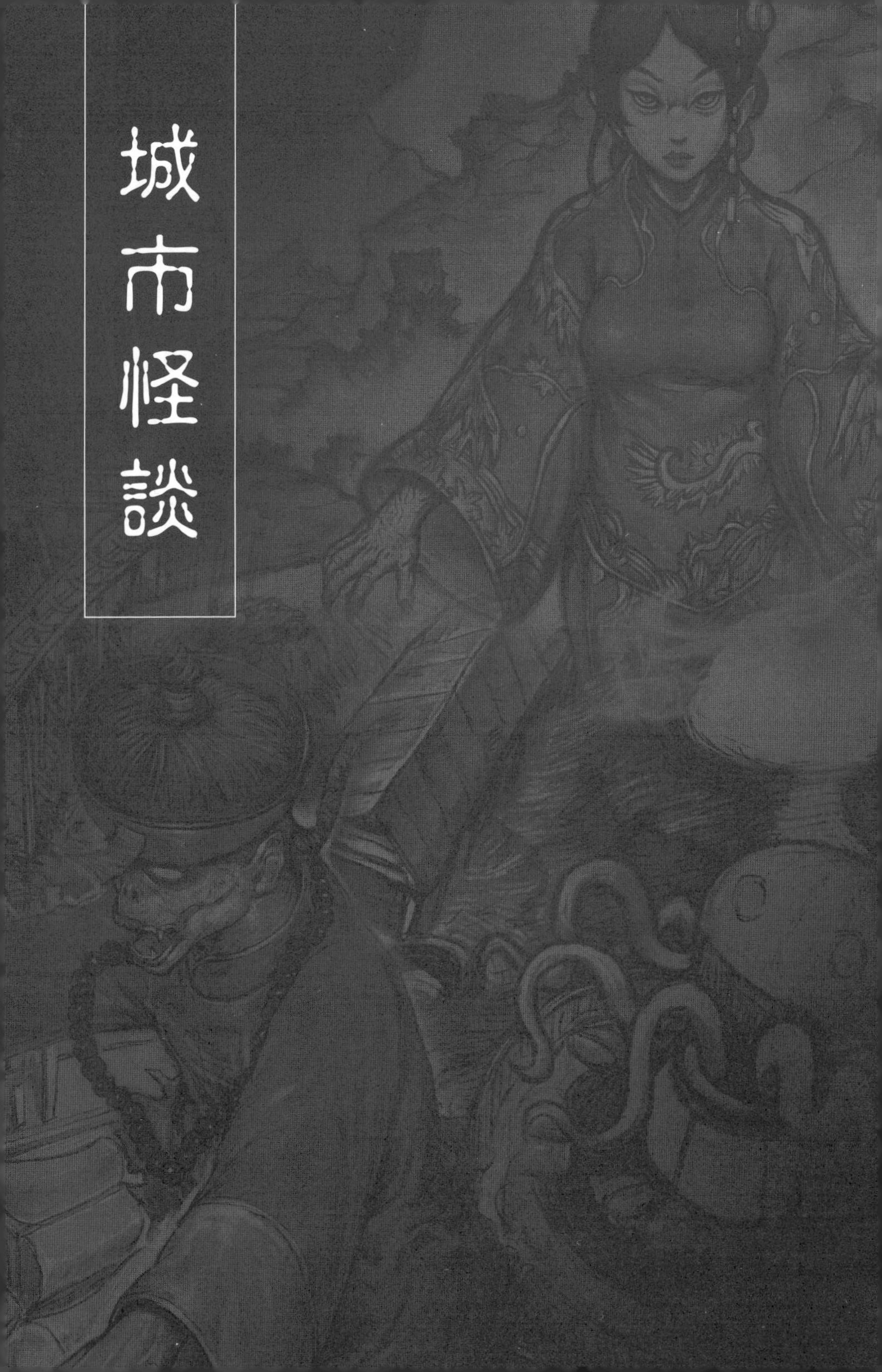

奇聞六

幽靈船：神出鬼沒的勾魂船

怪談元素：意外災難、地獄

我聽到不可思議的怪談……

臺中黯夜天空，曾經浮現一艘神祕的幽靈船。據說，幽靈船之所以出現，是為了找尋人類的靈魂，將亡魂帶上船，駛向陰間地獄。

這艘幽靈船，能夠漂浮於空中，神出鬼沒，誰也不知道它會航行何方。如果意外看到了幽靈船，聽說就會發生極為恐怖的災厄。

人們謠傳幽靈船一開始的行蹤，是在臺中衛爾康西餐廳的上空。在一九九五年的餐廳大火中，幽靈船就將許多亡靈抓上船。

後來，臺中的第一廣場上空，據說也浮現了詭異幽靈船的幻影。人們傳言，幽靈船想要抓走一百個亡魂，才會停止勾魂行動。一時之間，人心惶惶，深怕災厄從天而降。

原本，幽靈船的都市傳說只在臺中流行，之後傳聞越來越廣泛，在臺北三重、臺南中國城……等等地區，都聽說有人目擊幽靈船蹤影。

幽靈船

探查筆記

一九九五年二月十五日晚間，厄火濃煙突然竄燒天際，不平靜的臺中夜晚，發生了衛爾康西餐廳大火事件，總共造成六十四人死亡，十幾人受傷。當時這場事件，是臺灣公共安全事件中，死亡人數最多的一場悲劇。

隔日，《中國時報》新聞文章〈濃煙四起，再也沒看見人逃出來〉提及火災現場的狀況，餐廳二樓後方的逃生道路被封死，前方的強化玻璃無法打破，導致許多客人和員工成堆慘死於靠窗口的地帶。

經過調查，起火原因是瓦斯漏氣，引發大火。傷亡人數如此高，是因為餐廳一、二樓的逃生道被封閉，讓人們被火勢包圍，進退不得。

調查過程中，市府發現衛爾康只有申請餐廳營利事業登記，裡面的自助式ＫＴＶ沒有登記資料。而且依照都市計畫分區使用的限制，二樓也屬違規營業。

火災事件過後，政府開始積極面對公共安全，修訂許多安全法規。

民間方面，這場火災事件引起社會譁然，學校開始加強宣導出外遊玩的安全。當時，我也曾聽到老師在課堂上說明這起事件，呼籲同學出外要隨時注意安全。

這起事件造成很大的轟動，人們議論紛紛，甚至開始出現不可思議的傳言。有人說，餐廳大火奪人性命，是因為當時空中有一艘幽靈船，會將人魂帶上船。而且還有人說，不久之後，這艘

金沙百貨大樓，在二〇〇五年，十八樓發生火災，造成四死三傷的憾事。當時，臺中人也傳聞此事與幽靈船相關。

幽靈船就現身於臺中第一廣場的上空，彷彿預言此地即將發生災禍。不過後來，第一廣場並沒有發生任何事故。儘管如此，幽靈船現身的傳言依然不歇。在一九九五年十月八日的《聯合晚報》報導文章〈流言可畏，臺中人寧願相信……〉就說到第一廣場的幽靈船傳說鬧得沸沸揚揚，並且在學校內流傳廣泛。

根據一九九六年二月二十八日的《中國時報》臺中市新聞版面，有一篇〈「幽靈船」續航？〉報導文章，提及當月十七日發生的「夏威夷三溫暖大火事件」造成十七人喪生火窟，人們懷疑幽靈船再度開航，才會造成火災傷亡事件。從這篇報導可知，當時的幽靈船傳說很熱門，而傳聞的內容則是：「**傳說有一艘幽靈船正在臺中市巡航，將載滿百名冤魂前往地府。**」

後來，幽靈船的巡航範圍越來越廣，據說在臺北三重、臺南中國城……等地，都有幽靈船的蹤影。人們謠傳幽靈船所到之處，將會發生恐怖的事件。

二〇〇五年，臺中金沙大樓發生火災，造成傷亡事件，據說幽靈船也是幕後黑手。

時至今日，幽靈船的都市傳說已經流傳臺灣各地，並且產生一些不同的版本。例如，有人會說幽靈船的目標其實是一百零八個亡魂。

另外，也有人認為，臺中第一廣場之所以沒落，其實是受到幽靈船傳聞的影響，造成商家生意下滑。不過，根據我在臺中生活的經驗，在一九九五年至二〇〇〇年期間，第一廣場仍然是許多學生在假日休閒的去處之一，人潮並未銳減。至於之後第一廣場逐漸荒涼，其實是因為地區整體結構的改變，第一廣場所在的舊城中區漸漸沒落，人潮移往逢甲夜市等地區。後來，人們回顧不再繁華的第一廣場，誤認為幽靈船的故事影響了此地的發展。

因為幽靈船傳說極為聳動，所以這件傳聞也成為創作者的靈感泉源。例如，有著「靈異天后」稱號的笭菁，她在二〇一七年九月出版的「都市傳說」系列第二部第三集《幽靈船》，便是取材臺中幽靈船故事。二〇一八年六月，臺灣遊戲開發商「網銀國際」在Steam遊戲網站推出射擊遊戲《幽都》，這個遊戲也是受到臺中幽靈船傳說的影響，講述一艘幽靈船盤旋在廣場上空，無數異端怪物會替幽靈船蒐集靈魂，玩家必須擊殺這些恐怖怪物才能獲得勝利。

「幽靈船」的名稱？

儘管幽靈船的傳說很盛行，但很特別的是，傳聞內容並沒有詳細描述幽靈船的外觀，也沒有提及這艘怪船為何可以浮空航行。雖然幽靈船的存在有著種種謎題，但也許就是這種「未知」，反而可以「任君想像」，更加增添恐怖神祕的幻想空間，這也是幽靈船傳說的一種特點。

不過，凡是語言稱呼，都有其脈絡可尋。關於「幽靈船」這個稱呼，也有一些蛛絲馬跡可以試著推敲。

在日治時期，《臺灣日日新報》偶爾可見作者以日語寫下「幽靈船」一詞。但是到了戰後，「幽靈船」一詞在臺灣仍很罕見，也不是臺灣人習慣稱呼「怪異之船」的常用詞彙。

在六〇年代，蔡志昌（本名蔡志忠）發表武俠風格漫畫《魔船》，描述一艘「恐怖之船」突然出現，引起江湖一片血潮。在這部漫畫中，作者是以「魔船」這個詞彙形容恐怖怪異之船。

至於七〇年代，文林出版社「兒童世界怪談」有一本書《鬼船》，書中文章是以「鬼船」、「虛幻船」的名詞稱呼海上怪船。據說有一位歐洲船長在暴風雨中駕駛船隻，願意與惡魔交易換取成功渡海的能力，結果他的船隻就變成虛幻的船影，幾百年來漂航海上，凡是見到船影之人都會死於非命。

另外，在一九七六年，辛普森．柏格著作、王海濱翻譯的《神秘海域一鬼船》（四季出版公司），同樣也是採取「鬼船」的稱呼。

在漢語之中，「幽靈」與「鬼」擁有同樣的意思，都是指稱人死後的靈魂，或泛指鬼神之類。臺灣通俗使用上，「鬼」字的使用頻率明顯比「幽靈」還要高。這個狀況，也反映在臺灣人早期稱呼怪異之船為「鬼船」的習慣。

若是搜尋新聞報導，六〇年代至七〇年代的臺灣報紙，經常看到報導文章採用「鬼船」之名來稱呼海上莫名其妙出現的不明船隻。揀選幾則相關報導，簡述如下：

1. 一九六三年五月十一日，《聯合報》新聞標題〈鬼機鬼車鬼船奇談〉。
2. 一九六五年三月十七日，《中國時報》新聞標題〈黑潮究竟是什麼？它如海中蛇，令人驚異，它是海中海，深奧莫測〉：文中講述「鬼船之謎已揭曉」，提到一九二六年有一艘日本漁船發生事故，成為一艘無人駕駛的「鬼船」，最後漂流到美國西雅圖。

3. 一九六六年二月四日，《聯合報》新聞標題〈林叔叔講故事：鬼船〉。

4. 一九六七年六月三日，《經濟日報》新聞標題〈鬼船〉：文中提到：「海洋上有關鬼的故事，正如陸地上的鬼話是同樣地被人言之鑿鑿。」

5. 一九七三年十月十九日，《經濟日報》新聞標題〈「鬼船」之謎〉。

繼續搜尋報紙關鍵字，關於「幽靈」與「船」合稱的案例，可以找到《民生報》在一九七九年的報導〈電視卡通天地，華視，小偵探，下午六時播出幽靈船〉。因此可以推測，在七〇年代末，「幽靈船」一詞可能也會被臺灣人使用。

到了八〇年代末期，「幽靈船」一詞開始在報紙上大量出現，大多指涉那些出現在海上的不明漁船，這種船會與走私、偷渡等等不法行為相關。例如，《聯合晚報》在一九八九年的報導〈幽靈船，十餘艘不明漁船，出現在竹南外海〉。而且，在一九九一年至一九九五年的時間裡，在《聯合報》與《中國時報》報紙中，至少就有八篇新聞，將海上的不法漁船稱為「幽靈船」。

除此之外，還有一個關於幽靈船的小說作品，值得注意。

在一九九一年二月七日至十三日，《聯合報》連續七天刊載了知名小說家黃易的恐怖創作《幽靈船》。故事中，男主角與妻女乘坐的遊艇在百慕達魔鬼大三角被無人駕駛的「幽靈船」撞沉，最後只有男主角幸運獲救。男主角為了向「幽靈船」復仇，再度來到百慕達海域，結果發現這個地點是不同異時空的交會點，才會發生許多不可思議的事件，甚至讓船隻或人類意外失蹤。這篇故事，後來收錄於黃易在一九九三年出版的短篇小說集《幽靈船》。

根據臺灣早期報紙文章，在八〇年代末期至九〇年代初期，「幽靈船」一詞開始大量出現，並且用來稱呼海上莫名其妙出現的怪異船隻。

報紙上開始頻繁出現「幽靈船」稱呼，恰巧是在一九九五年的臺中衛爾康大火事件發生之前。這種巧合，讓人懷疑，是否報紙新聞、恐怖小說使用「幽靈船」一詞，可能間接為臺中的「幽靈船」之名的創造有著推波助瀾的潛在動力？雖然，這種推測難以實證，不過，藉由爬梳報紙新聞詞彙的使用狀況，也能了解到臺灣人稱呼「怪異之船」的用語脈絡。

戰後，臺灣可能多以「鬼船」稱呼海上的怪船。到了七〇年代、八〇年代之間，開始有人會使用「幽靈船」之名。而「幽靈船」這個名稱，很可能是受到西方流傳的靈異怪船故事所影響，並且在臺灣本地會用來稱呼那些可能涉及非法走私、偷渡的不明船隻。

若以黃易創作的恐怖小說《幽靈船》作為推論材料，故事中「奪人性命」、「連接異時空」的詭異之船，與臺中幽靈船的怪談有著極為類似的特點。或許，當時有人因此將臺中大火慘案與百慕達幽靈船故事互相串連，才會創造出臺中的幽靈船？但是，這個推論很難證明，也有很多矛盾之處。例如，最大的疑問在於，為何臺中的幽靈船可以漂浮於空中？

類似臺中幽靈船的故事

臺中的幽靈船，能夠漂浮於空中，這個特色也許與西方怪談的「飛行荷蘭人」有所關聯。飛行荷蘭人，是歐洲海洋怪談的經典傳說。據說有一位船長為了利益，於是將靈魂賣給惡魔，但代價就是他駕駛的船隻永遠無法靠岸，只能永無止盡漂泊海上。至於「飛行荷蘭人」這個詞彙，則是用來稱呼那艘不斷航行的船隻。

飛行荷蘭人的荷蘭文是「De Vliegende Hollander」，英文翻譯為「The Flying Dutchman」。荷蘭文使用「飛行」一字，其實是為了表達不斷飛行、無法降落的狀態，就像是受詛咒的船長只能在海上不停漂流、無法靠岸。

雖然飛行荷蘭人一開始的傳說，是指船長只能在海上駕駛著無法停泊港灣的船隻，但因為這個稱呼包含「飛行」一詞，所以人們有時候會將飛行荷蘭人與「飛在空中」的概念結合在一起。例如，荷蘭航空飛機的機身，就被漆上「The Flying Dutchman」的文字。

將飛行荷蘭人與臺中幽靈船怪談互相比較，可以發現臺中幽靈船也許借用了歐洲飛行荷蘭人名號中的「飛行」之義，用來想像臺中的幽靈船會在空中不斷航行、四處找尋無辜的犧牲者。不過，若要證明兩者確實有關，仍需要更進一步的調查。

至於臺中幽靈船會捕捉靈魂上船的故事，則與臺灣南部的「採船」傳說十分類似。根據林培雅編著的《臺南市故事集（五）》、《臺南市故事集（六）》採訪紀錄，臺南安平人認為如果有人突然生病，很可能就是被「採船」。也就是說，處於無形世界中的王船，若是短缺水手，就會抓人來當船員。一旦人們被「採船」，可能不久之後就會死亡，魂魄離體。一旦遇到這種情況，家人就會請法力高強的王爺來處理，將人從船上搶回來。此外，也有人認為，想要「採船」的王船，並非正派，而是邪魔之船，才會危害世人。

臺中幽靈船故事中，邪船會捕捉人命的傳聞與「採船」故事極為類似。不過事實上，「採船」傳說只盛行於臺南安平，臺中並未流傳相關故事。因此，臺中幽靈船與「採船」之間，是否有所關聯，其實無法確定。

幽靈船的潛在意義

臺中幽靈船，究竟由何處誕生？與恐怖小說是否有關？與飛行荷蘭人是否有關？雖然這些疑問經過調查，依然無法得到完美的答案，但是可以確定的是，幽靈船的故事影響所及，讓政府與民間開始深刻體會公共安全的重要性。

自從一九九五年餐廳大火事件之後，政府開始慎重面對公共安全政策，修訂相關法規。人們傳說幽靈船故事之時，也會因為懼怕災難無端降臨，於是對於遊玩場所的安全狀況有所留意。

儘管幽靈船的故事看似荒誕不經，或者以訛傳訛，但是這個幻影般的都市傳說，也實質協助了人們學習趨吉避凶的道理。

臺灣人想像的幽靈船外貌，可能是中式帆船「戎克船」造型。不過也有年輕人認為幽靈船是西式帆船造型。

奇聞七

軍中怪談：軍隊靈異鬼話

怪談元素：軍事、政府、女鬼

我聽到不可思議的怪談……

我於二〇一四年服役入伍，在臺中成功嶺進行新訓。受訓期間，我曾經聽聞同梯的弟兄聊起成功嶺的鬼故事。

據說在幾十年前，成功嶺軍營內的一棟樓房，西邊廁所曾發生恐怖的殺人事件。人們謠傳，有一位來成功嶺懇親的女子，她被軍營士兵侵犯殺害，屍身藏於廁所內。雖然後來東窗事發，軍方懲處犯人，並且封閉了廁所，但是從此之後，營區常常發生怪事。

人們傳言，營區半夜經常出現紅衣女鬼，以及莫名其妙的哭泣聲。

探查筆記

我在成功嶺新訓時，經常聽聞同梯的弟兄們說起鬼故事。除了廁所女鬼的傳說之外，也有人會說半夜站哨時的怪異經驗，導致我第一次站夜哨的時候心驚膽跳，很害怕自己也會遇到什麼詭異的狀況，屋外一點風吹草動就讓我心神不寧。

過了很多年之後，我才得知，原來當年聽聞的軍營女鬼怪談，是成功嶺最知名的鬼故事。紅衣女鬼的故事流傳時間久遠，雖然難以考證，但是只要新兵入營，幾乎都會聽過這個怪談。

我當時聽到這個故事時，同梯的弟兄還說，最好不要靠近那棟建築的西邊廁所，否則就會發生恐怖的事情。後來，我聽聞另一種說法，有人說廁所女鬼的故事，其實是為了嚇唬新兵不要在營區內隨便亂闖，這個說法似乎也有一點道理。不過因為身為新兵，在營區內不可能隨意走動，本來就會被限制活動範圍，所以我一直不知道怪談中的樓房位於何處。

軍中怪談，其實不只是盛行於軍營內。三十年前，陳為民撰寫的《無聊男子的軍中鬼話》系列書籍就在臺灣社會掀起軍中鬼故事的風潮，當時甚至搭配發行黑膠唱片、錄音帶。

因為軍中鬼故事書籍大賣，於是替陳為民出書的希代出版社也邀請羅問撰寫《軍中怪談》系列書。除了希代出版社之外，其他出版社看好軍中鬼故事的魅力，陸續出版許多相關書籍。影響所及，有些藝人參與電視靈異節目錄影，也開始熱烈談論軍中鬼話。

奇聞八
血腥遊樂園：恐怖的遊樂設施

怪談元素：意外災難、探險

我聽到不可思議的怪談……

小學的時候，我住在臺中市西屯區安和路的一條巷子，就讀家附近的協和國小。當時，父母的管教雖然沒有很嚴格，不過仍然不准我離開家附近的小巷，不准我去其他地方遊玩，所以我的活動範圍最遠也只到國小學校而已。因此，我對於學校範圍以外的世界，有著無限的想像。

那時候，小學班上同學常常說，安和路一直往北，會到中港路。而在中港路附近，有一個大型的水上樂園，是一個非常有趣的地方。

一開始，我對於這座水上樂園，充滿了繽紛的幻想。遊樂園中，有著大型的游泳池，是炎炎夏日的消暑勝地。而且樂園中還有一座刺激的旋轉滑水道，人們可以從很高的地方滑下來，滑進清涼水池之中。

我的綺麗幻想沒有維持太久，不久之後，我聽到同學們開始竊竊私語，才知道水上樂園發生意外了。

據說，有一位長頭髮的女孩子，從高空滑水道溜下來的時候，長髮竟然被某段滑水道上方的

恐怖遊樂園

蓋子勾住，於是在高速滑行的過程中，頭髮與頭皮竟然整個都被撕裂，大量鮮血往下流淌，水池瞬間染紅。之後，女子失血過多，傷重不治。趕來的警察，封鎖了水上樂園。

我從同學口中，聽到了遊樂園意外事故，血腥畫面在腦海中揮之不去，讓我連續做了好幾天的噩夢。從此之後，我對於水上樂園懷有恐懼之心。

探查筆記

臺中水上遊樂園發生意外事故，是我讀小學時，從同學口中聽聞的事情，當時約莫是一九九〇年代中期。滑水道上殘留的頭髮與頭皮，以及一片腥紅的水池畫面，是我心中難以抹去的恐怖印象。就算長大之後，每當想起這件意外，我仍然心有餘悸。影響所及，每當我去一些遊樂園時，我都盡量不會去滑水道遊玩，深深害怕自己從滑水道俯衝而下的時候，頭髮或者身體某部分被勾住，導致發生恐怖的意外事故。

水上樂園事故衍生血腥傳聞

我在小學時聽聞的水上樂園事故，究竟是真是假？長大之後，我曾經到中港路找尋那座水上樂園，但卻遍尋不著，一度懷疑自己是否記錯了？

後來，翻查老報紙，我才赫然發現，原來九〇年代真的曾經有過那座樂園，名為「波波水上樂園」，而園區內也曾經發生死亡意外。

根據一九九四年六月九日的《聯合晚報》第七版臺中報導文章，有一名女老師從迴旋滑水道衝入水池時，因為嗆水，結果不幸溺斃於戲水池中，救生員來不及拯救。因為這起溺斃事件，波波水上樂園被發現是違建，其地址位於西屯區都市計畫暫緩發展地區，依法只能申請農舍用途，不能興建營業用的游泳池，所以市府通知園方必須拆除水上樂園設施。同年八月二十七日，《中國時報》報導文章再次提及波波樂園違建案，波波提出不服訴願，不過仍被駁回。

藉由昔日報紙報導，我總算確認記憶中的樂園事故並非空穴來風。而且，我當時聽聞意外事故的時間點，應該是一九九四年的夏天。當時暑假將臨，學校附近的水上樂園本來是假期的熱門遊玩處，不過卻突然發生溺水事故，於是一時之間議論紛紛。並且，不知何種原因，女老師溺水的事情越傳越誇張，到了我耳中的時候，原本只是單純的溺水事故，就變成了「長髮女子在滑水道內被扯掉頭髮與頭皮」的血腥意外，並且在學校內傳得沸沸揚揚。

我在網路上搜尋波波水上樂園的舊照片，可以看到當時園區內確實有一座大型的滑水道，高度大約四、五層樓高。滑水道的結構體可分為三個部分，中間是直線下衝的三線滑水道，左右兩邊各有一個迴旋型的滑水道。而且，迴旋滑水道有百分之九十左右都是密封型的圓筒狀滑水道，底部是白色，上半部看起來似乎是藍綠色的防護蓋。因此，我當時聽聞「女子長髮被滑水道的蓋子勾扯住」的故事情節，似乎也非完全虛構。

九〇年代，臺灣各地遊樂園越來越興盛，無論是水上設施或者陸上機械遊樂器材，都帶給人們極大的娛樂體驗。但是有光明面，就會有黑暗面。娛樂設施是否安全？意外發生時，園區工作人員是否有足夠的應變能力？園區若是沒有良好的安全措施，憾事可能就會發生。而當傷亡事件發生之後，也會因為人們七嘴八舌討論，讓單純的意外事故出現許多誇張、血腥的情節，都市傳說因而誕生。

興盛的遊樂園與意外事故

一九九〇年代，臺灣遊樂園業蓬勃發展，例如現在很知名的六福村、劍湖山世界主題樂園，在九〇年代就極為興盛，人潮絡繹不絕。當時在臺中，最知名的遊樂園則是東山樂園、卡多里樂園與亞哥花園，這些地方也是我小時候會被長輩帶去遊玩的遊樂園。

當人潮湧入遊樂園，園中設備是否安全，就成為人們的憂慮。會有這種擔心，其實也是跟遊樂園事故頻傳的狀況有所相關。搜查老報紙，除了會看到許多遊樂園的主題設施盛大開幕的新聞，也會看到遊樂園發生意外事故的新聞報導。以下列舉一些以前發生過的樂園事故新聞：

1. 一九九三年三月二十四日，《中國時報》新聞標題〈八仙樂園傳意外，十餘學生輕重傷，園方及傷者對肇事原因說法不一，兩名學生傷勢較重住院觀察〉：臺北縣中和國中學生到八里的八仙樂園校外教學，結果十多名學生意外受傷。傷者說是排隊等雲霄飛車的時候，被空中掉下的遊樂設施零件鐵板砸傷，但園方則說是排隊人潮太多，導致木頭階梯無法承受重量，因而垮下，讓遊客受傷。後來經過調查，確實是因為木造樓梯平臺無法負荷人群重量而倒塌，並且造成學生受傷。

2. 一九九八年十二月十九日，《中國時報》新聞標題〈遊六福村受傷，女子陳情縣長：頸部受創卻不見理賠，園方：有誠意解決〉：一名宋姓女士到六福村主題遊樂區，乘坐「火山歷險」的遊樂設施時，遊玩進入第二次自由落體，她的頸部卻開始麻痺，雙手也因為神經被壓迫而激烈疼痛。與她同行的醫院小兒科醫生研判她的頸部受到嚴重傷害，必須趕緊送醫院。

3. 一九九九年二月十三日，《中國時報》新聞標題〈檢方勘驗六福村事故現場：了解工讀生之死，朝業者有無違法偵辦〉：當年二月五日，六福村的阿拉伯魔宮開幕，當天發生了彭姓工讀生意外死亡的事件。當時，該名工讀生在魔毯遊戲機旁，意外被機具手臂撞倒，緊急送醫不治死亡。

4. 二〇〇〇年一月十四日，《聯合報》新聞標題〈六福村受傷遊客，獲判賠一三八萬元，男子乘坐驚險遊樂設施「大怒神」後頸椎損傷，六福村刑事獲不起訴，民事判賠〉。

5. 二〇〇一年七月十六日，《聯合報》新聞標題〈坐夢幻飛車，女童休克不治，竹南低收入戶在香格里拉樂園出意外，園方將助善後〉：一名國小女童在遊樂園乘坐「夢幻飛車」的旋轉式遊樂器材後休克，經送醫急救不治。

以上列舉的樂園事故新聞報導，不論是造成人們受傷或者死亡，都讓人十分感嘆，也對於遊樂園的安全措施有所疑慮。其實，政府對於遊樂園安全的把關，也有一些作為。例如，根據一九九四年六月十九日的《中國時報》新聞報導〈遊樂設施安檢列首務，內政部函令各地加強，市府即起全面檢測〉，這篇文章提及暑假是遊樂區旺季，為了防止意外事件發生，內政部通函各處遊樂區要加強安全檢查，而臺中市政府也對列管的亞哥花園、東山樂園、卡多里樂園、威尼斯遊樂園的機械遊樂設施進行全面性的檢測。

雖然政府與業者努力維護遊樂園的安全性，遊樂園還是常常發生一些意外事件。這些意外事故發生之後，雖然業者大多會盡力與受害者或其家屬溝通彌補，也會加強遊樂設備的安全檢查，但是對於社會大眾來說，「遊樂園會發生恐怖事故」的印象也逐漸加深。之後，遊樂園會發生血腥事故的恐怖傳說開始不逕而走。

例如，根據《聯合報》在二〇〇二年十一月六日的新聞報導〈長髮女子玩遊樂機當場慘死，六福村闢謠究責，轉發不當電子郵件，小心觸法〉，這篇文章提及了當時盛行的遊樂園恐怖傳說。那時候有許多人收到一封電子郵件，內容描述有一名長髮女子在六福村主題遊樂園的「大怒神」遊戲機具中遊玩時，長髮卡進機器，造成整個頭皮都被掀掉的恐怖事件。當時人們傳言，這名長髮女子最後失血過多，傷重不治。

長髮女子在六福村喪命的故事，其實只是憑空揑造的誇張傳聞。事實上，六福村從未發生過這種意外事件。不過在當時，長髮女子坐「大怒神」發生意外的傳聞，仍舊鬧得滿城風雨，成為臺灣熱門的都市傳說之一。並且，六福村的這則怪談，也與我小學時聽聞的「長髮女子在滑水道被扯頭髮」的傳聞，有著很類似的元素。

我是在一九九四年夏天，聽聞滑水道意外事件的怪談。依此判斷，臺灣遊樂園有關「長髮女子的頭髮與頭皮被扯下」的相關傳聞，大約在此時就已經在臺中地區流傳。而我在臺中西屯區聽到的版本，則是長髮女子滑水時發生意外的情節。

遊樂園血腥怪談會出現，其實隱含了道德教訓，告誡人們到遊樂園玩耍時，切莫樂極生悲，否則就會發生難以預料的恐怖災禍。

奇聞九

卡多里斷軌：荒廢的靈異遊樂園

怪談元素：意外災難、探險

我聽到不可思議的怪談……

臺中大坑山區，有一間非常知名的「猛鬼遊樂園」。這座遊樂園開幕於一九八三年，名為「卡多里遊樂園」。後來，園區關閉，人們對於荒廢的樂園產生了恐怖的想像，認為園區中聚集許多亡魂。

人們傳說，當初卡多里遊樂園會關閉，是因為園區內的雲霄飛車發生事故，軌道突然斷裂，數十人因此墜落摔死。雖然之後園區關閉，但是死亡遊客的陰魂依舊盤據此地。

探查筆記

九〇年代是臺灣遊樂園蓬勃發展的年代，但也因為遊樂園的安全措施問題，導致園區常常發生一些意外事故。有時候，這些意外事故以訛傳訛，就會演變成血腥恐怖的都市傳說。

現今，臺灣遊樂園對於安全措施越來越重視，但是有時候仍然會發生讓人遺憾的意外事故。如何防止意外狀況發生，是遊樂園必須慎重面對的問題。

荒涼的卡多里遊樂園中的廢棄遊樂設施（感謝劉宗榮先生提供圖片）。

荒廢的卡多里遊樂園一隅（感謝劉宗榮先生提供圖片）。

不過，相較於昔日經常出現「遊樂園發生血腥意外」的怪談，現今有關遊樂園的都市傳說，大多數會是「荒廢遊樂園的靈異傳聞」。會有這樣的轉變，其實跟遊樂園營業狀況有關。八〇至九〇年代興盛的遊樂園，有一些遊樂園不敵同業競爭、大環境的因素，最終只能倒閉關門。不再營業的偌大園區，轉手較為困難，因此經常出現長時間擱置的狀況。結果荒廢園區藤草蔓生，看起來荒涼恐怖，於是靈異流言四起。

例如，臺中昔日知名的亞哥、東山、卡多里，在九〇年代中晚期就開始走下坡。根據一九九六年十二月八日的《中國時報》新聞報導〈經濟寒流，遊樂區生意比往年淡多了：亞哥、東山、卡多里等遊客較去年同期下跌二到六成〉，這篇文章描述當時臺中遊樂區受到景氣低迷的影響，遊客數量大幅下跌，尤其以卡多里遊樂園經營最為慘淡，比往年少了百分之六十的遊客數量。

九〇年代末期，卡多里遊樂園漸漸不敵市場競爭，無法繼續營業，只能無奈關門。

卡多里停業之後，其實一開始鬧鬼傳聞並沒有很興盛，大約在二〇〇三年左右有一些網路文章會描述在卡多里荒廢園區探險的經驗，文章約略提及卡多里斷軌傳說。本書的畫家小G瑋大約在二〇〇五年曾經隨朋友到卡多里樂園探險，當時在附近並未聽聞鬧鬼傳說，只是因為對廢棄的遊樂園感到有興趣，所以就和朋友一起進入廢棄園區內拍攝照片。

荒涼的園區，難免引人遐想，當越來越多人對廢棄的卡多里樂園竊竊私語，有關這座樂園的

昔日的卡多里樂園門票正面。

卡多里門票上的雲霄飛車軌道，可以清楚看見原本軌道就是斷在空中。

怪談就開始膨脹起來。傳言中，人們認為卡多里是一座「猛鬼遊樂園」，大眾謠傳園區內的雲霄飛車曾經發生斷軌意外，結果造成遊客傷亡，樂園因為這起事件而倒閉。據說，冤魂仍舊盤據不散，廢棄園區甚至還會出現「紅衣小女孩」。

二〇〇七年，臺灣藝人組合「CIRCUS」在「Channel V 娛樂台」的電視節目《CIRCUS ACTION》，第三季有一集節目，他們在農曆七月前往卡多里遊樂園拍攝影片。節目中，藝人們搭車前往卡多里，看到樂園內的雲霄飛車軌道，有一名主持人說：「**這就是傳說中斷軌害死很多條人命的雲霄飛車**」。

《CIRCUS ACTION》電視節目，當時受到很多年輕人的歡迎，所以這集節目播出之後，越來越多人知道卡多里斷軌事故的怪異傳聞。

我認為，「CIRCUS」的電視節目是卡多里斷軌怪談的一個很重要的轉捩點。原先卡多里傳說並沒有很知名，卻因為這個電視節目的影響，而讓卡多里怪談一炮而紅，逐漸成為全國焦點。

當時，許多年輕男女看過電視節目之後，就會結伴到這座樂園夜遊試膽。據說，曾經有人半夜到此遊玩，結果回家之後，精神失常。

根據二〇〇八年一月二十一日的《自由時報》的新聞文章〈猛鬼遊樂園？卡多里拆空出售〉，提及當時網路論壇盛傳卡多里樂園的靈異故事，也說到很多年輕人受到靈異節目的影響，會到此地探險。這篇報導文章也提及，據說有一名女子曾經在周末夜前往探險，結果發現應該很荒涼的園區內到處都是人，有人放音樂，也有人在烤香腸，簡直就像是一個正常營業的遊樂園。究竟，熱鬧景象是夜遊探險的人們所造成，還是園區內「亡靈聚會」？

關於卡多里遊樂園的靈異故事，越傳越多，也越傳越誇張，甚至成為影視創作的素材。例如，二〇一七年的電影《紅衣小女孩2》，劇情汲取了卡多里遊樂園的靈異傳聞，故事描述十幾年前曾有女孩子搭乘樂園中的雲霄飛車，因為發生事故而死亡。

電影劇情，其實只是依附謠言而生的創作。讓紅衣小女孩與卡多里樂園事故連結在一起，也是電影編劇的刻意安排。

事實上，進一步調查卡多里遊樂園的斷軌傳聞，就會得知當時的雲霄飛車並沒有發生過任何死亡意外。斷軌摔死人的傳言，只是以訛傳訛。

根據網路部落格「真吾齋」的作者「FishYang」的文章〈猛鬼樂園——臺中卡多里樂園〉，作者認為會有斷軌流言，其實是因為卡多里的雲霄飛車確實有斷軌的設計。不過，這種設計其實是讓列車到軌道末端的時候，會自動停下，然後往回滑動。這種斷軌設計，在當初是十分先驅的娛樂設施。

當卡多里樂園因為經營不善而倒閉，在一片荒廢園區中，人們開始對於看似斷裂在空中的軌道望而生畏，也不知道當初是故意設計成這種形式，於是才衍生出曾經發生斷軌摔車意外的虛幻傳聞。

荒廢遊樂園的靈異傳說，其實也不只是出現在臺中卡多里樂園。例如，板橋的大同水上樂園在一九七一年迎接遊客，風光一時，但在一九九一年關閉之後，荒廢園區就陸續傳出靈異故事。

荒廢遊樂園靈異傳說，雖然有些故事很恐怖，不過從另一個角度來看，其實這些怪談也是人們回憶土地歷史的一種方式。儘管遊樂園已經關閉了，不再有人前來，但是這個地方曾經有過的記憶，卻不甘心被遺忘，於是便以靈異故事的身影迴光返照，提醒人們關於這座遊樂園曾經存在過的證據。

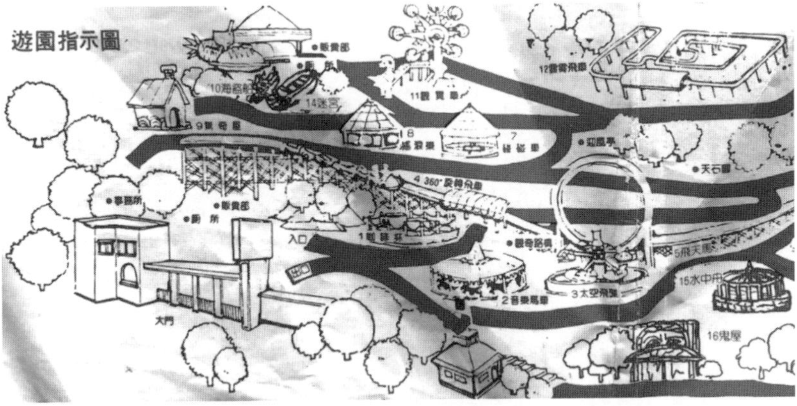

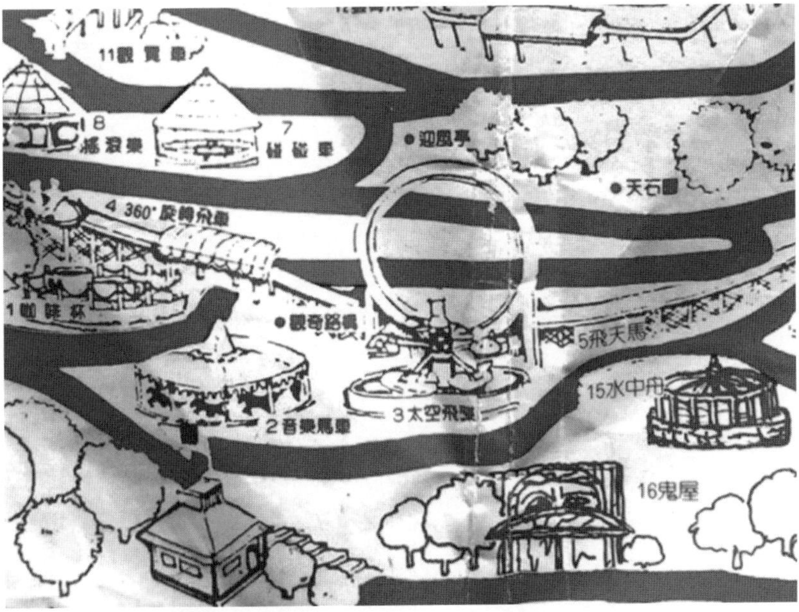

卡多里樂園門票的背面是遊園指示圖，
圖面下方標示有一處鬼屋遊樂設施，或許因此才會傳出鬧鬼傳聞？

奇聞十

九二一奇事：亡者入夢答謝

我聽到不可思議的怪談……

九二一大地震，這是臺灣人難以忘記的慘烈災禍。這場大地震，造成上萬人受傷，兩千多人死亡，損毀房屋不計其數。

地震發生之後，救難隊穿梭於斷瓦殘垣之中，試圖找尋生還者。這時，有人目睹了靈異現象，據說罹難者的魂魄會站在自己的身體旁，呆滯凝望著前方。來不及逃生的寵物，其靈魂甚至會徘徊在人們身邊，試圖找尋自己的主人。

當時，國軍努力參與救災行動。據說官兵救災的過程中，某夜睡覺時，整梯的兵都夢到了亡者入夢答謝他們的畫面。

探查筆記

一九九九年九月二十一日凌晨一點，臺灣中部發生芮氏規模七點三的逆斷層型地震。這場大地震，震毀許多房屋、道路、公共設施，也造成上萬人受傷，兩千多人不幸罹難。

傷亡慘重的地震，在人們心中刻下難以抹滅的傷痕。當人們回顧這場災難事件時，有時候會以靈異故事的方式來述說。

例如，慘劇發生時，有人說當時看到亡者靈魂出現於房屋殘骸中，因地震而過世的魚鳥貓狗等寵物的靈魂也會四處徘徊找尋主人。

也有人說，當年有一位五歲女童被救出時，女童說自己是被爸爸抱出來，但其實她的父親早在兩年前已經過世。

為何災難事件，會被賦予靈異色彩？

奥野修司著作的《如果能撫平悲傷》，探討日本三一一大地震災區出現的靈異現象。他認為災難帶來的恐怖經驗，有時候難以藉由時間撫平傷口，於是鬼故事就成了溝通陰陽兩界的一道橋樑。

靈異事件，有時候會是人們內心恐懼的投射，也可能是人們撫平悲傷的一種方式，所以歷年來關於九二一地震的靈異傳說時有所聞。

罹難者入夢答謝

二〇二〇年五月底，在臺中教書的林老師邀請我到學校演講，跟學生分享臺灣妖怪故事。講座後，我與林老師聊天，得知她的丈夫在九二一的時候，經歷了不可思議的靈異事件。之後，經由林老師牽線，我訪問了她的丈夫關於當時遇到的情況。以下是採訪紀錄。

＊＊＊

講述者：A先生
採訪時間：二〇二〇年六月十二日
採訪方式：電話訪談
記錄者：何敬堯

當時，我正在臺中大坑地區當兵受訓。九二一發生的時候，恰巧是結訓的前一天晚上。那時候，大坑的受災情況很嚴重，因為斷層帶也在那個地方。

晚上地震的時候，我們幹訓班的兵趕緊幫忙救災。在救災過程中，發生了一件奇怪的事情，而且是所有參與救災的兵都有碰到的怪事。

那時候，我們輪三班救災。當救災行動差不多快要結束的時候，某個晚上只有留一些人值夜班，大多數的人都去睡覺休息。當時，我也沒有值夜班，而是去睡覺。

我晚上睡覺的時候，做了一個怪夢。夢中，有很多人站在我的面前。這些人的面孔模糊不清，無法分辨。那些人站在我的面前，深深一鞠躬。後來，我就醒來了。

醒來之後，我沒有立刻去深思那個夢的意義。不過後來，有同梯的人，開口問：「最近晚上，有沒有夢到什麼？」結果他一問完，隨即很多人回答：「有啊！我夢到……」一問之下，大家異口同聲，竟然都夢到了相同的內容，也就是我那天睡覺所做的夢。

這件事情傳來傳去，大家赫然發現，那天晚上有睡覺的人，全都夢到了相同的場景。也就是，夢中有很多人向自己鞠躬道謝。

後來，有人解釋會有這種夢，應該就是因為大家去救災，協助醫院搬運罹難者的遺體。所以，那些罹難者靈魂便進入夢中，向大家道謝。

＊＊＊

這段故事，雖然已是二十幾年以前的往事，但是今日聽來，依舊讓人對於九二一大地震造成的傷亡感到哀傷。

其實，類似的事情，也曾經發生在其他人身上。例如，二〇〇四年八月十一日，余嘉榮發表在《中國時報》的文章〈靈異經驗與我〉，提及他在九二一地震發生後，進入東勢從事受災戶個案的輔導工作，竟遇到奇妙的靈異事件。某一天，他到豐原市郊倉庫載運物資，當夜就寢時，始終無法入睡，到了深夜兩點，房內突然站滿人，其中一位中年婦人對他說了一句：「謝謝你！」話一說完，眼前一大群人就突然消失。這些神祕出現的「人」，雖然無法確定是災民的「生靈」或者是受難者亡魂，但是作者也能深深感受到「另一個世界」對他的付出所表達的感謝。

雖然很多人認為，靈異故事有可能虛假不真，或者只是因為誤認、誤解，或被誤導而產生。但是藉由九二一靈異故事，我們也能深深體會人世間生離死別的情感，銘記傷亡悲劇，並且珍惜生命可貴。

南投的九份二山，九二一地震時發生大規模崩塌。這張照片拍攝於二〇二一年一月，雖然經過了二十多年，九份二山的震爆點依舊滿目瘡痍，不遠處的山丘明顯可見一棟損毀廢棄的紅色屋頂鐵皮屋。

九份二山國家地震紀念地，有一座「傾斜屋」。地震發生時，朱姓民眾的一棟房屋未被震垮，但建物地基隆起，呈現出高低不平的傾斜狀。

奇聞十一

託夢：鬼神入夢顯靈

我聽到不可思議的怪談……

人們認為，鬼神擁有奇妙的能力，可以潛進人類的夢境之中，與人說話，或者交託事情。有時候，鬼神託夢會顯現出吉凶福禍的預兆。

探查筆記

都市傳說，有時候會包含一些古老的民俗信仰。例如，託夢是都市傳說中經常出現的情節，但其實託夢這種奇事，在民間流傳已久。

據說，神明、鬼魅、亡魂、精靈……等等超自然的存在，能夠藉由夢境，與人聯繫溝通。託夢的情況，有時候是靈魂想向人答謝，或者告知一些消息。

例如，藉由臺中林老師的聯繫，我聽聞她的丈夫講述在九二一大地震的時候經歷過的靈異經驗，夢到一大群亡者向他們部隊答謝。

關於託夢之事，林老師還分享了另一件靈異故事，也很不可思議。關於這件事的採訪，如下所述：

＊＊＊

講述者：林小姐

採訪時間：二〇二〇年六月十二日

採訪方式：電話訪談

記錄者：何敬堯

我的高中同學是基督徒，她有一次跑來跟我說，她做了一個很奇怪的夢，夢到她的國中同學說要找我。

但是，她的國中同學跟我並不認識，因為我們國中是不同學校。所以，她的國中同學不太可能認識我。

這件事情實在太奇怪了，於是我就跟我高中同學說：「妳要不要去找妳的國中同學，問看看她最近怎樣？」

當我的高中同學去找她的國中朋友時，竟然發現她的國中朋友早已因為車禍過世。她去找她的日子，剛好是她頭七的日子，她家裡正在辦喪事。

後來，我將這個事情跟我媽媽說，我媽媽便到她靈位那邊，幫她誦經祈福。

＊＊＊

託夢，這種事究竟是真是假？若非親身經歷，恐怕很難體會是何種感受。自古以來，關於這種靈異經驗，時有所聞，這是一種古往今來、世界各國的人們都會談論之事。

例如，根據《中國時報》在一九七一年十一月十五日的新聞報導〈活活的傳奇片．姑姑山掘寶記〉，這篇文章就提到尋寶者想在姑姑山挖掘日軍寶物，最重要的指引就是道教創始者「張天師」託夢給他們，告知他們在姑姑山上有寶藏，需要耐心才能尋獲。

在新聞報導中，有關託夢尋寶的案例，其實很少見。報紙新聞最常見的情況，通常會是警方藉由託夢而順利破案。

例如，《中國時報》在一九九〇年一月十八日的報導〈冤魂當線民，說的真不假！死者託夢指出目擊者，循線查出肇事人〉，便是一種很典型的例子。這篇報導文章提到，臺中地檢署檢察官呂太郎偵辦南投竹山的車禍命案，死者妻子說丈夫曾經託夢，告訴她有一位外號「阿聰」的男子是目擊證人。檢察官查案時，毫無線索，於是檢察官認為不妨針對託夢的內容來調查。一查之下，竹山鎮果真有一位叫做「阿聰」的男子，而他確實也親眼目睹那起車禍。後來，檢察官藉由目擊者的描述，循線查出肇事者。

據說妖怪「食夢貘」可以吞食惡夢。此圖是筆者收藏的百年古書《頭書增補訓蒙圖彙》，書中描繪「貘」這種奇異怪獸。

奇聞十二

火化場怪談：冒煙的道路

我聽到不可思議的怪談……

現代人舉行葬禮，遺體經常採取火化方式，火化後的骨灰可以存放於靈骨塔之內。因為火化場是遺體火化之處，所以人們有時候會認為火化場附近可能出現靈異現象。

探查筆記

葬禮過程中，在告別式會場結束儀式之後，往生者遺體若選擇火葬，就會送往火化場進行火化。火化之後，骨灰除了可以入塔，也可以選擇樹葬、海葬……等等方式。

火化場是遺體火化的場所，人們有所忌諱。有些人會在意進入火化場的日子是否犯沖，有些人則會隨身攜帶避邪護身符。

民間傳聞，火化場有時候會出現靈異現象，或者火化場外圍地區也可能發生怪事。我訪問在臺中教書的林老師，她說自己遇過類似的事情，以下是採訪紀錄：

＊＊＊

講述者：林小姐

採訪時間：二〇二〇年六月十二日

採訪方式：電話訪談

記錄者：何敬堯

某一年，過年的時候，爸爸開車載著我和媽媽在╳╳線道。那時候，八卦山隧道還沒開通，從員林到草屯，可以走這個道路，而道路附近有一個火葬場。

本來我們是要走高速公路，不過因為我爸開車，他說從火葬場那邊的路過去的話，比較省事，不會塞車。

先前，我媽就跟我爸說，不要走那條路。但我爸比較鐵齒，不聽我媽的話。她趁我媽和我都在車上睡著的時候，就走那條路，還特地拿一件外套把睡著的我媽蓋住。

我爸想趁我們都睡著的時候，偷偷走那條員林到草屯的路，不過那時候我們剛好都醒來了。那時，發生了一件難以相信的怪事。突然之間，車子外面冒出了一大堆的白煙，車外的能見度非常糟糕。白煙從地上冒出來的方式，就像是地熱谷那樣冒煙，完全沒辦法看到眼前的環境，也不知道車子該彎左還是彎右。我跟我媽，都有看到怪異的白煙。照理來說，當時應該是無法開車的狀態。

但是，我爸當時卻完全沒有被影響，很輕鬆地往前開車。而且，當時我叔叔開車在我們後面，沒想到叔叔的車竟然還可以超過我們的車。

我當時很疑惑，開口問我爸：「白煙這麼多，為什麼叔可以超車？」我媽也覺得怪異，但我爸都沒有講話。

後來我爸一直開車，開到了草屯，開車下山之後，他才回答：「沒有啊，哪裡有煙？沒有煙啊，妳們兩個到底看到什麼？」原來那些煙，只有我跟我媽看到，其他人都沒有看到。

老實說，我跟我媽都有陰陽眼，我們看到的白煙，可能是另一個世界。因為我爸知道我們有時候會「怪怪的」，所以他路上也沒多講話。我爸其實是一個很鐵齒的人，但因為我跟我媽常常會遇到一些奇怪的事情，讓我爸不得不相信。

後來我在想，如果開車的時候，駕駛可以看到另一個世界，會不會就是民間傳說的「鬼遮眼」？如果看到的是那些怪異的白煙，可能就容易出車禍。

＊＊＊

林老師的經歷，非常不可思議，那些白煙究竟是什麼？是不是從火化場飄過來？這些問題，無法明確獲得解答。

生離死別是每個人必須面對的生命課題，而火化場是否會發生怪異之事，見仁見智，人們各有看法。

神鬼之說，我認為可以相信，也可以不相信，每個人都可以有各自的詮釋。至於比這個詮釋更重要的事情，其實是對萬事萬物懷抱尊敬之心、同理之心。如此一來，應該也能心安神泰，萬事如意順心。

怪談元素：通靈、動物

奇聞十三 亡者返家：穿梭於陰陽的靈體

我聽到不可思議的怪談……

據說，如果至親過世，藉由強大的情感、思念的力量，親人的靈體就會返回家中，或者來到家人與親朋好友的身邊，與對方溝通交流。在這種故事之中，穿梭於陰陽兩界的靈體，通常會帶來祝福，或者協助解決思念之人的難題。

有時候，過世的寵物也會以靈體返回家中。例如貓、狗等寵物，它們死亡之後，其靈魂可能會返回主人的房屋內，製造出一些不可思議的現象，向主人提醒它們正在家中。

探查筆記

至親亡者的靈魂回到陽間與家人、親朋好友見面的故事，古今中外的傳說數也數不盡。在現代都市傳說的世界中，這一類型的靈異故事當然也不會缺席。有時候，亡者靈魂是藉由託夢的方式與活人溝通，有時候則是活生生出現於眼前，或者利用間接的方式（如敲門、打電話）進行交流。此外，人們也認為亡者回來的時間會是「頭七」，也就是死後的第七天。

為何這種不可思議的事情能夠發生？社會大眾最流行的想法，大多認為是「情感、思念的強大力量」讓亡者靈體可以穿梭於陰陽兩界。

關於這類型的故事，歷年來的報紙文章、書籍雜誌、網路論壇……等等地方皆有相關案例，不勝枚舉，不同宗教信仰也有不同的說法。因此，以下我只介紹我採訪到的故事：

＊＊＊

講述者：林小姐

採訪時間：二〇二〇年六月十二日

採訪方式：電話訪談

記錄者：何敬堯

我奶奶過世的時候，她可能還不知道自己已經死掉，結果她竟然走到警察局去報案。當時，有一個警察突然打電話來我家，問我們家是不是有一位走失的阿嬤？警察說，有一個老婦人到他們那邊報案，說自己走失，並且提供我們家的電話。那個時候，我爸就嚇到，因為阿嬤已經過世了，怎麼可能去警察局報案？這個事情讓我思考，人過世之後，很有可能不知道自己已經過世了。

還有一件事情，也很類似。

我外公過世的時候，靈堂設在高雄，於是我跟媽媽就去高雄辦喪事。辦喪事的過程中，我們有一段時間要跪在地上。跪到一半的時候，媽媽突然想去上廁所，於是就起身走去。這時候，突然有一個男人走過來，引導媽媽走去廁所的位置，於是我媽就跟著那個男人走過去，我則跟在媽媽的後面。當時，我只看到帶頭者是一個穿著白色長袍的老男人。

我們走到廁所的時候，老男人先走進廁所。因為廁所只有一間，我媽就在廁所門口等，我也站在廁所外面等。結果等了很久，媽媽突然回頭看到了我，她一臉驚恐，似乎驚覺有異，於是走到前方，把廁所門打開，發現裡面竟然沒有人。

後來，我媽跟我談論此事。我媽說，那個老男人其實是外公。當她第一眼看到對方的時候，突然精神恍惚，好像回到小時候一樣，跟著對方走，完全忘了現在她已長大，也忘了她爸爸已經去世。當時她看到的外公模樣，是外公年輕時候的樣子。我媽當時迷迷糊糊，覺得阿公要帶她去廁所，是很自然的事情，於是就跟著走過去。

那個時候，我有看到那名長袍男子，但我當時不覺得那是我外公，因為我很清楚知道，外公已經去世了。我看那個白袍男人，看得很清楚，不會是幻影。因為南部辦喪事是穿黑色，但是那個人卻穿著白色長袍，所以我覺得很奇怪，特別注意看他。

事後，我們討論起這件事情，媽媽跟我解釋，傳統習俗認為，老人家過身時最後的排便，就是要將「黃金」（大便）留給後人。我媽認為這件事可以這樣解釋，就像是留下手尾錢那樣。

＊＊＊

講述者：A同學（中正大學在職專班）

採訪時間：二〇二〇年五月二十三日

採訪方式：問卷調查

整理者：何敬堯

我有過一個超自然體驗，如下所述。

我父親在我七歲時，因病往生。小學三年級的時候，我生了一場病，高燒不退，去看醫生，打了退燒針，回到家仍然高燒。最後，我母親實在無計可施，只好在祖先牌位前點香，向父親發脾氣。母親說如果他還要我這個女兒，就出來想想辦法！

當時，我昏睡在床，過沒多久，我就看到父親在我身邊，而且還摸了我的額頭。我想要拉住父親，卻拉不住他。這時，我就驚醒，並且哭泣，吵著說要找爸爸。

媽媽不信，問父親穿什麼衣服和模樣，我說他穿著黑色西裝。母親非常驚訝，因為那是我父親離世時的衣著，但我不可能知道父親當年離世時的穿著。

母親聽完我的話，就和我相擁而泣。哭完之後，我的高燒退了，病也好了！我已年近五十歲，從父親往生後到現在，那是唯一見到父親的情景，我深信父親很疼愛我。

＊＊＊

奇聞十四
人體消波塊：海景第一排

怪談元素：犯罪、笑話

我聽到不可思議的怪談……

臺灣海岸，經常可以看到成堆疊放的消波塊。這是一種大型水泥塊，可以吸收海浪衝擊力。消波塊作為海岸防護工事的一種結構體，可以減緩海灘被海浪侵蝕的速度。

近年來，臺灣許多人都會開玩笑說，臺灣黑道若要進行毀屍滅跡，有時候會採取「將人埋在水泥消波塊之中」的方法。人體被製作成消波塊之後，就會被丟棄在海岸邊，坐在「海景第一排」。

另外，因為消波塊的樣子與粽子類似，而中部據傳也有黑道組織，所以這種人體消波塊也被戲稱為「中部粽」。

探查筆記

消波塊，又稱為「防護塊」，一開始是在二戰時被用來阻擋坦克前進。戰後，人們發現這種石塊具有消波性質，所以會將這種消波塊疊放於海岸，作為阻擋海浪侵襲沿岸的護堤方塊。

近年來，臺灣人對於海岸上的消波塊，產生了另類的想像，也就是認為消波塊裡面可能藏有「被黑道埋於其中的屍體」。

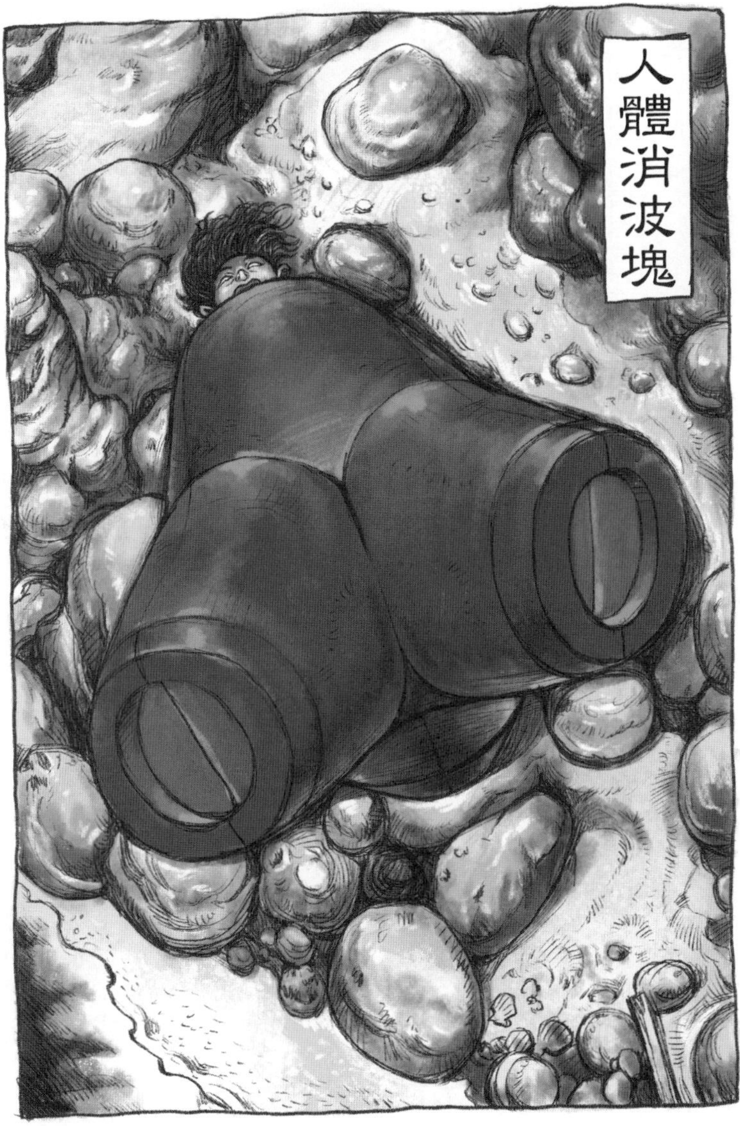
人體消波塊

如果有人得罪黑道人士，可能就會被殺害，也會被毀屍滅跡。其中一種毀屍滅跡的手法，就是將屍體埋藏在水泥消波塊之中，或者將人活埋其中。

這種傳言，在這十年之間，流傳越來越廣泛，甚至還出現了「中部粽」的說法。這是因為人們傳言臺中的顏氏家族具有黑道背景，有時候會以「人體消波塊」的方式懲罰道上不守規矩的人，又因為消波塊造型很類似粽子，才衍生出「中部粽」的說法。

社會大眾講述「人體消波塊」怪談，有時候還會搭配張惠妹的經典名歌〈聽海〉的歌詞：「寫信告訴我，今天海是什麼顏色」、「聽海哭的聲音」。

雖然，「人體消波塊」以訛傳訛、道聽塗說的可能性非常大，至今也沒有任何實證，但是網路論壇的「鄉民」（在網路上參與討論的網友），仍然經常以「中部粽」的都市傳說作為揶揄言詞。有時候，人們提及此事，也不一定是指中部顏氏家族，而是廣泛認為只要是黑道人士都可能會使用的一種毀屍手法。

雖然，顏氏家族經常被人們揶揄會製作「中部粽」，不過曾經擔任立法委員的顏家顏寬恒對此並不避諱，反而以此自嘲。

根據《自由時報》在二〇一六年八月十一日的報導文章〈顏寬恒推廣消波塊精神，消波塊抱枕送網友〉，當時顏寬恒為了推廣龍井特產西瓜，於是推出「西瓜紋飾消波塊抱枕」，期望以正面思考的態度面對人們對其家族的負面想像。之後，在二〇一九年十一月三日，新北市前市長朱

二〇一九年十一月，顏寬恒曾與朱立倫到此處拍攝照片與影片。我根據照片與影片線索，順利找到了兩人曾經踏足過的消波塊。雖然「人體消波塊」的傳言難以辨認真假，但至少這排消波塊是顏家人曾經立足之處。

立倫到臺中幫忙黃馨慧掃街拜票的時候，也曾與顏寬恒會面，並且當晚在臉書（Facebook）社群平臺張貼一張與顏寬恒站在消波塊上面合照的照片，附圖文字說明：「**顏寬恒帶我來到麗水漁港，海景第一排，體驗臺中海線風情。我們站在消波塊上，討論地方發展以及中火污染的問題。**」

有人研究「人體消波塊」的傳聞，認為這個傳說其實起源於日本黑道的都市傳說。據說得罪日本黑道的人，會被黑道人士用水泥封住腳底，然後丟到水中餵魚，或者直接整個人被埋進水泥中。至於傳說中臺灣黑道的作法，也與日本黑道手法異曲同工，只是最後製成的水泥成品是巨大的消波塊。

雖然「人體消波塊」只是人云亦云的都市傳說，但是人體是否能埋藏在水泥塊中，達到毀屍滅跡的目標呢？

根據《日刊SPA！》在二〇一三年二月二日發表的網路文章，有一位專業的日本黑道人士B氏說灌水泥是業餘人士的想像。因為屍體腐壞之後會產生氣體，會讓水泥塊產生裂痕，反而容易被人察覺。因此，專業的日本黑道人士不會採取灌水泥的二流作法，而是把屍體投進攝氏三千度的瀝青原料中攪拌，最後骨、肉會徹底溶化，讓警方難以進行DNA鑑定。

其實，「人體消波塊」的本質是一種極為殘酷、血腥的毀屍手法。但是，觀察近年來臺灣民間流傳「人體消波塊」的都市傳說，會明顯感受到這種都市傳說充滿「遊戲」、「玩笑」、「詼諧」的鮮明特色。人們談論此事的時候，絕非想製造出恐怖驚悚的氣氛，反而是想傳達強烈的戲

消波塊的模樣，類似粽子。

謔心態，開玩笑揶揄他人可能會被做成「消波塊」。

充滿戲謔性質的怪談，也是都市傳說的一種特色。我在臺大讀書的時候，居住在長興街上的男七宿舍，我當時曾經跟室友轉述過一則具有玩笑性質的怪談。男七宿舍附近是極為知名的靈異景點「辛亥隧道」，據說附近有一些會鬧鬼的墳場。那時候我聽到一則故事，提到有人在墳場附近吃水餃便當，打開便當盒的蓋子，卻發現水餃少了一半以上，本來懷疑是鬼怪作祟偷吃，故事結尾卻推翻這個想法，原來少掉的水餃都黏在盒蓋上面。當時我覺得這個故事結尾很有趣，於是轉述給同寢室的室友。

都市傳說的「笑話化」，可能減輕了傳說中想要呈現的真實性。根據學者王杰文的研究，都市傳說有時候具有笑話性質：「講述者追求的是敘事技巧本身，追求的是情節內部的巨大反差以及由此產生的娛樂效果。」

臺灣現代流傳「人體消波塊」的都市傳說，詼諧戲謔的意味相當濃厚。而這種具有玩笑性質的都市傳說，也提醒了我們，並不是所有都市傳說都力求讓人們膽戰心驚。在恐怖之外，都市傳說有時候也會以開玩笑的方式進行傳播。

怪談元素：超自然

奇聞十五
丹書不祥：紅筆寫名字的詛咒

我聽到不可思議的怪談……

小學時，我就讀臺中西屯區的協和國小，猶記得三、四年級的時候，我們班上開始流傳「用紅筆寫名字可以詛咒他人」的學校怪談。

方法很簡單，只要使用紅筆在紙上書寫，寫下他人完整姓名，據說就會讓那個人發生意外，或者受傷見血。用來書寫的紙，沒有任何規範，重點在於必須用紅筆來寫，才會讓詛咒成真。

雖然，此事聽起來很荒唐，但是我們班上幾乎所有人都信以為真，而且當時真的有一位同學如法炮製。那位同學討厭某個愛出風頭的人，於是趁著下課時間，用紅筆在空白紙寫下那人的姓名，並將紙條塞在那人的抽屜裡。

探查筆記

我讀小學的時候，大約是在一九九〇年代，那時候流傳在學校內的怪談，有一則傳說與紅筆詛咒有關。據說，只要用紅筆寫某人的姓名，就可以讓那個人遭受一些災禍，甚至短命。這個學校怪談，聽起來很像日本漫畫《死亡筆記本》的情節。漫畫描繪的是虛構的奇幻故事，不過我讀小學時，許多同學都對紅筆詛咒深信不疑，甚至還有人嘗試執行。

雖然之後我年歲漸長，仍舊對於紅筆詛咒心存忌憚。若要在紙上書寫自己名字或他人名字的時候，我必定不會使用紅筆，而是使用藍筆、黑筆。就算身邊恰巧只有紅色的筆，我也絕對拒絕使用這支紅筆來簽名。直至現今，我依然保持這個習慣，深怕一不小心用紅筆簽上自己的姓名，就會惹禍上身。此外，若是看到他人以紅筆書寫我的姓名，我也會心生不快。

我曾經詢問過許多朋友，很多人都知道這個怪談，也有人說小時候寫絕交信就要用紅筆寫，或者有人說這是來自長輩的告誡。若是進一步調查，就會發現這個怪談其實不是當代社會才產生的都市傳說，而是長久流傳於華人文化之中的迷信。不只是臺灣有這種說法，中國漢人社會也認為「丹書不祥」。

中國的丹書

春秋時期的《左傳》曾言：「斐豹，隸也，著於丹書。」可見當時紀錄犯人資料，就會使用紅字，也就是「丹書」。中國古代，也會在即將處刑的犯人背後插一塊以紅色雞血書寫名字的木牌。

另外，紅色在古代，屬於尊貴之色，例如明代最尊崇紅色，因此禁止民間隨意使用此色。並且，皇帝批閱文書時，也會使用朱筆。

官方尊崇丹書的態度，讓人們認為紅字、紅筆彷彿擁有某種神奇能量。於是民間傳說陰間閻羅王書寫生死簿的時候，也是使用紅筆。

根據中國學者殷憲力的研究，他認為華人文化中的「丹書不祥」信仰，源自於血液的崇拜與禁忌、封建社會統治階級的影響、民俗中的紅色迷信。這三種原因，造成了人們忌諱以紅筆寫字的習慣。

臺灣的丹書

中國自古以來，認為「丹書不祥」。那麼臺灣忌諱丹書的想法，是否也有類似的根源？關於臺灣在清國時期的丹書習慣，可以從日治時期的一些研究得知。

例如，在一九〇一年發行的《臺灣慣習記事》第一卷第二號，法學士鈴木宗言撰寫〈臺灣舊訴訟法〉一文，得到曾擔任過臺灣官府幕友之人的協助，詳細爬梳臺灣舊時訴訟程序。根據文章所言，昔日判案的終審包含「秋審」，這種審查始於總督巡撫之審問，之後上奏北京，經刑部之審議。審查過程之中，「若以擬律正當者，則令內閣欽天監，選擇日期，自冬至六十日以前予以奏請勾決（於罪案上用朱筆勾圈，表決定之意）；刑科給事中亦予以覆奏。屆時，天子以素服出御便殿……御令一下，大學士隨執朱筆勾之。」從這段文獻中可以得知，以前臺灣人確實是知道官方會在判案文件中以朱筆做記號。

《臺灣慣習記事》第二卷第三號，鈴木宗言描述昔日犯罪搜查的過程，也提及朱筆寫字。官員調查殺傷事件時，會寫「屍格」記錄被害者身體負傷之處，「檢視傷痍，手執朱筆，僅在帳簿適當之處記入『大』或『小』，『致命傷』或『不致命傷』等文字就可」。另外，官員想要趕緊逮捕犯人之時，知縣會在「火籤」的正面以朱筆寫「行」，背面書寫犯人姓名，作為緊急逮捕令。

藉由以上兩段資料，可以佐證清國時期的臺灣人確實知曉官方會在重要文件、令狀之上以紅字進行書寫。

至於臺灣民俗信仰之中，也經常可見「丹書」具備神奇魔力的傳說。例如，一九六〇年，涂麗生、洪桂己編著的《臺灣民間故事（第二集）》書中的篇章〈小琉球〉，提到了小琉球曾被一隻紅朱筆「敗壞地理」的故事。

據說，昔日小琉球島有真龍活穴，也就是「雙鳳朝牡丹」的牡丹穴，地理師認為有牡丹穴的小琉球，未來會產出皇妃與太監。當時，清國皇帝命令詹代官去敗壞能產出真龍的活穴，這位詹代官來到臺灣之後，為了要破壞小琉球的地理，於是拿起一枝紅朱筆，向小琉球一畫，忽然天昏地暗，小琉球被煙霧包圍，地理中的活龍就被刺死了。之後，小琉球就流傳一句俗話：「**琉球破腹山，後來無人得做官？**」

除此之外，像是嘉義新塭嘉應廟的尹王爺，祂的神像手持一支硃砂筆，據說是具有法力的寶物。民間傳言，荷蘭陰兵曾經作亂魍港，並且即將威脅新塭，於是尹王爺手持硃砂神筆與之鏖戰，最終順利降妖伏魔。

藉由以上的調查，可以得知臺灣民間忌諱丹書的根源，確實可能源自於傳統社會統治階級的影響、民俗中的紅色迷信。至於對於血液的崇拜與禁忌，這也是許多文化共通的現象。研究者殷憲力對於「丹書不祥」的三種溯源，在臺灣應該也能成立。而臺灣忌諱丹書的想法，可能在九〇年代逐漸轉變成「用紅筆寫名字可以詛咒他人」的學校怪談。

小琉球海岸。民間傳說小琉球的地理風水曾經被一支朱筆敗壞。

怪談元素・戀愛

奇聞十六 分手禁地：讓戀情破裂的怪異地點

我聽到不可思議的怪談……

臺灣流傳「分手禁地」的怪談，據說情侶只要同遊某些地點，之後雙方關係就會逐漸生變，甚至吵架分手。

臺灣許多地方，據說都是情侶的禁地。例如，臺北木柵指南宮，據說情侶結伴同往，很有可能導致戀情不順。

探查筆記

臺灣各地，都有傳說中的「分手禁地」。據說情侶只要同遊這種地點，之後可能就會發生爭吵，或者個性不合，最後導致分手。

北部知名的情侶禁地，人們認為是臺北木柵指南宮。會有這種傳說，是因為此座宮廟供奉呂洞賓，而人們認為呂洞賓會破壞情人之間的戀情。廟方為了打破這種迷思，這幾年以來也做了許多努力。

例如，在二〇一三年，指南宮與區公所合辦健走活動，邀請民眾到指南宮健走，並在後山設置「心形愛情鎖」，同時積極舉辦情人節活動。此外，網路上臉書（Facebook）社群平臺的「指南宮文化研究中心」專頁，也引用吳宗明論文中提及的日治時期歌謠，說明當時情侶喜歡到指南宮祈求兩人相處融洽、永浴愛河，可見指南宮能幫助情侶戀情加溫。後來指南宮會出現分手傳聞，其實是戰後才開始流傳，據推測可能是父母長輩為了防止年輕男女到廟中與情人相會而編造的謠言。

不只是風景區、宗教廟宇會成為傳聞中的「分手禁地」，校園中的某些地點也會成為情人害怕的禁區。

例如，嘉義中正大學校門口的寧靜湖，湖上有一座石橋，被學生們稱為「分手橋」。據說情人一起走過此橋，感情就會破裂。但是，根據「中正鳳梨知」YouTube 頻道的說法，還有另一種傳聞。據說兩人如果不認識，同走此橋之後，兩人就會產生情愫。

寧靜湖石橋為何會成為「分手橋」？中正大學流傳一種說法，學生傳說昔日有一名學姐感情不順，投水自殺，死後亡靈才會詛咒有情人。有時候，學生會在石橋附近看見白衣學姐的身影。

關於「分手禁地」的都市傳說，其實臺灣許多地方都有這種傳聞。例如，高雄西子灣附近的「十八王公廟」，當地學生認為是情侶禁地。苗栗的龍騰斷橋據說也是情侶禁地，因為「斷橋」象徵斷裂的情緣。臺中逢甲大學商學大樓前的草皮有一個「Y形狀」步道，被稱為「分手步道」，只要情侶同走此路，就會面臨岔路而分手。

情侶禁地的傳聞究竟是真是假？社會大眾半信半疑。很特別的是，二〇二〇年秋季，有一家旅遊業者為了推廣國內旅遊，反其道而行，推出「分手禁地」的一日遊行程。根據《三立新聞網》在當年九月十一日的報導，相關行程很快就銷售一空，已經有兩千五百人報名參加。推出這項行程的旅行社總經理說：「**這裡面有老情人也有新情人，也有已婚的、未婚的，基本上大家好像沒有這方面的禁忌。**」

雖然無法證實情侶禁地是否會讓情人分手，但是情侶禁地的傳聞可以促成情人節活動、旅遊活動的興盛，應是無庸置疑。

嘉義中正大學寧靜湖的石橋，傳說是「分手橋」，但也有人認為此橋可以促成情緣。

奇聞十七
日軍幽靈：半夜出沒的幻影

怪談元素：軍事、政府、男鬼

我聽到不可思議的怪談……

臺灣各地，經常會聽說日軍幽靈現身的傳聞，出沒地點通常是一些日治時期就有的老建築，例如神社，或者是防空洞、碉堡等等作為軍事用途之處。有時候，就算老建築已拆除、改建，但其地點附近也會出現日軍幽靈。

關於這一類型的鬼故事，除了會提到日軍幽靈現身的模樣，最常講述的內容則是說日本士兵踩踏地面的腳步聲很響亮，或者是聽到幽靈用日語講話的聲音。所以，就算目擊者沒有親眼看到幽靈模樣，也會聽到幽靈發出的聲響。

探查筆記

一九四五年，二次大戰結束，日本戰敗投降，中華民國政府正式接管臺灣。戰後，人們對於戰爭的恐懼依然存在，陰影無處不在，所以有一些日治時期就存在的建築，就會傳出日軍幽靈出沒的故事。

日軍幽靈

例如，現今觀光客來到花蓮，喜愛拜訪松園別館，這個老建築曩昔就有日軍幽靈現身的傳說。以前這裡是日軍的軍事指揮中心，也會作為徵兵機構。日人離開之後，人們傳言此處常常發生許多靈異現象，例如會聽到園內有日軍踏步、答數的聲音，或者是幽靈詠唱日本軍歌的歌聲。因此，此園昔日被稱為「花蓮鬼屋」。

雖然，日軍幽靈傳聞，指涉的幽靈身份通常是二戰時的士兵，但也不是全都如此。例如，在一八九五年，日軍登陸澎湖，攻佔行動雖然很順利，卻因為疫病因素，軍中病歿者將近千人，合葬於「千人塚」。之後，墓塚附近經常出現一些靈異現象。據說晚上的時候，會有日軍幽靈在此操練，或者騎在馬上喊口號。

學校內的日軍聲響

雖然，日軍幽靈的傳聞，主要會出現在一些日治時期的老建築周遭。不過有時候，人們講鬼故事，雖然故事中的場所並非日治時期舊建築，或者只是創立於日治時期的學校，鬼故事情節也會安排日軍幽靈現身，藉此強調恐怖感覺。這種傾向，尤其顯現於校園怪談的內容之中。

推測其原因，很有可能跟歷史教育有關。以往臺灣的教育課程，經常強調日軍的殘忍、陰魂不散，強烈抨擊日本軍國主義。所以受其影響，學生講述校園怪談時，經常會以日軍幽靈作為主角。

例如，我在中正大學擔任駐校作家時，曾經聽過一名在職專班的學生分享相關故事。他說，他聽過同仁國小的五年級棒球隊學生分享日軍幽靈的學校怪談，故事內容是棒球隊學生住在學校的時候，晚上會聽到日本人操練軍隊的聲音，也會聽到有人講日語。

謝佳靜的碩士論文《學校怪談的台日比較》調查楠梓國小的學校怪談，也蒐集了楠梓校園內的日本幽靈傳說。根據論文採訪紀錄，有一位林同學說，到了半夜十二點，楠梓國小校園內就會有人唱日本軍歌，直到凌晨兩點才停止。

布農族的日軍幽靈怪談

日軍幽靈的傳說，不只是漢人會講述，有時候原住民族也會有相關傳聞。之所以會有這種故事流傳，可能與日治時期總督府高壓統治原住民部落的歷史有關。

我在二〇二〇年春季，拜訪南投武界部落。此部落屬於布農族的卓社群，我曾聽聞李姓耆老講述日軍幽靈現身的鬼故事。採訪紀錄，如下所述：

武界部落中的壁畫，描繪勇士征伐太陽的傳說。

＊＊＊

講述者：李女士（布農族人，漢語講述）

訪談時間：二〇二〇年三月二十一日

訪談地點：李女士家中客廳

記錄者：何敬堯

以前我們武界，房子是平房，用石板、木板蓋成的屋子，當時屋子沒有那麼密，距離比較遠。不過，地震以後都倒了。以前沒有燈，我們會用一種油放在瓶子裡，點亮發光。

那時候晚上十點多，已經很暗了，但是都會聽到屋子外面傳來「喀喀喀」的聲音，像是腳步聲，而且還會有日語的呼喊聲。

我們當時是小孩子，會被長輩喝斥：「快睡覺！日本兵來了！」

因為以前的庭院是石板，所以踩踏的聲音很響亮，我們都聽得很清楚。不過，我們不懂日語，所以也不知道屋外呼喊聲的意思。總之，日本兵的鬼魂出現了！

那個時候，整個部落的狗都會叫。老人說，日本兵來了，就不要出去。我們當時聽到那些聲音，都會很害怕。

我們布農族有巫術，所以懂得巫術的長輩就會到門口跟鬼魂說話：「你們軍人要訓練，可以到遠一點的地方嗎？因為我們這邊有老人有小孩，他們都嚇壞了。」

一定要懂巫術的人講，那些日本兵才會聽話，不會再走來走去。

＊＊＊

嘉義朴子的日軍幽靈

前往嘉義中正大學擔任駐校作家之前，為了先對嘉義鄉野故事有所了解，我曾詢問嘉義出身的藏書家黃震南老師，探問嘉義各地有沒有值得一探究竟的怪異傳說？

黃老師提到，他母親跟他說，以前有一位八字輕的人在晚上去朴子藝術公園，意外看見軍隊在操練。有時候，還會在公園內看到無頭、斷手、斷腳的人。

黃老師分享的怪談，讓我對於朴子藝術公園產生了好奇心。於是，我在中正大學駐校期間，曾經多次驅車前往朴子，希望能夠深入研究這則怪談。

朴子藝術公園，前身是「東石神社」，設立於一九三六年，據說當時此處舉行祭典都會有學生扛著金轎與酒桶在朴子遊街，熱鬧非凡。但是，昔日是神社的公園，怎麼會出現軍隊幽靈呢？

因緣際會，我有幸認識居住於朴子的涂涌賢大哥，以及專門研究朴子地方文史的陳俊哲大哥，他們兩人都知道朴子藝術公園內的幽靈傳說，而且涂大哥還曾經與日軍幽靈同處一地。關於涂大哥與陳大哥的訪談紀錄，如下所述：

＊＊＊

講述者：涂涌賢（從事模型設計、裝置藝術）

訪談日期：二〇二〇年五月三十一日

訪談地點：涂涌賢家宅

記錄者：何敬堯

朴子藝術公園，以前是東石神社。我曾經跟一些朋友在那邊玩生存遊戲，會打夜戰，但是有一次我們進行生存遊戲的時候，竟然有日軍幽靈亂入。

那時候，我們是在晚上十一點的時候，開始進行遊戲。當時，我們玩的是現代裝備的對抗賽。現代裝備就像是SWAT特警之類的裝備。

我們分了A、B兩組，每個人都會拿對講機、夜視鏡等等的夜間配備。等到我們潛伏好了，A隊就會開始攻擊B隊。

在我們隊伍的編制中，每隊都會有一個狙擊手的角色。遊戲進行時，有一個狙擊手突然對著對講機說了一個我們定好的密語，然後說：「哭枵！我們今天不是玩特警嗎？是不是有人沒錢玩現代裝備，才會去買二戰日軍的裝備？」

原來那名狙擊手，從夜視鏡中，看到某一個人，身穿二戰日軍的服裝。因為那名狙擊手很熟悉槍械，所以他看到對方手中的槍枝時，甚至驚呼：「哇！還拿三八大蓋。」三八式步槍，俗稱

朴子藝術公園的標誌。

朴子藝術公園內的參拜道，盡頭即是鳥居。照片右邊樹叢後方有一棟外觀是紅白條紋相間的建築物，即是梅嶺美術館，也是昔日神社的社務所舊址，戰後成為軍官宿舍，據說半夜會傳來女魂彈奏三弦的聲音。

「三八大蓋」，這是當時日本二戰的時候使用的一種步槍。

那時，我們都很困惑，就回覆說：「你是看到鬼喔！」因為，我們兩方隊伍，都沒有任何人穿著日軍裝備，更沒有人手持三八大蓋。

這時，那名狙擊手才恍然大悟。

沒錯！他就是看到鬼！

那名狙擊手毛骨悚然，吞吞吐吐地說：「真的，我真的有看到……」

因為發生了這件事，遊戲也無法進行下去，我們都嚇到了，趕緊逃跑。因太過緊張，我們都來不及拿齊裝備，許多東西都掉在現場。我們一哄而散，直到隔天早上，我們再去公園將裝備收好。

後來，那名看到鬼的狙擊手說，他在夜視鏡中看到那名穿著日本軍服的人，拿著二戰時候的步槍，也一樣在瞄準他。

真是太驚悚了，那名穿著日本軍服的人，竟然也拿著槍瞄準那個狙擊手喔！

這件事情發生之後，我就經常想，那時候的「日本軍魂」到底是日本人，還是臺籍日本兵？那名鬼魂，之所以會拿槍瞄準狙擊手，應該是因為祂看到「異軍」出現。祂身為一名軍人，靈魂的記憶也許還在，所以看到有人拿著槍對準祂，祂也同時瞄準對方。

究竟那名鬼魂，為何會出現在那個地方？我曾經跟陳俊哲大哥討論，據他所說，那時候的人

朴子藝術公園鳥居旁的狛犬雕像。

公園內的鳥居，據說曾有士兵在此昏倒。

要出征之前，都會來神社求平安、做約定。也就是說，如果戰爭生還，就要回來這邊集合，如果戰死的話，也要來這邊集合。也許，那名日本兵，就是因為做過約定，所以不幸戰死之後，亡魂就回到東石神社，也就是現今的朴子藝術公園。

除此之外，我還聽過一件事情。我阿嬤有一個老朋友，大概八十幾歲，也有在那邊遇過怪事。內厝那邊有一個堤防路，我阿嬤的朋友某一天下午五點多走那條路，慢慢散步到東石神社，突然之間，就看到兩個大約十七、十八歲的穿日本軍服的人出現，身高大約都一百六十左右。那兩個年輕人感覺被看到的時候，就從草叢堆一鑽，就不見了。

＊＊＊

講述者：陳俊哲（地方文史工作者，經營朴子故事館）
訪談日期：二〇二〇年五月三十一日
訪談地點：涂涌賢家宅
記錄者：何敬堯

東石神社，在戰後曾經變成軍營，也就是「兵仔營」，到了現在才變成朴子藝術公園。

我認識一個歐吉桑，年輕的時候在那邊當兵，他說那個地方曾經發生一些怪事。

公園內的第二鳥居的左方，有一個池塘，不過在「兵仔營」的時代，那邊是彈藥庫。至於士兵居住的軍營，則在另外一邊。

歐吉桑跟我說，某個晚上的時候，彈藥庫的夜哨要交班，似乎是兩點的時候，但是交班的人一直沒有來。所以，就有人打電話去詢問軍營，可是對方卻說人已經出去了。因為人一直沒有到，所以眾人出去尋找，才發現應該要去交班的安全士官跟衛兵昏倒在第二鳥居底下。到底發生了什麼事情，沒有人知道。

另外，歐吉桑還說了一件怪事。朴子藝術公園內的梅嶺美術館，以前其實是神社的社務所，到了戰後就變成營長的宿舍。在這個宿舍中，會有怪聲傳出來。

當時，營長每天晚上都會在宿舍裡聽到三弦的音樂，就像是小姐在彈三弦的聲音。能夠知道是女子彈奏，是因為還有日本女子的吟唱聲。

營長每晚都聽到三弦聲，不堪其擾，於是他就叫輔導長一起住在宿舍裡。

後來，發生安全士官跟衛兵昏倒的事情之後，大家就找了師公來這邊處理。

跟我講這些事情的歐吉桑，是一個住在高雄的攝影協會的大哥，大約五十幾歲。這些怪事，是他二十歲來這邊當兵的時候遇到的事情。

【附註：涂涌賢大哥補充，他詢問過老一輩的人，是否附近以前有彈三弦的人？但是沒有人聽過。他猜測，是否以前有人曾經在神社內演奏，或者做過什麼約定，才會靈魂停留在那邊？例如可能因為思念，她才會在那邊彈三弦？雖然人往生了，但是魂不滅，就會留在那邊彈奏三弦。涂大哥猜想，也許這是一個淒美的故事。】

＊＊＊

涂大哥親身經驗的怪異事件，讓我想起松原田螺在《凶宅怪談：人可怕還是鬼可怕？》書中提及：「**生存遊戲的場地大多選在深山或廢墟，這類場所大多也是靈異事件好發的地點。因此，遊戲過程中碰到幽靈並不稀奇。**」沒想到並非荒郊野外的朴子公園，也因生存遊戲而引發撞鬼奇遇。

涂大哥的描述，還有一個值得思索的細節。那就是，日軍幽靈究竟是日籍士兵，還是「臺籍日本兵」？

太平洋戰爭期間，許多臺灣青年被派去南洋作戰，或者是擔任軍夫（非正規軍，運輸彈藥、糧食等軍備物資），結果一去不返。

關於臺籍日本兵的歷史，其實很多臺灣人都不太清楚，這是以往臺灣歷史教育欠缺的部分。臺籍日本兵的命運多舛，就算戰後有幸返臺，也會面對「我是臺灣人？日本人？中國人？」的認同矛盾。他們的生命史，反映了臺灣歷史的複雜樣貌。

當我們講述日軍幽靈的鬼故事時，經常想像幽靈身份是日本士兵。但其實，臺灣人也能以軍夫、志願兵的身份加入日本軍隊。若是立即斷定日軍幽靈必定是「日本人」，恐怕有所誤認。

臺灣都市傳說之中，經常出現的日軍幽靈，反映了歷史的黑暗。不過，當我們聽聞這些故事的時候，也許可以試著回想，昔日的戰爭，曾經發生過什麼事情？為何這些鬼魅，仍會以幻影的形式停駐於此？若我們能對這些魅影有更多的理解、同理心，也許日軍幽靈傳說將會產生不一樣的想像。

石頭刻寫朴子藝術公園的歷史沿革。

前身是東石神社的朴子藝術公園，其實位於俗稱為「鬼仔潭」的地點。清國時期，此地就是謠傳會有鬼魅出沒的怪異地點。

奇聞十八

日軍寶藏：埋寶在何方？

我聽到不可思議的怪談……

第二次世界大戰，日本戰敗，宣布無條件投降，日本裕仁天皇在一九四五年八月十五日中午透過收音機廣播玉音放送「終戰詔書」。之後，中華民國政府接收臺灣，在臺日人陸續撤離臺灣。

日本人離開之後，臺灣人開始傳言日軍寶藏的故事。人們認為，當時日本人匆忙離臺，返日時無法攜帶太多物件，於是有一些貴重物資就遺留在臺灣。

日軍埋藏寶藏的地點，眾說紛紜。有人說是在高雄，也有人說是在基隆的砲臺，臺灣許多地方都有日軍寶藏的傳言。

雖然日軍寶藏的故事已經流傳了一甲子以上的歲月，但是從來沒有人成功找到寶藏。

探查筆記

日軍寶藏的故事，戰後流傳甚廣，直到今日仍舊有人傳述相關故事，並且試圖挖掘寶藏。

例如，《自由時報》在二〇一八年七月十一日的新聞報導〈大雨意外導致壽山挖寶計畫曝光，

怪談元素：軍事、政府

高市議員要求停挖〉，這篇文章講述高雄壽山南側石壁因大雨崩塌，附近居民因為安全顧慮，委託里長調查，才發現崩塌原因可能與包商正在祕密進行的挖寶工程有關。文章提及，當時開挖的洞口可容納一部小型怪手進入，甚至民間傳言業者挖掘的深度已經超過地下七層樓。

經過調查，業者確實是依照「國有埋沉財產申請掘發打撈辦法」申請挖寶，但是業者施工卻危及在地生態與居民安全，這種行為極為不妥。

臺灣民間盛傳日軍寶藏故事，雖然荒誕不經，但是這個傳說其實也有史實基礎。戰後初期，臺灣在中美共同軍事佔領的環境下，發生了「黃金侵吞弊案」。根據學者蘇瑤崇發表在《臺灣史研究》二十三卷三期的論文，美籍軍人艾文思曾經藉機侵吞日本黃金。

當時，艾文思中校利用職務之便詢問日方有關黃金的問題，日方回覆說，戰時東京大本營本來準備黃金要提供給菲律賓日軍，後來存放在屏東機場，終戰後黃金運至臺北，準備交給中國當局接收。後來，艾文思藉機侵吞這些黃金，這件弊案直到隔年一九四六年六月才被揭發。蘇瑤崇文章提到：「**黃金弊案是戰後『日軍黃金寶藏』傳說之濫觴，進而引發人們探詢黃金寶藏之幻想。**」

除此之外，人們也傳說日軍大將山下奉文在東南亞掠奪許多財寶，戰敗後就在菲律賓、臺灣各地埋藏寶物。「山下寶藏」的傳聞，也讓人們浮想連翩。

另一種增強日軍寶藏傳說可信度的狀況，則是戰爭期間，日軍在臺灣各地的軍事要地建築碉堡或倉庫，有些碉堡會在山丘地層挖出坑道。這些原本作為軍事用途的地下碉堡遺跡，在今日則成為傳言埋寶之地，吸引了許多淘金客的目光。

雖然黃金寶藏可能只是天馬行空的幻想，人們對於寶藏夢想卻一直樂此不疲。不過一直以來，始終沒有人成功挖掘出日軍寶藏。例如，《咱的故鄉：中埔》書中提到民間傳聞某處洞穴中有日本人埋藏的黃金、龍銀，但是寶藏還沒挖到，就看到一尾大蛇，工人因為害怕危險而停工。挖寶行動最後無功而返，是最常見到的結局。

時至今日，臺灣許多地方都成為日軍寶藏可能埋藏的地點，從北到南各個地點多不勝數，以下簡述傳說中幾處熱門的日軍藏寶地點：

1. 基隆大武崙砲臺：據說日軍曾在砲臺下埋藏五千公斤的黃金與珍貴珠寶，經常有人來此開挖，甚至使用挖土機挖洞。很多挖寶工程都是違法行為，讓基隆市文化局必須將非法開挖的洞口回填。政府曾經請人探測地底，已經確認砲臺下確實沒有寶藏。儘管如此，卻仍然有許多人持續向相關單位申請挖寶。

2. 臺北陸軍聯誼廳：此地原為「臺灣軍司令官官邸」，相傳日本戰敗之後，大批寶藏來不及運回日本，於是就在這個地點隱密埋藏。民間傳言，此地埋藏的寶藏有兩噸黃金。

3. 臺北松山療養院：民間傳言，療養院的第二院區前方，埋藏許多黃金。

4. 臺中頭汴坑：據說二戰期間，日本人在此埋藏寶藏，有人目睹埋寶情景，於是得知消息的人們陸續來此掘寶。在一九五七年，根據《聯合報》新聞，有一位張姓男子曾在此地挖寶，雖然一無所獲，之後仍舊有人來此尋找寶藏線索。

5. 南投瑪璘窟：位於埔里鎮西郊山丘，有一座天然湖泊，有人稱為「魔靈湖」。據說日治時期，日人曾因軍事目的，想將湖水洩乾，但是參與挖掘工事之人，都會生病，導致工事無法完成。後來，日軍撤退臺灣，人們傳言日本人將軍械、黃金埋藏於湖底。不過，也有埔里人認為瑪璘窟湖中沒有寶藏，反而有水鬼躲在裡面。

6. 南投姑姑山：據說二戰結束之後，信義鄉原住民曾經看到日軍將許多箱子搬往山上，於是人們懷疑那些箱子裝有金銀財寶。有人傳言，某棵松樹周遭，就是寶藏埋藏地點。

7. 臺南秋茂園：十幾年前，有人向林務局等單位申請在此掘寶，申請人聲稱握有日軍機密文件，文件記錄秋茂園海濱當初其實是日本海軍潛水艇補給站的祕密基地，地底甚至建有通道。當日本戰敗後，日人撤離，許多貴重物資就遺留此地。申請人在二〇〇四年開始挖寶，但是挖掘一年仍然沒有找到寶藏。

8. 高雄壽山：鄉野傳聞，十六世紀的海盜林道乾，曾來臺灣，並在此山埋下許多金銀財寶，所以此山又有「埋金山」的別名。到了現代，人們則認為以前日軍在山中埋下許多黃金，甚至有業者向地主國防部軍備局申請開挖。

9. 屏東來義鄉：在戰爭期間擔任日軍傳令兵的臺灣軍夫李萬和透露，日軍將搜刮而來的寶藏埋藏於屏東來義鄉文樂村後山的山洞之內，此說法引來許多尋寶人士。曾有信徒聽從神壇指示而投資挖寶工程，甚至有人將退休金作為挖寶資金，皆一無所獲。

10. 花蓮美崙山：據說美崙山藏有日軍遺留的貴重物資，曾有一位司令部軍人返回日本之前，跟人說過希望未來可以重返此地，將這些物資取走。

11. 臺東鯉魚山：鯉魚山有碉堡、防空洞，因此人們認為此地是日軍重要軍事基地，甚至傳言當初日軍將這座山挖空，並在裡面埋藏搜刮而來的黃金寶藏。

花蓮美崙山，據說山中有日軍財寶，此山也是著名妖怪「阿里嘎蓋」的居住地。照片中的卡通老鼠造型是美崙山公園景觀地標。

臺東鯉魚山，據說山中有洞穴埋藏寶藏。另外，當地鄉野傳說鯉魚山是一隻鯉魚精，精怪雙目是珍貴無比的大寶石。

奇聞十九

冷氣口毒品：留住顧客的非法手段

我聽到不可思議的怪談……

一九九〇年代中期，線上遊戲剛興起的時候，家中沒有電腦的學生們，喜愛到網咖（Internet cafe，可以使用電腦上網的小餐館）玩線上遊戲。

當時，人們傳言網咖的冷氣口，可能會被業者放置毒品粉末，藉由風力散播到環境中，讓店內玩家精神亢奮，可以不眠不休玩遊戲。

探查筆記

網咖冷氣口有毒品的都市傳說，在二〇〇〇年代廣泛流傳，當時有很多學校老師會跟學生警告不要流連網咖，否則會無意中吸食到毒品煙霧。這個傳言十分盛行，甚至有人說撞球間、保齡球館的冷氣口也有可能出現毒品煙霧。

在二〇〇五年，某家電視臺的新聞節目特別採訪榮總臨床毒物科林主任，討論冷氣口放安毒的可能性。根據榮總林主任的說法，這種狀況在學理上可能性不高，而且要考慮密閉空間大小，以及安非他命必須要長期吸食才會上癮。

冷氣口施放毒品，這個都市傳說是否為真？

事實上，此事可能曾經發生，不過放毒品的場所並非網咖，而是早期的電動玩具店。以下列舉三篇早期新聞報導：

1. 一九九二年十二月二十二日，《中國時報》新聞標題〈不肖電玩業者做「毒」生意，傳以冷氣機吹散毒粉提高業績，警方嚴加取締〉：這篇文章提及聲色場所的業者有時候會免費提供加入安毒粉末的香菸或飲料點心，讓顧客成癮，警方甚至發現，業者另出新招，會將安非他命粉末塗置在營業場所冷氣機出風口，將安毒散佈在環境中。

2. 一九九三年三月二十四日，《中國時報》新聞標題〈電玩店通風口，暗噴安毒〉：這篇文章提及當時的基隆市長林水木接獲檢舉，得知有一些電動玩具業者會在店用通風口噴安非他命，使學生精神亢奮而能持久打電動玩具，於是市警局決定加強取締不良業者。

3. 一九九三年八月十一日，《聯合報》新聞標題〈在蚊香中冷氣口放安毒提神，遊藝場做業績使毒招〉：這篇文章引述臺南縣警察局刑警隊長王聖明的說法，說明部分遊藝場會將安非他命放在冷氣窗口或摻入蚊香中，讓打電動玩具者的精神長時間維持在亢奮狀態。

藉由這三篇報導可以得知，在一九九〇年代，當時有一些居心不良的電動玩具店業者，會將安非他命粉末放置在冷氣口或蚊香中，顧客吸食之後，就能保持長時間亢奮，留在店內持續消費。

電動玩具店沒落之後，興起了可以玩線上遊戲的網咖。因為網咖性質類似電動玩具店，於是長輩們也會以「冷氣口毒品」的說法，勸戒小孩不要踏足這種遊樂場所。

因此，關於網咖冷氣口會有毒品的都市傳說，其實是源自於早期電動玩具店冷氣口會被施放毒品的情況。

奇聞二十
瘋女十八年：被囚禁的婦女

我聽到不可思議的怪談……

臺南有一位黃姓婦人，長年被囚禁於寺廟中。人們傳言，她丈夫另結新歡，導致她精神錯亂，有時候會攻擊他人，於是她當時寄宿的佛寺只好將她關於竹柵草棚。

《中華日報》記者得知此事，很訝異婦人已被關十八年，心有不忍，於是在一九五六年撰文描述此事，呼籲大眾深思「瘋女」的人權。

「瘋女」的故事盛傳民間的過程中，甚至也出現「在地化」的狀況。我前幾年到宜蘭時，曾聽聞一位宜蘭人說家中阿嬤曾講述宜蘭山中有瘋女被關的傳說，情節類似「瘋女十八年」的故事。

怪談元素：特定族群

瘋女十八年

探查筆記

一九五六年，「瘋女十八年」的故事，經由報紙流傳於社會大眾。隔年一九五七年便由白克導演改編為臺語片《瘋女十八年》，上映後很賣座，也讓「瘋女十八年」的故事更加盛傳，成為臺灣非常知名的奇案故事。

在一九七九年，徐天榮導演將此故事改編為國語電影，由歐陽玲瓏主演。不過，電影拍攝前，現實中的當事人黃姓婦女已經過世一年，她的家族因為先前白克改編電影而飽受困擾，於是黃女之子寄出存證信函，希望徐天榮停拍電影。徐導演為了化解難題，便將電影劇情、主角名稱全都調整更改，才讓電影順利開拍。

之後，這則奇案仍繼續被改編為電影、電視劇等等影視作品，也有取材此故事的黑膠唱片，可見社會大眾對於瘋女故事一直有著濃厚的興趣。不過，仔細比較當年《中華時報》文章與各種作品的劇情，會發現情節差距很大。這種情況，也讓大眾對於原始的瘋女故事越來越陌生。

關於「瘋女十八年」的真實故事，《中國時報》記者曾在二〇一一年訪問黃姓婦女的親妹，試圖還原事件經過。根據其妹說法，她姊姊生前並未受佛寺虐待，也沒有抱怨過夫家。至於她姊姊發瘋，其實是「因為幫人施法驅魔，自己反受其害中邪」。據說她姊姊受邀到民家施法前，曾有人告誡她不要去，但是她仍執意前往，沒想到回來數日後就發病，無法認人，甚至攻擊他人，

一九七九年，徐天榮導演的電影《瘋女十八年》，當時的電影雜誌內頁。

徐天榮導演電影《瘋女十八年》，當時電影雜誌內頁的劇照。

看了好幾家醫院都治不好。於是她姊姊寄宿的佛寺只好對她進行約束，將她關於竹柵內。後來因為電影放映，寺廟承受壓力，才改建磚屋讓她居住。

雖然，「瘋女十八年」故事版本眾多，原始真相也隨著當事人離世而難以得知，不過這些故事都反映了精神疾病患者的艱難處境。人們一直對精神疾病患者有著許多刻板印象，現今如果要重新理解「瘋女十八年」的故事，也許我們可以多一些同理之心，正向看待精神疾病患者。

五龍唱片發行的《瘋女十八年》黑膠唱片封面。

奇聞二十一
求財法門：祈求鬼神賜錢運

我聽到不可思議的怪談……

小時候，常常聽聞大人們八卦，如果想要賺大錢，或者是賭博贏錢，可以去陰廟拜拜，祈求鬼神賜福。

探查筆記

一九八五年開始，臺灣大眾開始瘋迷「大家樂」非法賭博遊戲。這種賭博以政府發行的愛國獎券的頭獎號碼做為中獎依據，玩法簡單，中獎金額高，一時全島瘋迷，眾人渴望一夜致富，據說當時曾有三百萬人參與簽賭。

之後，政府為了平息賭博不良風氣，於是在一九八八年停售愛國獎券。上有政策，下有對策，不久之後，民間賭博轉以香港六合彩的開獎號碼當作依據。

賭風熾盛之下，人們開始找尋一些偏門方法祈求賭運昌隆，這時候神鬼之靈就成為賭客的指引明燈。

臺南鎮海將軍廟的豬母娘娘，舊神像已被竊走，現在廟中神像是新雕刻的神像。以前賭客會到此廟求賭運昌隆。

大家樂、六合彩非法簽賭盛行的時候，賭客喜愛到陰廟小祠求明牌。靈驗廟祠經常人滿為患，若是廟祠不靈驗，賭徒就會破壞廟祠跟神像。

舉例來說，臺南的「鎮海將軍廟」、嘉義的「豬娘娘廟」都是豬母精怪成神的小廟，昔日賭客喜愛到廟中祈求偏財。賭客越來越多，神靈不一定很高興，因為曾有賭客竊走鎮海將軍廟的豬頭人身神像，讓廟方必須重塑神像。嘉義豬娘娘廟的神像也曾被賭客毀容並丟入火中，後來犯人遭遇報應，騎車摔倒受傷，只好回到豬娘娘廟，下跪磕頭謝罪。

除了陰廟小祠會被賭客視為求財之地，荒墳野塚同樣是賭客聚集之處。除此之外，著名靈異景點也是賭客趨之若鶩的地方。二〇二〇年，我在嘉義民雄鬼屋附近進行田野調查，訪問鬼屋旁的咖啡店老闆許永宗先生，得知這座全臺灣知名的鬼屋，竟然也曾被賭客當作求財聖地。

許先生說，大家樂流行的年代，每逢夜晚，現今俗稱鬼屋的劉家古厝就會有很多人在裡面求明牌。那些賭客會在老屋中放置一個石碑，上面寫著「╳╳仙姑」之類的文字，然後一旁有很多沙盤。每當進行通靈儀式，沙盤順利浮現出字體，顯示出中獎號碼，賭客就會歡聲雷動。據說當時賭客都認為劉家古厝非常靈驗，半夜老屋總是人山人海，無數賭客來到鬼屋祈求偏財運。

嘉義的豬娘娘廟。

民雄鬼屋之內，據說曾經是向鬼神求明牌的好場所。

奇聞二十二

辛亥隧道：人鬼同行的恐怖空間

我聽到不可思議的怪談……

連接臺北市區與南郊木柵的「辛亥隧道」，是著名的靈異景點。據說，只要行車經過這條隧道，就會發生不可思議的事情。

例如，隧道之中，會出現清潔工人的鬼影，或者會有鬼魅突然坐到機車後座。也有人說，騎機車經過隧道，會遭遇「鬼打牆」的狀況，不管騎多久，都無法看到隧道出口。

另一種詭異怪談，則說隧道中會出現快速奔跑（或騎腳踏車）的鬼婆婆。

探查筆記

辛亥隧道，位於臺北市文山區的中埔山區，在一九七二年通車。未建隧道以前，來往於市區和木柵之間的車輛，都要繞往羅斯福路，車程至少三十分鐘。後來，辛亥隧道完工，則可以走這條通道，車程縮減至五分鐘。

在一九八〇年代末期，辛亥隧道鬧鬼傳聞開始興盛，直至今日，已經成為臺灣非常知名的都

辛亥隧道

市傳說。因為靈異隧道的傳說太過蓬勃發展，臺北市政府為了消除辛亥隧道的恐怖印象，於是決定斥資一千一百萬在此處彩繪可愛活潑的主題壁畫，繪畫融入文山、大安區的地方特色，預計於二〇二一年三月開始施工。

靈異隧道的怪談

二〇一三年，網路上的「yam 蕃薯藤輕旅行頻道」公布將近十二萬的網友票選出的「全臺十大鬼地方」，辛亥隧道名列第一。關於辛亥隧道的靈異傳說，版本很多，我大致上歸納為數種怪談，如下所列：

1. 清潔工人的鬼影：隧道中會突然出現清潔工的鬼影，據說這是被撞死的清潔工顯靈。
2. 坐上機車的鬼魅：騎機車經過隧道，突然會有鬼魅之類的靈體，坐在身後。
3. 搭車女鬼：計程車司機在半夜搭載女性客人，路過辛亥隧道時，發現對方是流血女鬼，或者對方突然消失。另外也有人說，隧道口附近會有白衣女鬼揮手想搭車。或者，經過隧道的時候，空蕩蕩的後座突然出現女鬼。
4. 無限空間：騎機車經過隧道，怎麼騎都無法抵達出口。短短幾分鐘就能通過的隧道，竟然要花好幾個小時，才能夠騎車出去。

5. 鬼婆婆：隧道裡面會出現鬼婆婆的身影。有時候，鬼婆婆會在隧道裡掃地（或者奔跑），車子來不及注意，直接撞過去之後，鬼婆婆卻消失了。另外也有人說，鬼婆婆也會在隧道內快速騎著腳踏車。

6. 隧道屍水：據說隧道內滴水，其實是隧道上方的墓區滲流出來的屍水。

7. 異世界通道：隧道中間有橫向逃生通道，據說從這個通道看過去，可以看到另一個世界的「好兄弟」。

有關辛亥隧道的傳說，很多故事一開始都是發表於「批踢踢實業坊」網路論壇的文章。例如「無限空間」與「鬼婆婆」，在一九九七年就流傳相關文章〈辛亥隧道驚魂〉，作者署名「BOMMY」。靈異隧道的故事藉由網路流傳，一傳十，十傳百，漸漸為人熟知，也成為現今新聞媒體常常引用的臺北都市傳說案例。

根據「BOMMY」文章所說，他半夜騎車經過隧道，竟然無法抵達出口，於是越騎越快，時速甚至到了一百多公里。當時，後方竟然出現一個騎腳踏車的婆婆，速度非常快，一下子就超越他。不知道過了多久，他總算衝出隧道，跟朋友說明此事，大家都不相信。

之後，辛亥隧道的「無限空間」，有了另一種版本。據說有人騎車進入隧道，出了隧道口不久，竟然立刻進入另一個不應該出現的隧道，直到穿越七次隧道，才總算脫離這個靈異空間。

至於隧道中莫名其妙出現的清潔工人鬼影，九〇年代就流傳這種故事。藝人謝金燕曾經親眼見識過清潔工人鬼影，並且在當時的靈異節目「鬼話連篇」說出自己的親身經驗。

謝金燕說，她前幾年錄影結束，半夜返家時，騎機車經過辛亥隧道，竟然看到有一名清道夫站在馬路中央掃地。謝金燕想提醒對方要小心，不過慢慢靠近的時候，發現對方的肚子竟然是中空，可以直接看穿到後方。她當時嚇傻了，擦身而過時，回頭再看一眼，才發現對方沒有臉孔，無法分辨是男是女。

謝金燕分享靈異經驗的這集節目，目前無法得知播放日期，不過在一九九五年出版的《玫瑰之夜鬼話連篇》書中收錄了她說的這個故事。因此，可以推測，相關故事在九〇年代初期就有流傳。

另外，一九九二年十一月十六日，《聯合報》有一篇文章〈辛亥隧道，午夜驚魂傳說，緊鄰殯儀館、亂葬崗的辛亥隧道，午夜十二點，陰陽交替，運氣不好的就會碰上異象……〉，這篇文章也說明了當時人們喜歡談論辛亥隧道怪談，並且說靈異現象發生的時候，會是午夜十二點。

靈異隧道的起源

辛亥隧道，為何成為靈異故事的舞臺？我認為一開始會有相關傳言，最主要的原因，可能是因為這座隧道鄰近殯儀館與墳墓。

辛亥隧道入口處。

辛亥隧道內部景象。

辛亥隧道附近有公墓，市區方向的隧道口則是第二殯儀館。因為靠近墳墓與殯儀館，所以人們途經此處時，總會覺得陰風陣陣，讓人喘不過氣。

有人說，隧道中出現的鬼影，就是附近墳場、殯儀館中的亡者。更誇張的傳言，則說隧道上方的山丘墳場會滲流屍水到隧道中。雖然屍水傳聞聽起來很虛假，但也許有著真實的根據。一九八八年一月二十四日，《聯合報》報導當時辛亥隧道漏水，所以工人徹夜施工整修。也許因為曾發生過漏水事件，所以後來以訛傳訛，就變成墳墓屍水滲流到隧道內的故事。

此外，辛亥隧道交通事故頻傳，可能也是靈異故事盛行的原因。

根據《中國時報》在一九九六年七月二十八日的新聞報導〈車行隧道，天天出車禍？〉，文章作者檢查臺北市內七座隧道的車禍事故，從一九九五年七月到一九九六年七月為止，共發生三百多件車禍，而辛亥隧道則在這一年內發生了一百二十五件車禍，是最常發生事故的隧道。

辛亥隧道內的燈光昏黃不亮，汽機車爭道，出入口有急彎道，都是造成隧道車禍事故頻傳的原因。因為傷亡事件時有所聞，所以靈異怪談才會興盛起來。

隧道中間的橫向逃生通道，據說可以連接陰陽兩界。

怪談元素：意外災難

奇聞二十三 空難怪談：詭異的語音留言

我聽到不可思議的怪談……

二〇〇二年，中華航空班機發生空難，飛機墜毀於澎湖馬公外海，機上兩百多人罹難。「澎湖空難」發生之後，網路上盛傳一段靈異語音留言，據說是空難亡者的聲音。

探查筆記

二〇〇二年五月二十五日，中華航空客機預計從桃園機場飛往香港國際機場，但中途因為機體金屬疲勞、維修不當等因素，飛機在澎湖馬公外海上空解體墜毀，導致機上兩百多人喪生。

這起空難意外發生突然，震驚國內外，人們議論紛紛，甚至出現「華航四大限」的都市傳說。因為華航在一九九四年、一九九八年、二〇〇二年都發生了重大空難事件，於是人們說每隔四年，華航客機可能就會發生空難。不過事實上，在二〇〇六年，華航並無空難事故發生，「四大限」的說法被認為是謠傳。

二〇〇二年發生「澎湖空難」之後，還流傳一件著名的都市傳說。據說，罹難者頭七的前一日，屏東有一位張先生收到手機語音留言，語音內容十分怪異，是一名男子哭喊著：「我不要死在這裡……」，說話的時候還夾雜著風聲。據說這個留言，就是空難亡者的語音留言。

張先生收到留言之後，百思不得其解，將錄音檔案傳給朋友之後，朋友再寄給他人，最後錄音檔案便流傳於網路。

有人說，那通留言是空難亡者在陰間的呼喊，或者是受難者臨死前的求救聲，不知何種原因，這段語音傳送到張先生的手機。

當初的「空難靈異錄音」，有人上傳到 YouTube 網路平臺，究竟是真是假，無人知曉。

從飛機窗口俯瞰的景色。

奇聞二十四

旅館鬧鬼：陰風陣陣的房間

怪談元素：超自然

我聽到不可思議的怪談……

出外旅行的時候，若是住到「不乾淨」的旅館，就會在旅館房間內感覺陰風陣陣，渾身起雞皮疙瘩，或者聽到不知從何處傳來的怪聲、說話聲，甚至看到莫名其妙的黑色影子。

比較嚴重的情況，則是「鬼壓床」。晚上睡覺的時候，會感覺被鬼怪壓住胸膛，或者被掐脖子。通常這個時候，全身都會冒冷汗，眼睛無法睜開，也無法大聲喊叫，甚至連身體都無法動彈。

有時候，人們會誦唸佛經，「鬼壓床」的狀態就會突然停止。或者，有時候不去管它，自然而然漸漸入睡，怪異現象也會慢慢消失。

這些超自然現象的起因，大多數人們認為是房間內住著孤魂野鬼，或者房內曾經發生過死亡事件，於是靈魂便停駐於此。

探查筆記

旅館鬧鬼，一向是人們講鬼故事時的重要主題。關於這種靈異經驗，其實我的妻子也曾經遇過兩次。

二〇一八年五月，我與妻子結婚的前一天是訂婚日，舉行儀式的場所選在臺中某知名飯店，而妻子當天也住在飯店內。媒婆曾跟妻子說，必須要用艾草皂洗澡袪穢，於是妻子便遵照這個指示。晚上入睡時，妻子雖然閉著眼睛睡著了，但感覺神識還醒著，並且糢糢糊糊看到右前方的床邊站著一個很高的黑影。黑影看起來又高又瘦，像是一名戴著眼鏡的男子。不過，這男子全身像是籠罩在一片黑霧中，無法清楚看見其面目。黑影男子就這樣一動也不動，一直注視著妻子。雖然妻子覺得毛骨悚然，但是可以感覺到對方沒有不好的意圖。並且，她方才已用艾草皂清潔袪邪，所以心情安定，沒有太過慌張，只是用神識的眼角餘光瞄著對方。不久之後，黑影逐漸消失，妻子總算可以真正張開眼睛，往右前方看去，空無一物。後來，妻子談論此事，認為黑影本身並無惡意，也許只是來「看熱鬧」而已，對於即將結婚的新娘有所好奇，想要一觀究竟。

另一個經驗，發生於二〇一八年六月底，則是比較恐怖的體驗。當時，我接受東京的臺灣文化中心的邀請，前往日本參與文化講座，向日本讀者分享臺灣妖怪的故事，而妻子也與我同行。某晚，我們住宿於東京的旅館，房間不大，一走進去，感覺昏昏暗暗，妻子頓時覺得很怪異。儘管如此，因為白天行程多，我們兩人精神疲憊，所以沒有想太多，很早就入睡了。但是，她睡到一半的時候，突然陷入半睡半醒的狀態，彷彿冥冥之中看到房中出現一隻渾身漆黑的凶鬼，體型龐大，散發不祥的邪氣。凶鬼瞪視著沉睡中的我，忽然惡狠狠地撲向我。她驚訝萬分，雙手猛然揮打過去，喊道：「幹什麼？」同時之間，她也醒來，心有餘悸觀察四周，發現異樣已經消失，而我依舊沉沉睡眠。一切平安無事，她總算才安心躺下，繼續入睡。事情發生的時候，我在夢鄉之中渾然不知。直到隔天，她告知我這件事，我才後知後覺。

宜蘭山中旅館的怪聲

關於臺灣旅館鬧鬼的故事，多如繁星，在網路上也能看到許多相關文章。不過，旅館生意若是沾惹靈異傳聞，難免讓業者感到為難。因此，我不希望對於臺灣都市傳說中的鬧鬼旅館指名道姓。以下介紹的靈異故事，雖然場所是一間位於宜蘭太平山的旅館，不過今日已經不再提供旅客住宿，而是整修為介紹當地歷史文化的「太平山文史館」。

這間館舍，興建於一九三七年，原名「新太平山俱樂部」，戰後改名「太平山招待所」，可以提供出差員工與一般客人住宿，但二樓只提供給高級長官。當地傳聞，二樓房間會有鬼影出沒。

農委會林務局編印的《太平山的故事》書中，作家吳敏顯撰寫的文章〈夜半跫音〉提及這間日式老屋，人們傳言二樓有日本女鬼，昔日入住屋中的客人有時候會被樓上的腳步聲驚醒。誇張一點的傳聞，甚至說那是先總統蔣公（蔣中正）的鬼魂在走動。作家吳敏顯認為蔣公傳聞不正確，因為曾經住過太平山的總統其實是蔣經國先生。

在〈夜半蹬音〉文章中，吳敏顯訪查兩位曾住在二樓的人。其中一人，感覺二樓房間的溫度如同冷凍庫，但他仍然在二樓安穩睡了一覺。但是，另一人的遭遇就比較可怕。

另一名住客晚上正要睡覺時，聽到樓梯嘰嘰吱吱響起，似乎有人上樓，腳步聲停在房間的紙拉門前，然後就下樓，樓梯不久再度嘰吱響起。住客本來以為對方是朋友，正欲起來，這時就被鬼壓床，好像被人掐住脖子按倒在床上，怎麼掙扎都無法起身，更無法大聲喊叫。

吳敏顯文章中，並未提及被鬼壓床的住客如何掙脫困境，只說隔天那人脖子僵硬痠痛。我猜測，那名住客可能在鬼壓床的過程中，雖然被不知名的力量壓迫，導致神識逐漸喪失，但也同時之間慢慢進入沉睡的狀態。我所聽過的鬼壓床的故事，很多情形都是如此。雖然過程非常可怕驚悚，不過只要時間慢慢流逝，鬼壓床的狀態就會越來越輕微，最後當事人會再度陷入沉睡之中。

目前為止，我訪查曾經有過鬼壓床經驗的人，通常不會因為這種靈異體驗而受到很大的傷害，也不會危及性命。但是，睡眠品質不好，很容易影響人的身體，所以當事人隔天肩頸痠痛或身體不適，仍然是常見的情況。

現代，人們對於鬼壓床的狀態，有許多種科學解釋。其中一種較為大眾信服的觀點，會認為這是睡眠障礙疾病，也就是「睡眠癱瘓」。若是本身經常遇到鬼壓床的情形，其實建議到醫院進行檢查，判斷是否有睡眠障礙的情況。

打招呼就相安無事

不管旅館是否有靈異現象，尊敬的心永遠是最重要的態度。

我妻子教導我，每次到旅館房間的時候，不能直接走進去，而是要先敲敲門，說聲：「**不好意思，打擾了。**」之後才能入房。無論房內是不是有「不可思議的存在」，互相尊敬的心總是有備無患。有時候，妻子打開旅館房內的衣櫥時，也會敲敲門再打開。

除此之外，進入旅館房間之後，要先開窗通風，讓室內空氣流通。並且，還要仔細觀察房內環境是否良好，若有怪異情況，就要趕緊請旅館業者處理妥善。

如果真的不幸在旅館房間遇到靈異現象，切莫太過慌張，反而嚇得自己喘不過氣。這時，同樣可以跟房內的「好兄弟」打招呼，說明自己只是來此借宿，並無冒犯之意，若有任何打擾之處，敬請見諒。或者，也可以唸誦「阿彌陀佛」或者佛經，讓自己沉心靜氣，等待異象慢慢消失。

旅館房間鬧鬼，有時候難以解釋為何發生，不過有時候則是疑心生暗鬼，或者是被房間不好的住宿環境給影響了。因此，挑選狀態良好的旅館房間過夜，應該就能獲得比較好的住宿品質，讓旅行過程更加順心愉快。

我與妻子在二〇一八年住宿東京旅館，半夜曾發生詭異情形。此圖是東京夜景。

奇聞二十五
人面魚：魚肉好吃嗎？

我聽到不可思議的怪談……

「事件的發生，據說是有人去溪邊釣魚烤肉，而其中一人將釣起的魚當場烤食。而在烤魚過程中，發現魚體本身發出異樣的火光。烤完之後，卻發現有一人臉。而根據來信的指出，參與此人頭魚事件的人數，也有三人、四人、六人、八人等不同的說法。至於結果也是眾說紛云，莫衷一是，因此無法有一個正確而且肯定的根據與說法。」——一九九五年九月九日《玫瑰之夜》靈異單元「鬼話連篇」旁白介紹

探查筆記

「最近在中南部相當流行一句話：魚肉好吃嗎？」靈異電視節目「鬼話連篇」中，主持人澎恰恰一開口就說到奇妙的人頭魚傳說。

據說有一條烤魚的身上浮現人臉，怪異的人臉還會問話：「魚肉好吃嗎？」這件怪談越傳越廣，於是一九九五年九月九日播放的綜藝節目《玫瑰之夜》的靈異單元「鬼話連篇」，決定深入探討詭異的人頭魚事件。

人面魚

根據電視節目的說法，此事開始流傳於一九九四年十二月，當時節目製作單位就收到了很多人頭魚的靈異照片。照片中，有一尾烤過的吳郭魚，魚體浮現類似人臉的怪異形狀。靈異照片的拍攝地點說法很多，在屏東、高雄、臺南、嘉義等地都有相關傳言。

「鬼話連篇」探討人頭魚故事，電視節目的工作人員發現原始靈異照片的日期是一九九四年十二月三日。這個日期，與怪談開始流行的時間很吻合。

另外，電視節目也邀請禪座養身協會邱豐森先生、攝影專家鄭景仁先生、漁業局專家曹宏成先生等人分享看法。

邱豐森先生說，他也從一九九四年十二月開始收到很多人頭魚照片，甚至有人跟他說，一定要拷貝這張照片再送出去，這樣才能消災解厄。節目中，邱先生判斷這張照片並非靈異，只是大家以訛傳訛，一直散播此照片，才讓它誤傳為靈異照片。因此邱先生呼籲大家莫驚慌，就算拿到此照片，也不必太在意。

攝影專家鄭景仁先生則認為，這些人頭魚照片因為多重複製而失真，魚體看起來像人臉，其實是巧合。

漁業局曹先生則說，他多年來從事水產養殖，並未看過詭異的人頭魚。因為人頭魚事件的影響，造成當時養殖魚業的業績下滑，所以曹先生也談起吳郭魚的營養價值，鼓勵民眾不用害怕吃魚。

雖然靈異節目「鬼話連篇」努力闢謠，不過之後人頭魚的傳說仍然廣泛流傳，而且原本怪談中習慣稱呼的「人頭魚」一詞，也被大眾逐漸改稱為「人面魚」。時至今日，人們還會以「魚肉好吃嗎？」作為閒聊怪談時的口頭禪。此外，二〇一八年的「紅衣小女孩」系列電影第三集也以人面魚傳說作為故事主軸，可見這則怪談在臺灣社會之中歷久彌新。

嘉義蘭潭，據說此處可能是人面魚事件發生地點。

奇聞一一十六

借屍還魂：朱秀華傳奇

怪談元素：女鬼、超自然

我聽到不可思議的怪談……

雲林縣麥寮鄉，流傳「借屍還魂」奇異故事。一九五九年，據說有一位四十歲婦女林罔腰重病而亡，金門少女朱秀華死後的魂魄在王爺公的指引下，藉由林罔腰的肉身還魂復活。

朱秀華還魂之後，林罔腰家人一開始不相信此事，但是她的生活習慣與林罔腰截然不同，她也對於自己身為朱秀華的過往瞭如指掌，才讓林罔腰家人逐漸接受這個事實。

探查筆記

關於朱秀華還魂記，《今日佛教》雜誌記者李玉環曾在一九六一年採訪相關故事。當年，李記者在麥寮聽聞「借屍還魂」奇異故事，於是前去訪問事件女主角朱秀華女士與林罔腰的丈夫吳秋得先生。

據說，此事發生於一九五九年，當時從事建材生意的吳秋得在臺西鄉海豐島進行建築工程。那時候，吳先生發現久病的太太情況突然很怪異，舉止態度完全變成另一個人，而且還口口聲聲說自己是朱秀華，並不是林罔腰。原來，金門少女朱秀華的魂魄，已經寄居於林罔腰體內。

根據朱秀華的說法，她來自金門新街，十八歲時，因為中共砲擊金門，許多人搭船逃難，當時她與雙親失散，獨自搭船離開。後來船隻漂流到雲林縣外海，發現船隻的當地漁民，取走船上錢財，又將船隻推回海上，朱秀華因此漂流汪洋而喪命。之後，她的魂魄就停留於雲林縣外海的海豐島，經由三府王爺的指引，得知可以藉由麥寮鄉吳秋得之妻林罔腰的屍體還陽，於是跟隨在海豐島工作的吳秋得返鄉，當他的妻子林罔腰重病死亡時，藉此「借屍還魂」。

朱秀華還魂後，說話是金門腔調，茹素不近葷，她的行為舉止都與林罔腰的生活習慣截然不同，看起來似乎真有其事，所以林罔腰的家人也漸漸接受這個事實。

朱秀華還魂故事，原本只是麥寮鄉當地奇聞，但是經由媒體報導之後，社會大眾也開始對於此事好奇不已。之後，朱秀華傳奇甚至被改編為電影、紀錄片、電視戲劇節目。

朱秀華據說來自金門。
此圖是金門老街的節孝坊。

怪談元素：犯罪

奇聞二十七 恐怖之狼：襲擊女子的惡人

我聽到不可思議的怪談……

走在路上，若是形單影隻，有時候會成為連續犯罪者的目標。臺灣新聞媒體對於此種犯罪者、變態殺人魔，通常會以犯罪地點、犯罪方式來稱呼，而有「××之狼」的說法。

例如，橫行於景美的「景美之狼」，會以扁鑽、美工刀隨意刺殺路上的女子。板橋的「割喉之狼」則是以美工刀切開落單女子的咽喉。

探查筆記

一九八三年，至少八名夜行婦女在臺北木柵地區被不明歹徒刺傷，且有兩名女子被刺殺而亡，媒體將這名連續犯罪者稱為「木柵之狼」。直到隔年三月，犯人才被逮捕，供稱是用水果刀刺殺婦女。

一九八五年，在桃園龜山地區，數名女學生遭「桃園之狼」持匕首襲擊。不久之後，二十七歲的嫌犯落網，坦承犯行。

一九八七年，臺北景美地區出現恐怖的「景美之狼」，犯人會以扁鑽刺擊女子路人的背部，後來手段越來越凶殘，改以大型美工刀砍刺落單婦女。根據受害者說法，犯人身高大約一百七十公分左右，身材中等瘦高，犯案時會穿雨衣或黑夾克，可能是二十幾歲的年輕人。「景美之狼」犯案多年，至少造成三人死亡、三十多人受傷，引發社會很大的恐慌。

當「景美之狼」連續犯案的時候，一九八八年又出現「士林之狼」，會在士林地區以鐵棍木棒襲擊女子，並且搶奪財物。警方為了提高民眾警覺，於是在報紙刊登「士林之狼」的模擬畫像。當時，犯人在三個多月之間，連續傷害十八名婦女，五人傷重不治。之後，警方成立獵狼專案，總算成功逮捕犯人。

到了一九九五年，板橋出現了「割喉之狼」，犯人會以利刃劃傷女子喉頸。犯人的稱號不以地區命名，而以犯案方法來命名，便可知這起案件的行凶手法極為殘忍。不久之後，一位犯了竊盜案的男子被宜蘭警方逮捕，坦承自己即是板橋割喉案兇手。

「恐怖之狼」連續犯罪者，行徑凶殘可怕，就如同知名的倫敦都市傳說「開膛手傑克」，造成社會莫大恐慌。雖然恐怖的變態殺人魔並非時常可見，但是行走於路上，小心提防陌生人，以防萬一，才能明哲保身。

奇聞二十八
針筒怪客：恐怖的隨機攻擊事件

怪談元素：犯罪

我聽到不可思議的怪談……

走在路上的時候，身體某處突然傳來莫名其妙的刺痛感，彷彿被針扎傷，這時候查看身體怪異處，就會發現有一個針孔般的小傷口正在流血。這時，受害者才知道自己被針筒怪客攻擊了。大眾傳言，當作攻擊武器的針頭可能沾有愛滋病患血液。

愛滋病毒針頭扎人的謠言，是跨越國界的都市傳說，而臺灣則是在一九九〇年代開始盛行。

探查筆記

臺灣在九〇年代，開始流傳針筒怪客隨機襲擊路人的傳說。根據二〇一〇年出版的都市傳說研究書籍《現代怪奇新聞畫報》書中說法，當時謠言會說不明人士將沾有愛滋病患血液的針筒和刀片放在電影院內、販賣機取物口、公共電話投幣口，隨機傷害無辜之人。這種謠言甚囂塵上，尤其在學生族群內盛傳。

《聯合報》在一九九二年四月十三日的報導文章〈惡意的玩笑？西門町傳單！愛滋患者，持針筒亂戳路人，聳人聽聞，請警方儘快查明，輔大貼出驚人告示，校方提醒學生注意〉，這篇文章提及當時西門町有人張貼傳單，傳單說明有人拿著沾有愛滋病毒的針筒隨意攻擊過路人。

雖然無法證明一開始的傳言是否始於西門町，但之後臺灣各處知名夜市陸續傳出有針筒怪客出沒的消息，相關謠言傳播了許多年。

例如，《聯合報》在二〇〇九年一月一日的報導文章〈針筒怪客出沒？警：謠言可怕〉，這篇文章便說當時臺中的高中職、大專院校紛紛傳言針筒怪客在一中街、逢甲商圈以針筒刺襲路人，不過警方訪查各處，都毫無線索，也沒有找到被害者，於是警方認定針筒怪客現身是無根據的說法。

如今回顧昔日針筒怪客的都市傳說，應該可以確定「犯罪者以愛滋病毒針頭扎刺路人」是無中生有的謠言。

愛滋病是後天免疫缺乏症候群的簡稱，經由愛滋病毒引起。但是愛滋病毒的性質很脆弱，無法在針頭上存活太久，就算真的被刺到，罹病機率也低於0.23%，臨床上罕見。

因此，犯罪者若想在路上隨機挑選目標，讓受害者被針扎到之後感染愛滋病，這種犯罪目的很難達成。

針筒怪客以愛滋病毒針頭刺人，雖然已被證實是謠言，但是犯罪者以針頭、尖刺物隨機襲擊人的行為，在臺灣卻是時有所聞。

例如，《中國時報》在二〇〇五年八月十八日的報導〈針筒餵毒，路人遭殃，「恐怖」毒蟲，報復警方〉，這篇文章提及當年七月有兩名女子在花蓮街市走路，遭不明人士以針筒扎刺身體，導致身體不適，甚至呼吸困難。之後警方調查得知幕後犯人是三十五歲的張姓女子，她因為曾被警方查獲販賣毒品與竊盜，心生不滿，故教唆吳姓男子拿著裝有海洛因毒品的針筒攻擊路人，試圖造成社會不安。

除此之外，在二〇一〇年四月，也有歹徒在中和潑水節以針頭襲擊一名國小女童。在二〇一五年十一月，新北市鶯歌老街舉行反毒活動，有人以針筒刺傷一名少女的臀部，犯罪者被逮捕後，坦承是一時興起而犯罪。

街道上發生的針筒攻擊事件，雖然可能不是以愛滋病毒針頭刺人，但都是十分嚴重的傷害事件。儘管我不犯他人，但也無法保證他人不會犯我，因此出門在外，還是時時刻刻小心注意為上策。

奇聞一一十九

鬼新娘：想撿路上的紅包嗎？

怪談元素：女鬼、紅包、戀愛

我聽到不可思議的怪談……

小時候，聽到長輩告誡，如果在路上看到紅包，或者是奇怪的紅袋子，千萬不能撿！路上的紅包袋，裡面放了什麼東西？如果撿了路上的紅包，究竟會發生什麼事情？雖然我很好奇，但長輩並沒有說出後果會如何。

長大之後，我才終於知道原因。很有可能有人為了家中亡女找尋「冥婚」的對象，所以才特地將紅包放置在路旁。

據說，只要有男子在路上撿到冥婚紅包，就要與鬼新娘結婚。紅包之內，會放入寫有亡者生辰八字的紙條，或者是亡者身上的頭髮、隨身物件。

關於冥婚紅包的傳說，人們繪聲繪影，尤其是現今網路資訊發達，經常可以看到網路文章介紹冥婚紅包的故事。

鬼新娘

探查筆記

二〇一八年，我有幸到日本東京公開演講，向日本人介紹臺灣妖鬼故事。講座之中，我提到臺灣有一種奇特的冥婚習俗。演講結束之後，有一位聽眾特地來找我聊天，詢問有關冥婚習俗的細節。我透過翻譯，向他簡介這項民俗。他拿起筆記本，表情認真地將我的說明抄下來。

我很能理解那位日本聽眾的好奇心，因為我小時候對於這項習俗，也是因為一知半解，所以感到好奇，甚至感覺恐怖。小時候，長輩會跟我們小孩子說，路上的東西不能亂撿，尤其不能撿來路不明的紅包。後來，我才知道路上的紅包，很有可能就是冥婚紅包（或是轉運紅包）。

不可思議的民俗，素來是創作者鍾愛的題材，所以在二〇一五年，有一部臺灣電影《屍憶》便是以冥婚、鬼新娘作為題材，講述一名男子撿到路上紅包之後，身邊開始發生詭異的事件。

不過，《屍憶》並不是描述臺灣冥婚習俗的第一部電影。早在七〇年代，就有一位才華洋溢的導演將冥婚習俗作為電影主題，開創出極具特色的臺灣恐怖電影作品。

這位導演的名字是姚鳳磐，他的作品《鬼嫁》上映於一九七六年，講述一名大學生與女鬼戀愛的故事。

一九七六年的電影雜誌介紹《鬼嫁》，王釧如因為飾演冷豔女鬼，因而一炮而紅，之後經常出演姚鳳磐鬼片，被封為「鬼后」。

電影雜誌內頁介紹《鬼嫁》的宣傳圖片。
左下角照片是導演姚鳳磐與攝影師的合照，其他三張照片則是劇照。

姚鳳磐的《鬼嫁》

我很晚才認識姚鳳磐的電影，深感慚愧。因為，姚導演是臺灣恐怖片大師，擁有「鬼片之王」的稱號。在我心目中，我甚至認為姚導演就是「臺灣的希區考克」，在臺灣恐怖電影歷史中有著極為卓越的貢獻。

姚鳳磐，生於一九三二年，在二〇〇四年辭世。他是安徽人，年輕時在臺灣從事新聞工作，進入電影界之後，以鬼片聞名天下。

姚鳳磐在七〇年代製作的一系列鬼片，開創了臺灣恐怖電影史最燦爛的一頁，甚至啟發了華語電影對於「鬼怪形象」的嶄新詮釋。

現今，姚鳳磐的名號與功績不被臺灣人熟知，最大的原因是很難欣賞到他的電影文本。二〇〇四年，臺灣曾舉辦「鬼魅影展」，策展人聞天祥為了尋覓姚鳳磐的電影拷貝，煞費苦心，最後也只找到《鬼嫁》與《寒夜青燈》這兩部鬼片。

姚鳳磐每部恐怖片各有千秋，他早期會從《聊齋誌異》汲取靈感，在一九七六年推出的《鬼嫁》是臺灣第一部時裝鬼片，也是姚鳳磐首次嘗試將臺灣鬼神文化融入恐怖片的作品。在《鬼嫁》之後，姚鳳磐的恐怖片就開始大量取材臺灣在地靈異故事，因此這部鬼片是一個很重要的轉折點。

《鬼嫁》的誕生，源自於姚鳳磐某日看到報紙新聞，有一位大學生在萬華街上拾到一個紅布包裹，發現裡面有死亡女子的八字、頭髮、照片，而且女孩家人急忙從路旁跑出來，請這位撿到紅布包裹的「有緣人」與這名女孩結成冥婚。姚鳳磐對這則新聞產生深刻印象，於是決定以人鬼聯姻的臺灣民俗作為電影主題。《鬼嫁》電影故事簡述如下：

哲學系學生程志達與一群朋友到山上烤肉露營，他為了撿柴而跑到樹林裡，意外拾到一個冥婚包，然後不知不覺走入一座神祕的舊別墅。他在屋中遇見了空靈美麗的女子陳美儂，以及她的姨媽。

一九七六年五月十九日的《台灣新聞報》刊登《鬼嫁》廣告，宣傳詞寫：「夜闖荒墳，挖棺戳靈」。

天亮之後，志達下山返家，將這件事告訴女友萍萍，雙方大吵一架。志達再度上山，順利與美儂重逢，互訴情衷。但是志達醒來後，卻發現自己睡在墓地旁，嚇得趕緊離開。

儘管志達得知美儂非活人，但他卻越來越喜愛溫柔的美儂，並且排斥霸道的萍萍。因此，萍萍決定要與志達賭氣，沒想到卻惹鬼上身……

當年，這齣鬼片一上映，盛況空前。戲裡的恐怖片段，被觀眾一傳十，十傳百，有口皆碑。尤其是一隻鬼手從馬桶伸出來的畫面，最讓觀眾膽戰心驚。在影片中，有一幕是女子萍萍被鬼附身，滿口鮮血咬著碎玻璃杯的畫面，也讓我驚嚇萬分。

我有收藏一張當年《鬼嫁》的老海報，海報的美術設計同樣很驚悚，尤其海報右側有一個瞪大雙眼、口吐鮮血的屍首，表情淒厲萬分。朋友見到我收藏的這張海報，無不毛骨悚然。

先前，我為了將《鬼嫁》電影海報提供給臺中市文學館作為妖怪文藝特展的展品，在家裡整理這張海報時，我母親恰巧經過。她瞥了一眼，悠悠說道：「這個我知道喔……」

母親這麼一說，我好奇起來，趕緊追問。

「我沒看過這部電影啦。我是說，我有個親戚，也算是你的遠房親戚，就是冥婚……」母親說她有一位親戚，其實去世之後，就與人結成冥婚。那位親戚，是媽媽的阿嬤的弟弟（她尊稱三舅公）的女兒。

一九七六年，姚鳳磐的恐怖片《鬼嫁》電影海報。

遠房親戚的「冥婚」

我一聽之下，大為驚訝。我接觸冥婚民俗，不是從老文獻、學者研究中讀到，就是從文學、電影創作中看到。我從來沒有想過，我竟然也有一位遠房親戚是「鬼新娘」？

母親繼續述說，那位三舅公姓賴，住在臺中市的北區、臺中公園附近。母親小時候曾到他們家玩過，對於賴家的三合院印象很深。賴家是大家族，也有人是教書的老師。三舅公有一位女兒，母親稱呼她為「阿姑」。這位阿姑很漂亮，據說讀書也很優秀。

大約是母親十歲左右的時候，差不多是小學六年級，那時候母親聽聞阿姑的噩耗。阿姑那時候差不多是二十歲左右，她出門上班要去坐公車的時候，就在路上被車撞到，這場車禍讓阿姑意外喪生。當時，一直找不到闖禍的犯人，又因為是夏天，天氣炎熱，於是賴家只好先將遺體下葬。這場葬禮，母親也有去參加。

賴家去詢問神明壇，想了解究竟該如何找尋犯人。神明回答，不用找，對方就會自己過來。沒有想到，真是如此。不久之後，那位犯錯的男子果然前來拜訪賴家，向他們懺悔。因為當時那條路上只有賴家這戶人家，所以那位男子知道自己撞到的是何人。後來，犯人他們家人前來提親，決定迎娶那位阿姑，也就是所謂的「娶神主牌」。他們辦了一場婚禮，雖然母親沒去，不過母親的阿嬤有去，返家的時候也拿了一盒喜餅。據阿嬤所說，這場婚禮的儀式與平常的婚禮很相同，相異的一點只是新娘是「神主牌」，新郎最後捧著「神主牌」坐車回去。

母親述說的這段家族往事，頗讓我驚奇。沒想到，「車禍肇事」也可能成為冥婚的理由。聽聞母親所說的故事，我對於冥婚習俗有了更多元的認識。

究竟人死後的世界是如何？還會有欲望嗎？還會有心願未了嗎？這些疑問，想必也曾經在姚鳳磐心中浮現過。因此，他看到冥婚新聞之後，才起心動念，想以電影的形式來回應人生的生死問題。

雖然姚鳳磐在《靈異傳奇》書中的文章〈人間閒聽鬼唱詩〉曾言：「因為人世間，有太多不能解釋的事，任何思想行為的極限，終究是無窮的疑問，生命的奧祕，並非人能解決的問題。」不過，姚鳳磐的態度並非消極。儘管人無法解決生命問題，但人依然可以努力探問，就如同姚鳳磐不斷探索鬼片的題材與形式，試圖用電影藝術的方式來解答人生中各種疑惑。他的鬼片，並非只是商業片而已，反而蘊含了諸多哲思，就像是《鬼嫁》包含了「人不如鬼」的諷刺寓意。姚鳳磐的鬼片藝術，實在值得我們更加深入理解。

冥婚習俗究竟是什麼？

臺灣的日本時代，就對冥婚習俗有所記錄。例如，在一九三一年，臺中的南屯公學校編纂《南屯鄉土調查》一書，在「迷信」的章節記錄了鬼新娘的民俗：

「女孩子如果超過十歲，未婚即去世，就會變成鬼新娘；如果不想變成鬼新娘，就要將其牌位連同嫁妝數十円至數百円贈與未婚男子（多半為貧窮人家的男子）；或者與同輩未婚去世的男子牌位結婚。」

在一九四三年，《民俗臺灣》三卷五號的雜誌，陳期裕撰文介紹的冥婚習俗則更為詳細，說明了冥婚的條件以及婚禮儀式。這篇文章提及，冥婚又稱為「娶神主」，神主就是「神主牌」，也就是逝世女子的牌位。若是女子與男子有婚約，卻在適婚年齡之前逝世，男子會迎娶女方的神主。若是男子逝世，女方也有嫁入男家的義務，不過女子可以自由決定在儀式過後是否再婚。有時候，男女雙方意外死亡，女方的神主會送到男家，與男方神主一起祭祀。

臺灣民間說法，又會將冥婚說是「娶香煙」，「香煙」（亡女的香火袋）即是鬼女的代稱。以往的冥婚案例中，娶神主的男子通常會是窮人，因為家庭貧困而無法娶妻，反而藉由娶神主的方式，從女方家庭獲得一大筆祭祀費用。因此，在冥婚故事中，有時候會說娶神主的男子從此之後獲得福蔭、飛黃騰達，其實很有可能是獲得了女方家庭的「嫁妝錢」，因而有了開拓事業的本金。

我調查冥婚習俗，臺灣人之所以會實行冥婚禮儀，大致上會是下列數種情況：

一、男子與過世的女子結婚，迎娶鬼新娘。若是男子的女友、未婚妻因為意外而死亡，雙方有時候會舉行冥婚。

二、有婚約、有交往關係的男女雙方皆意外死亡，於是雙方舉行冥婚。

三、男子被算命師父算出具有「雙妻命」，於是要以冥婚的方式來化解宿命。這時，男子會找尋未達適婚年齡即死亡的女子，與對方舉行冥婚。有時候，男子會請媒婆找尋適合冥婚的對象。

四、男子的結婚對象的某位女性親人（例如姊、妹）未結婚便逝世，女方家庭有時候會希望男子結婚時，可以一同將新娘的親人亡者迎進家門。

五、未婚早逝女子的家人，會將寫有女子生辰八字的紅包袋（或者是包袱內放有金錢、紅包袋、亡者貼身物件）放置於路口，如果有男性撿起這個物件，就代表他是那名女子命中注定的如意郎君，雙方可以進行冥婚儀式。

六、極少見的情況，男子意外害死某位未婚的年輕女子，雙方家庭協議以冥婚的方式來解決此事。

七、女子與過世的男子結婚，也就是男子的神主牌會迎娶活女子。此種情況，也極為少見。

以上列出的各種情況，有時候也會視當事人狀況不同而有差異。

例如，李佩倫研究蘭陽地區的冥婚習俗，曾經採訪一例是李姓婦女與五、六歲就過世的妹妹同嫁一夫。冥婚的理由是因為姊姊結婚之後，夫妻兩人身體健康不佳，為了恢復健康，於是其夫便與李家協議，迎娶其妻早逝的妹妹。

在冥婚的習俗中，男子迎娶鬼新娘之後，可以與其他女子再婚。不過，在輩分排名上，後來迎娶的對象，都必須尊稱鬼新娘是「大老婆」。人們傳說，若是男子或者家中的人不尊重「正妻」，就會發生報應。不過，若是對「正妻」以禮相待，男方生活將會順遂如意。

關於冥婚的婚禮進行方式，焦大衛（David K. Jordan）著作的《神．鬼．祖先：一個台灣鄉村的民間信仰》書中有所提及。在一九六六年至一九六七年之間，他在臺灣南部某鄉村進行田野調查，並且採訪了當地的冥婚儀式。根據他的描述，在典禮過程中，新娘會以「紙和衣物所形成的組合物」來代表，也就是新娘衣服以架子支撐起來，臉部則是貼上一張從月曆剪下來的微笑女孩的照片，然後手臂是用報紙撐出其形狀，手掌部位也會戴上白色手套。不過，並不是所有冥婚儀式都會如此進行，各地依照習俗不同就會有不同的狀況。

有時候，男子迎娶鬼新娘之時，會一同迎娶另一名女子。關於這種情況，陳期裕在《民俗臺灣》雜誌中撰寫的文章，描述了此種婚禮儀式在日治時期的進行方式：

「娶神主的儀式在男方娶親的當天舉行。當天，先準備新娘花轎，與媒人轎一起去迎接神主。女方將一塊紅布包在神主上當新娘衫，然後放在米斗中，米斗請入轎裡抬回男家，到男家後，男方把米斗迎進新娘房裡並放置在中央。

這一行事結束後，迎接神主的原轎再去迎娶活新娘回來，新娘進洞房後要與新郎一同向神主燒香禮拜，也就是向正妻打招呼。

神主在洞房裡放三天，每天由新婚夫婦燒香，三天過後才遷到正廳，這時娶神主婚禮才算結束。」

臺灣之所以會有冥婚習俗，其實是因為在傳統社會的觀念裡，若是女孩子未婚便去世，其神主牌不能與祖先的牌位共祀。對於傳統社會來說，女子最終的歸宿是婚姻，不能走入婚姻的女子，其生命將是不圓滿。死亡的未嫁女性，無法奉祀於祠堂公廳之中，無法接受正式的祭拜，於是很容易成為孤魂野鬼。因此，早逝女子的家人為了讓女子亡魂不會無依無靠，就會很希望能幫女魂找尋合適的夫家，讓孤單無依的女魂能夠有所歸宿，讓亡女的生命在死後也能圓滿。

冥婚新聞報導

只要撿了路上的紅包，就會成為鬼新娘的丈夫，臺灣確實有此種冥婚習俗。但是，若是實際研究冥婚案例，女方家庭藉由放置紅包的方式來找尋鬼新娘的丈夫，這種方式其實很少見。大多數的冥婚案例，其實都是男子自願與鬼女結婚，有時候是為了化解雙妻宿命，有時候則是為了祈求家庭安樂、身體健康。

還有一種情況是，交往中的男女因為殉情或意外而死，雙方家庭會替亡者舉行冥婚。以下列出數則報導作為參考：

一、一九五五年十二月三日，《中國時報》新聞標題〈生前好夢難圓，死後終結連理〉：一男一女在日月潭投水殉情，雙方家屬在屍體浮起的當天下午，就在日月潭為兩人舉行冥婚。

二、一九六　年六月七日，《中國時報》新聞標題〈死後方營鴛鴦塚，他生未卜此生休〉：雲林古坑一名二十四歲的吳姓女子，與二十三歲的簡姓男子熱戀，遭家人阻攔，於是兩人服下氰酸鉀毒藥殉情。後來，女方家人為其亡女舉行冥婚，將兩人合葬一處。

三、一九六二年七月二十日，《聯合報》新聞標題〈紗帕縛雙臂，跳水同殉情，欲締鴛譜難納采聘，死後合葬舉行冥婚〉。

四、一九七五年十月二十二日，《聯合報》新聞標題〈女學士慘死機車輪下，朋友舉行冥婚聯姻，台大畢業兩心相許，車禍香消玉殞，愛情堅貞生死不渝，殯儀館中成親〉。

五、一九九二年九月二十六日，《中國時報》新聞標題〈今夜大火，奪走兩對情侶，家人為其冥婚，有情人成眷屬〉。

六、一九九五年二月十七日，《中國時報》新聞標題〈遲來的情人節，變調的結婚曲，情侶雙蒙難，冥婚後合葬〉：衛爾康餐廳大火，有一對情侶意外喪生於火災中，雙方家長為他們舉行冥婚。

關於冥婚的新聞報導，因為撿拾紅包而舉行冥婚的案例其實很稀少。紅包冥婚的情況，近年來比較著名的報導是一位住在嘉義的陳姓男子，竟然連續三次冥婚。根據《蘋果日報》在二〇〇八年八月十一日的報導〈三度冥婚，男擁四妻〉的採訪文章，陳男曾經連續三次撿拾到冥婚紅包與相關信物，因而三度冥婚。自從冥婚之後，陳男的家庭事業都一帆風順，其妻也不計較丈夫有三位鬼妻，彼此相敬如賓。

流傳中國的冥婚照片，是真是假？

從二〇〇四年開始，中國網路開始廣泛流傳一張古早時代的男女結婚黑白照片，中國網友繪聲繪影地說，這是一張拍攝冥婚婚禮現場的照片。

此照片在中國出現，最早是在二〇〇一年的「國窖 1573（歷史篇）」的酒品廣告影片中，驚鴻一瞥現身。後來，二〇〇二年六月的《中國國家地理》雜誌的山西專輯的封面照片，也採用了此張照片。照片之中，一男一女盛裝打扮，雜誌解說這是山西地區大戶人家的婚禮照片。

但是，當這張照片流傳到網路之後，中國網友對於這張照片產生了許多想像，甚至認為這張照片是一張冥婚現場的照片。有人認為，照片中的女子面色慘白，其實是一具屍體，而女子雙腳看起來懸空，是因為她背後有木架支撐住。

甚至有網友發表文章，說自己與歷史系的一位周老師討論這張照片，循線查出相片中的男女身份。據說，女子名為葉子梅，男子名為王海德，兩人皆為餘杭鄉村人，互有婚約。不過，在一九二二年，女方因熱病而逝世，男方不願意按照當地風俗和死人結婚，於是為了逃婚而去當兵。不過，女方家人將男子抓回來，強迫他與女子屍體成親。當時，女子已經死亡六天，男子便與女子的屍體一起拜堂成婚。

原本這張相片只是黑白照片，卻因為在網路上越傳越盛，於是也有好事者將這張照片染色成彩色相片，讓相關傳言更加具體起來。

後來，不只是許多網路討論區會流傳這張照片與相關故事，甚至連中國電視媒體也會報導此事，一些文學小說也會以此張照片作為題材。這張照片儼然成為一則中國都市傳說，讓人們深刻感受到冥婚習俗的恐怖氣氛。

根據馬伊超的文章〈屍體新娘——一則中國都市傳說〉的研究，這張照片在網路上的流傳過程可以分為幾個階段。二〇〇三年之前，此張照片只是普通的結婚照。在二〇〇四年至二〇〇五年初，人們開始架構這張照片是冥婚現場的想像。二〇〇五年之後，網友才開始建立相片中男女主角的身份與形象，也就是葉子梅與王海德的冥婚故事。

研究者馬伊超認為，實際上這張照片不可能是冥婚現場的照片。中國冥婚儀式，通常是與木牌位或者死者照片成親，絕不可能將死者綁在木架上成婚，這是極為不尊重死者的行為。更何況，這張照片最早刊登於《中國國家地理》雜誌，雜誌中介紹此照片是山西王家大院新人成親的畫面。

馬伊超推測，這張照片引發的都市傳言，與當時的中國社會情境有相當大的關聯。例如，二〇〇一年至二〇〇四年之間，中國對於婚姻法進行了一些修正，當時正巧是「屍體新娘」都市傳說甚囂塵上的時間點，很有可能這則傳說其實反映了中國年輕人對於婚戀狀況改變的焦慮。馬伊超認為：「**嶄新的婚戀方式、《婚姻法》的修改、社會的飛速發展都讓年輕人無所適從，年輕人感到困惑、茫然和憂慮。他們用了祖輩的方法來表達自己的憂慮和恐懼。**」

相片本身並不是重點，重要的其實是解讀照片的觀點。許多都市傳說之所以會流傳，其實反映了講述者心中的恐懼或困惑。

但是，這張結婚照片的真相，真的是山西人家的結婚場景嗎？都市傳說的特色，就在於真假難辨，虛實迷幻，有時候看似權威的證據，也不盡然如此。

真相其實是，這張照片並非山西王家大院的結婚照，甚至與中國毫無關係。

二〇一五年六月二十二日，《TVBS 新聞網》的報導〈結婚照變冥婚照片，家屬怒批「太扯了」〉，採訪記者到屏東訪問李小姐，她說這張照片其實是日治時期的祖先結婚照片，相片中的男女是她的阿公與裹小腳的大房阿嬤。李家人將這張照片視為珍貴傳家寶，並將原始照片懸掛於廳房門旁。

根據新聞訪談，李家人一開始其實不知道祖先的照片在中國以訛傳訛，是後來李家小孩在網路發現此事。李家人推測，這張照片會流傳在外，是因為曾有親戚在十幾年前將這張照片拿去參與老照片展覽活動，後來不知何種緣故，這張照片陰錯陽差登上雜誌封面，甚至被誤認為來自山西。

相片之中，新娘的雙腳為何看似浮空？那是因為，李家阿嬤是裹小腳，畫面之中看起來像是腳尖點地。

在新聞訪談中，李家其實很無奈，同時也極為氣憤，更多的情緒則是傷心。李家很生氣中國網友隨意使用祖先的照片，並且編造不實的傳言。李家願意接受採訪，就是希望能夠澄清此事，讓謠言止於智者，期望網友莫再造謠。

都市傳說在真實與虛假之間擺盪，向來是講述者與聽眾都甘之如飴的過程。只不過，藉由屏東李家的聲明，其實我們也應該心生警惕，當我們在網路上道聽塗說之時，是否可能傷及他人？

人人都愛聽都市傳說，這種情形確實無傷大雅。但是在聽與說之間，若能有更多查證的過程，就不會讓不實的謠言流傳更廣泛，也不會造成不必要的傷害與誤會。

奇聞三十

路上丟錢：轉嫁厄運的民俗

我聽到不可思議的怪談……

有時候，會在路上看到無主的鈔票、硬幣掉在地上。這時候，我通常會視若無睹，直接走過去。

我會這麼做的原因，其實是因為心裡害怕撿了錢，就會被他人的厄運纏上身。我會這麼想，是因為臺灣有一種「轉運」的習俗。

如果覺得近來厄運連連，做任何事情都不順遂，似乎衰神正緊緊跟隨於身旁。據說這時候，只要在人多的地方，將一些錢幣、鈔票丟在路上，或者把放著錢財的紅包袋放置路口，讓別人去撿拾，就可以將壞運氣轉讓給撿拾者。

探查筆記

如果路上出現怪異的紅包袋，人們第一眼可能認為這是冥婚紅包，這是女性亡者家屬希望找到好女婿的一種方式。

事實上，來路不明的紅包，有時候與冥婚並無關聯，反而是有人為了「轉運」而特意放置的紅包。

民間說法，人們認為若是厄運纏身，可以藉由一些方法將壞運氣轉讓給他人。其中一種改運的方式，會在紅包內放置金錢以及個人的指甲、毛髮……等等貼身物件，然後隨意放置在一些地點，等待他人撿拾。之所以要放置指甲、毛髮，是因為當事人的「氣」會附著在這些地方，若讓別人拾獲這些物件，就能夠將「歹運」轉讓給他人。據說拿到紅包的人，從此之後就會厄運不斷，彷彿被衰神附身。

與冥婚紅包不同的地方在於，轉運紅包之內不會出現某女性的生辰八字或者相關訊息。不過有時候，想要轉運的人不會使用紅包袋的方式，而是將錢幣、鈔票隨手丟在熱鬧的路口，讓他人去撿拾。據說這種方式，也可以將衰運轉嫁給他人。

所以，無緣無故出現在路上的紅包、金錢，還是小心為妙。不屬於自己的事物，沒有緣份就不要起貪念去撿拾。

不過，如果放在路上的錢財，看起來金額很大，或者不像是刻意留下的錢，應該不需要太擔心這是為了轉運而丟錢，反而可能是有人意外遺失這些錢財。這時候，就要拾金不昧拿去警察局給警察保管。

雖然，藉由丟錢來轉運，是一種很古老的習俗，但在現今社會中，仍然有人會試著去實行。

例如，根據《TVBS新聞網》在二〇一五年十月六日的新聞〈紅絲巾綁兩百元丟地，「轉運說」沒人敢撿〉，當時在雲林虎尾鬧區的中正路，無緣無故出現一個桃紅色絲巾綁住的紅包，內有兩百元鈔票。這個狀況，很明顯是有人將轉運紅包丟在路口，希望有人去撿拾。有趣的是，記者還親自實驗，將一個紅包放在地上。結果，大家對紅包都避之唯恐不及。有人看到紅包就說：「不想要惹這種麻煩。」但是，也有民眾會將紅包撿起，想要拿去警察局。

怪談元素：傳播媒體

奇聞三十一
鬼片魅力：都市傳說的宣傳媒介

我聽到不可思議的怪談……

「你看過最新上映的那部鬼片了嗎？」
「早就看了，真的好恐怖！」
「電影裡的那個老屋，到底在哪裡？」
「就在╳╳地區，那棟老屋真的存在！我的朋友曾經晚上跑去探險。」
「老屋真的有鬼嗎？」
「當然有鬼！我朋友跟我講過在老屋遇鬼的故事，就像是電影演的那樣！」

探查筆記

都市傳說的傳播，有很多種途徑，除了人們口耳相傳、電視介紹、報章書刊紀錄之外，另一種更通俗的現代傳播媒介，會是以「恐怖電影」的方式來進行傳播。

一開始，都市傳說可能只流傳於某地區，只有當地人才會知曉相關故事。但是，當故事躍上

一九七七年，《殘燈・幽靈・三更天》上映之後，電影雜誌上的劇照。

電影螢幕，相關怪談可能會一傳十，十傳百，導致人盡皆知。

近年來，臺灣許多知名的都市傳說，都會被電影導演、編劇作為題材，例如紅衣小女孩、人面魚、女鬼橋、杏林醫院等等都市怪談，都已經被拍攝成電影作品，讓相關故事流傳更加廣泛。近年臺灣恐怖片興起，其實也仰賴於臺灣觀眾對於本土怪談故事有著越來越濃厚的好奇心。

若要談及臺灣恐怖片歷史，一九七〇年代會是一個非常重要的時期，因為當時專門拍鬼片的姚鳳磐導演，一手撐起了臺灣恐怖電影流行風潮，姚導可說是「鬼片之王」，就算稱之為「臺灣的希區考克」一點也不為過。

姚鳳磐拍攝恐怖片，經常取材臺灣本土怪談、都市傳說。藉由電影藝術的創作，姚導演以極具個人特色的詮釋手法，讓臺灣靈異故事呈現出不同凡響的驚悚面貌。

姚鳳磐一開始拍攝鬼片，主要改編《聊齋誌異》故事，之後他目光轉向本土怪談，始於一九七六年的《鬼嫁》作品，此作品以臺灣冥婚為主題。《鬼嫁》是一個重要的轉捩點，從這部作品之後，姚鳳磐經常從臺灣流行的怪談故事汲取靈感。

例如，一九七七年，姚鳳磐推出《殘燈．幽靈．三更天》（原名《舊鎖》），此故事題材來自日治時期駭人聽聞的基隆殺妻慘案，這部電影的海報也用鮮紅如血滴的紅字寫上「基隆七號房分屍案改編」，讓觀眾十分好奇這部電影會如何述說這個故事？不過，姚鳳磐只是以基隆殺妻案件作為引子，電影劇情與原始的殺妻案件有了很大的差別。這部電影主要描述老房子出現各種靈

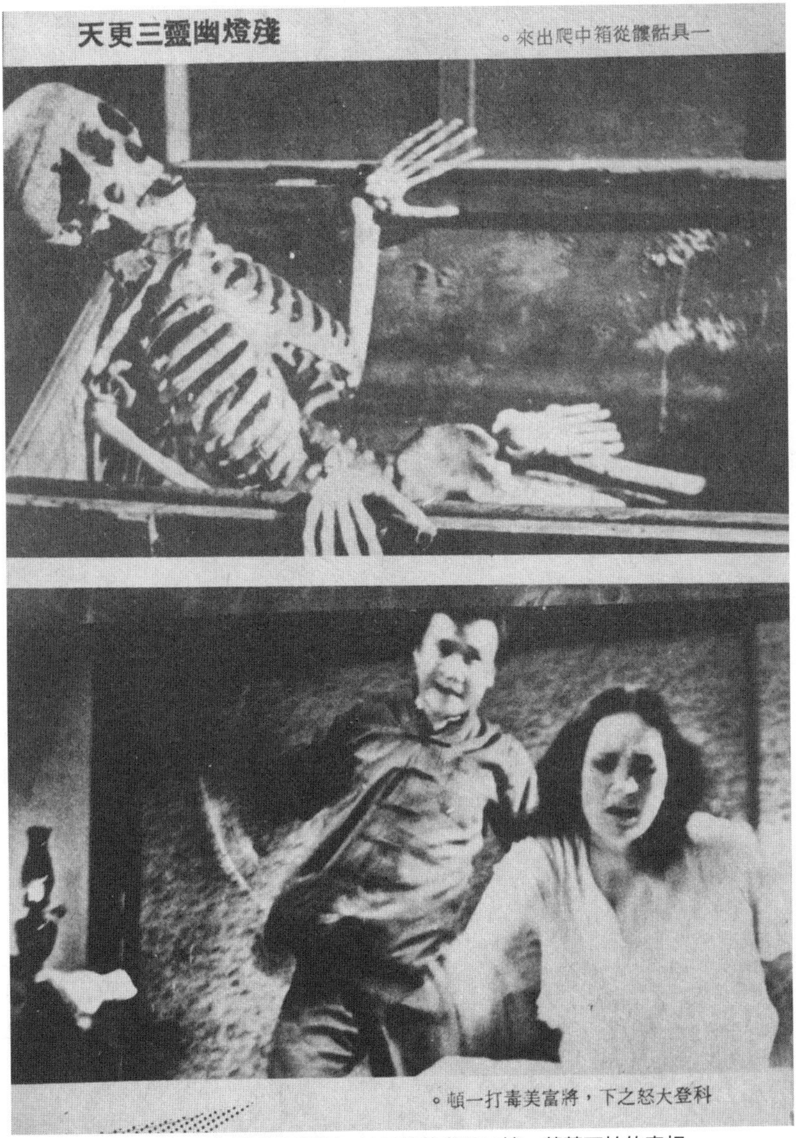
殘燈幽靈三更天
一具骷髏從箱中爬出來。
科登大怒之下，將富美毒打一頓。

《殘燈・幽靈・三更天》的電影劇照，被封鎖的老屋二樓，藏著可怕的真相。

異現象，利用恐怖無比的壓抑氛圍，渲染出昔日老屋發生悲慘命案的始末。這部電影在臺北萬國戲院上映時，人潮洶湧，票房極佳。

同樣在一九七七年，姚鳳磐推出另一個作品《殘月．陰風．吹古樓》，這部作品是將當時臺北最有名的靈異場所「仁愛路鬼屋」當作改編題材。電影劇情描述建設公司經理派遣員工去詢問陳家關係人，希望能將陳家古屋買下來改建，不過員工在調查過程中，慢慢得知這座陳家古屋的可怕往事。

到了一九八〇年，姚鳳磐再次以臺灣冥婚鬼新娘為題材，拍攝了《討厭鬼》。這部作品雖然有女鬼，卻毫無恐怖氣氛，而是一齣詼諧逗趣的喜劇片，首創鬼片融合喜劇片的電影創作方式，是姚鳳磐極為大膽的創新實驗。《討厭鬼》作為華語電影史上第一部女鬼喜劇片，更啟發了後來香港電影的鬼怪喜劇片的劇情模式。

在一九八一年，姚鳳磐推出《鬼屋禁地》，則是以臺灣非常知名的民雄鬼屋作為題材。故事講述一名記者為了調查嘉義的鬼屋，陸續拜訪與這座老屋有關係的人，因此得知許多靈異故事。事實上，民雄鬼屋的靈異怪談在七〇年代就開始流傳，不過傳播範圍不廣，只有當地人議論紛紛，直至八〇年代鬼屋之名才開始名聞遐邇。鬼屋聲名遠播的過程中，姚鳳磐的《鬼屋禁地》應該也有推波助瀾的功勞。

在一九八二年，姚鳳磐作品《九彎十八轉》，取材北宜公路九彎十八拐的靈異傳說。這部電

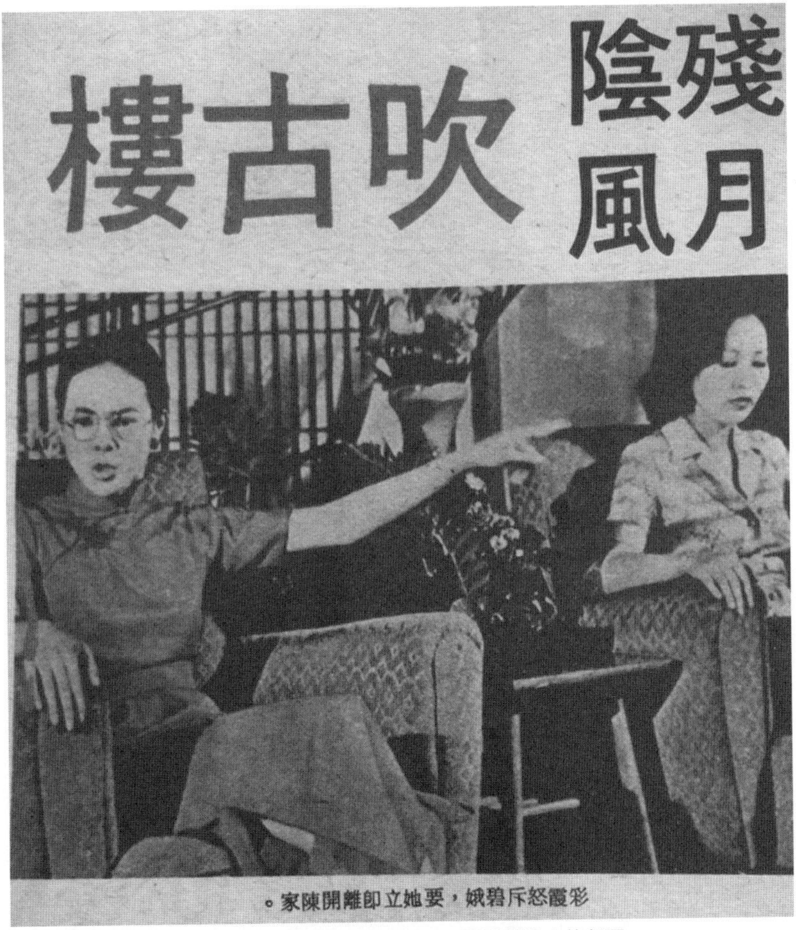

一九七七年，《殘月・陰風・吹古樓》上映之後，電影雜誌上的劇照。

影描述山間公路有女鬼出沒，貨運行司機開車遇鬼，後來才得知冤魂作祟乃是因果循環。當時這部電影票房更勝《鬼屋禁地》，不過姚導演料想不到，電影上映不久，竟引來宜蘭人不滿，投書到報紙說這部鬼片醜化了宜蘭的形象。根據姚鳳磐之妻劉冠倫（與姚共同成立鳳冠影業公司，並擔任監製）的回憶錄，這些指責是這部電影的小遺憾，並且說明：「**在《九彎十八轉》的戲裡，所捕捉到滿地紙錢的鏡頭，是北宜公路上的實景。這條路的彎曲急轉確實引起過許多車禍，鳳磐的鬼戲只是用公路上的車禍做為序幕，沒想到也引來批評。**」

研究都市傳說，除了理解怪談傳說的內容之外，還有一個不容忽視的重點，也就是都市傳說是藉由何種媒介散播到各處？

不同的媒介，受眾就會不同，甚至有時候還會改變、扭曲都市傳說的形象，甚至創造出另一種嶄新的怪談故事。因此，過往臺灣恐怖片中的都市傳說題材如何呈現，其實是都市傳說研究中很重要的面向。而在這個研究領域中，姚鳳磐電影創作將是十分精采的研究案例。若我們能重新挖掘、欣賞姚鳳磐電影中的恐怖內涵，相信能對臺灣怪談故事在電影藝術上的發展脈絡有更深入的理解。

可惜的是，因為時過境遷，現在臺灣大眾大多不知姚鳳磐之名，更不知他曾建立的鬼片王國。雖然社會大眾逐漸遺忘姚鳳磐姓名，但是現在許多網路論壇中，卻常常有人提及小時候看過某部鬼片，對於電影中諸多情節印象深刻，不過卻忘了是什麼電影，想向人求問電影名稱。其實，這些被遺忘的鬼片，很多都是姚鳳磐導演的作品。

雖然大眾已經慢慢忘卻姚鳳磬之名，但姚鳳磬創造的鬼片，卻以極為堅強的生命力存活於觀眾的回憶之中，儼然成為另一種獨特的「鬼片都市傳說」。

《殘月・陰風・吹古樓》的電影劇照，小孩傻傻跟著鬼魂走。

怪談元素：精怪、家屋、超自然

奇聞三十二
廁所怪談：鬼手從馬桶伸出來

我聽到不可思議的怪談……

小時候，很常聽到馬桶中伸出鬼手的怪談。

當時，我住在臺中西屯區的三合院，如果要上廁所，就要前往房子外面的公用廁所。夜晚時，前往廁所的路途，必須要經過陰暗的小路，周圍樹影搖晃，總讓我心情緊張又害怕。進入廁所之後，因為是蹲式馬桶，必須要蹲下來方便。廁所的空間窄小，光線昏暗，經常讓我想起大家閒聊時經常說到的馬桶鬼手。

據說，馬桶內會伸出一隻黑色的鬼手，撫摸你的屁股。

每當想到這個傳聞，我就渾身顫慄，皮膚起雞皮疙瘩，恨不得趕緊逃離。

於是，半夜若要方便，小時候的我寧願使用在房間內的簡易尿桶，也不想前往戶外的公共廁所。

馬桶鬼手

探查筆記

臺灣鄉野傳說，若是提到廁所怪談，經常會出現一個情節，也就是馬桶（或糞坑）會伸出一隻詭異的鬼手。這隻鬼手，有時候會摸人的屁股，有時候則會拿衛生紙給人。

這一類怪談，我在八〇年代末期至九〇年代初期，就已經聽聞，並且讓我對於「晚上去廁所」這一件事情感到無比懼怕。

關於廁所鬼手的怪談，其實在臺灣傳統社會就有相關故事，例如客家傳說中的「屎缸伯母」。

屎缸伯母的怪手

我第一次聽聞屎缸伯母，是某次在臺北演講，有一位來自苗栗公館的邱姓聽眾分享相關故事。他是客家人，據他所說，他的阿婆（出生於一九一一年）在他小時候會跟他說：「**廁所會出現屎缸伯母喔！而且，她還會從屎缸中伸出手。**」

我本來以為，廁所會有怪手出現的都市傳說，主要流傳於現代社會，沒有想到客家傳說中的屎缸伯母也有極為類似的怪談。

屎缸，即是裝糞便的大缸，也就是古早時代的茅坑、廁所。從前客家人認為此處躲藏著神奇的「屎缸伯母」。

人們傳言，屎缸伯母擁有附身的能力，她附身於人類身上，就會讓人經常想上廁所。並且，人們認為如果對於屎缸伯母不尊敬，就會被她戲弄，很有可能會在廁所裡面不小心跌倒，或者莫名其妙昏倒，甚至會看到馬桶裡伸出屎缸伯母的鬼手。

如果不小心「衝撞到屎缸伯母」，皮膚就會過敏「起冷脈」，出現一粒又一粒的粉紅色疹子，而且會非常癢。根據客家文人馮輝岳的說法，若是撞到屎缸伯母「起冷脈」，就要前往屎缸處，將刮過屁股的竹片「屎掽」（昔日無衛生紙，而是使用竹、木片或草葉擦拭）收集起來，然後點火燃燒，利用燃燒時的煙氣，去薰「起冷脈」的地方。只要薰過以後，皮膚過敏的情況將會慢慢好轉。

鬼手怪談的起源

屎缸伯母的故事，主要流傳於客家，其他臺灣族群似乎沒有相關故事。若要追溯當代傳說中「廁所出現鬼手」的故事，最早的源頭應該源自於一九七六年的姚鳳磐電影《鬼嫁》。

姚鳳磐是臺灣知名的「鬼片大王」，他在七〇年代不斷以各種新穎的方式詮釋恐怖片，博得許多讚賞。一開始，姚鳳磐拍攝鬼片的題材主要來自中國文學作品，例如《聊齋誌異》，拍攝風格是古裝鬼片。後來，他開始嘗試採取臺灣題材作為恐怖片主軸，例如一九七六年上映的《鬼嫁》，不只是當時非常罕見的時裝鬼片，也是他首次大膽選用臺灣靈異故事的電影。

電影《鬼嫁》，描述了一段奇異的人鬼戀。當時的名演員谷名倫飾演哲學系大學生程志達，他意外撿到冥婚紅包，結果與女鬼相識相戀。但是，兩人的戀愛，不被眾人認可，志達的朋友小韋也很反對。後來，小韋借住他家，沒想到晚上要上廁所的時候，還沒坐在馬桶上，馬桶裡面就伸出一隻鬼手，摸到他的屁股，嚇得他一躍而起。後來小韋轉頭一看，鬼手還伸出馬桶緩緩招手，他目瞪口呆，定睛一瞧，這隻鬼手竟然還拿出一疊衛生紙，向他招手揮動。最後，小韋驚嚇大叫，頭也不回逃走。隔天，小韋驚魂未定，向志達說這房子不能住，並且勸他趕緊搬家。

今日，重新觀看《鬼嫁》電影中的鬼手片段，雖然音效很恐怖，演員的驚嚇演技也很好，但其實已經不會感覺太過恐怖，甚至讓人感覺很有喜感。但是，當年這齣電影上映時，鬼手伸出馬桶的畫面，其實將觀眾嚇得呆若木雞，人心惶惶難安。

根據作家管仁健在網路上「PChome個人新聞台」的個人部落格提及此事，文章說到：「《鬼嫁》裡最經典的一幕，還是谷名倫同學上廁所時，馬桶裡伸出了王釧如的手，這一幕『廁所有鬼』的情節，比《七夜怪談》裡貞子從電視裡爬出來更驚悚、也更具原創性。……所以，王釧如的一隻手，別說嚇壞了當年全臺灣的小朋友，連很多女性同胞都不敢去廁所了。」

其實，當時新聞局對於電影都有嚴格的審查制度，原本恐怖鬼手的片段早應該被剪掉。根據姚鳳磐之妻劉冠倫的口述紀錄書《姚鳳磐的鬼魅世界》，當時姚鳳磐與片商都對新聞局的做法十分氣憤，於是決定上映時，再將剪下來的戲接回去。後來，《鬼嫁》一上映，盛況空前，觀眾看

一九七六年五月二十日的《台灣新聞報》刊登《鬼嫁》廣告，宣傳詞寫：「談玄論鬼，言之有物」、「本院斥資百餘萬元裝設八音路音響增恐怖效果」、「每一分鐘都使您緊張窒息！每寸膠片都使您膽戰心驚！」。

得極為過癮，劉冠倫回憶當時：「鄉鎮的賣座情形，更是比大過年上的戲還要好」。但是，鬼戲賣座，反而引來太多黃牛，戲院門前人潮暴動，最後造成警察與民眾打架事件。之後，此事殃及《鬼嫁》，新聞局終於發覺電影偷接恐怖畫面，於是徹查各個戲院的《鬼嫁》，將電影中的恐怖戲全部都剪掉。

雖然，這場風波很快就落幕，後來上戲院的觀眾也無法看到《鬼嫁》全貌，但是最早看過「鬼手伸出馬桶」的觀眾，反而藉由口耳相傳的方式，將這一幕恐怖畫面傳播出去，讓馬桶鬼手的故事成為臺灣鄉野故事中的經典橋段。

這幾年，我在一些講座會介紹姚鳳磐的《鬼嫁》與戲劇中的鬼手情節，經常得到許多年長觀眾的熱情回應，他們提到當年曾經看過此戲，並且被嚇得魂不守舍，甚至不敢去上廁所。由此可見，當初姚鳳磐的鬼戲，在許多臺灣人心中留下了不可抹滅的痕跡。

現代的廁所怪談

姚鳳磐在電影中呈現的馬桶鬼手，在七〇年代後期造成大轟動。雖然電影重新被剪過之後，很多人沒有實際看過這個畫面，但是藉由口耳相傳、人云亦云的方式，馬桶鬼手的怪談逐漸擴散開來，並且會混搭各種鄉野傳說，成為怪談故事經常出現的經典情節。

到了九〇年代，日本靈異風氣盛行，怪談潮流也影響了臺灣，許多日本特有的都市傳說因此跨海來臺。例如，廁所有花子，或者馬桶會有怪手伸出來，並且喊著：「給我廁紙！」，這一類廁所怪談開始流傳至臺灣，也與原本臺灣廣泛流傳的馬桶鬼手故事匯流於一起，成為學校怪談中經常可見的情節。

有些人可能會認為，廁所馬桶會有鬼手的怪談，是移植自日本。但其實，最早的起源是姚鳳磐電影作為開端，之後日本怪談傳入臺灣，慢慢加深了人們對於廁所會出現鬼怪之手的印象。

二〇二〇年，我在中正大學開設「妖怪工作坊」，曾向同學詢問有沒有聽過類似的廁所怪談？兩位同學分享了相關故事，如下所述：

A同學：我聽過類似的學校怪談，我在雲林縣的三崙國小就讀時，曾經聽學長描述。內容是，有人在學校上吊，後來這個鬼會在你上廁所的時候，幫你擦屁股。

B同學：我曾經在廁所，經歷過恐怖的事件。十幾年前，我讀幼稚園的時候，我住在阿嬤家。阿嬤家一樓是阿嬤跟姑姑工作的地方。阿嬤信奉佛教，所以在二樓有一座佛堂。我們的房間與廁所，也在二樓。有一次，白天的時候，我突然想上廁所大號，所以就走進廁所。那個廁所的馬桶是面對牆壁，馬桶的左邊是洗澡的地方。我進入廁所之後，就跳到馬桶上。小時候的腳不夠長，所以坐在馬桶上的時候，雙腳都會懸空，那個時候還把兩隻腳晃來晃去，十分悠閒。可是，當我上廁所到一半的時候，突然往左邊看過去，看到一個穿著紅色洋裝的小女孩，目測跟我差不多年紀，她竟然全身都是血，雙眼看著我，整張臉都是血。那時候，我非常害怕，顧不得拉上褲子就直接衝到一樓，哭著跟姑姑、阿嬤說二樓有鬼。但是，她們不相信我的話，並且認為二樓有佛堂，怎麼可能會有那些「東西」。

廁所，究竟有沒有鬼？會不會有鬼手突然從馬桶中伸出來？這些疑惑，也許可以用心理學等等理論來解釋，或者認為是受到了姚鳳磐電影、九〇年代傳入的日本學校怪談的影響。但是，對於那些在廁所中實際遭遇過靈異現象的人們來說，恐怕這些理論、說法都不足以完全解答深深的疑惑。

或許，廁所之中，真的存在某種難以理解的超自然現象。

怪談元素：交通

奇聞三十三
捷運怪談：車站的靈異現象

我聽到不可思議的怪談……

臺北捷運是民眾非常仰賴的大眾交通運輸系統，不論是上班、上課、來往臺北各地，捷運都是民眾首先會考量的交通方式。

有人的地方，就會有傳說，有時候傳說會涉及靈異事件。人來人往的捷運，自然也是怪談盛行之處。臺北捷運自從營運以來，就陸續傳出一些不可思議的都市傳說。

例如，捷運廁所會發生靈異現象，或者車站內會出現時隱時現的人影。

探查筆記

臺北都會區大眾捷運系統，一九九六年開始營運，各線路逐步通車，目前車站範圍包括臺北市、新北市、桃園市，是北部城市極為重要的交通運輸工具。

歷年來，臺北捷運的靈異怪談時有所聞。其實，以前捷運施工過程中，有時候就會傳出怪異事件。

臺北車站捷運出入口。

臺北捷運車廂。

例如，《中國時報》在一九九六年八月十五日的新聞報導〈鬼月禁忌多，捷運工地不敢不信邪〉，這篇文章提及，淡水線的劍潭站施工期間，曾經在農曆七月發生意外，高架施工板塌落，結果壓死兩名工人。據說事發前一天晚間，就有古怪徵兆，鄰近工地飼養的狗群突然集結到劍潭站工地，並爬上高約十公尺的高架施工板「吹狗螺」（狗悲鳴嚎叫如吹螺聲，是不祥之兆），讓值班人員毛骨悚然，隔天果然發生意外。

因為害怕施工過程不順利，所以捷運施工時，每逢農曆七月，都會慎重祭拜鬼神，期望施工過程能夠平安。根據捷運局施工人員的說法，工地禁忌很多，像是女性不能進入施工中的隧道，隧道內不能吹口哨、撐傘。因為口哨聲的震動聲浪，可能導致隧道岩層崩落，至於「傘」則與「散」諧音，隧道工程最怕岩盤散落、支架垮散，所以撐傘也是禁忌。

不過，時代改變，人們觀念會慢慢轉換，工程禁忌也會有所不同。例如，根據二〇〇七年的新聞報導，當時施工單位利用「潛盾機」在臺北捷運信義線鑽掘地層，就有女工程師黃欣不受禁忌約束，參與隧道挖掘工作，受到人們讚揚肯定。

新埔站的靈異廁所

都市傳說，有真有假，有些是憑空捏造的幻象，有些則是來自真實事件的加油添醋。現今有很多關於捷運的靈異傳說，其中一個關於新北市板橋區的新埔站廁所的怪談，則有事實依據。

人們傳言，因為曾經有人在新埔站的廁所過世，所以有時候會發生靈異事件。有人在車站廁所去世的說法，確實有其事。

根據《自由時報》在二〇〇九年二月二十六日的新聞報導〈阿飄夜半來敲門，捷運員工嚇壞請調〉，這篇文章提及新埔站曾有女子在廁所上吊自盡，後來有一名男性員工經常在半夜十二點後的車站內辦公室聽到莫名其妙的「叩、叩、叩」敲門聲，但是打開門卻無人，看監視器也沒有人影。最後，男員工請調其他單位獲准。

此外，這篇報導文章也說，車站內的女清潔工在事故發生之後，每晚打掃女廁，都感覺到好像有什麼看不見的東西猛按著她的頭部，壓得她幾乎喘不過氣。

車站內的工作人員竊竊私語，大家懷疑，事故之後沒有請法師辦招魂儀式，才會發生這些靈異怪事。對於這種傳言，這篇新聞文章引述北捷公司的回應：「招魂儀式都是由當事人家屬提出申請，為了避免引發旅客不安，須在收班後進行，這起事故死者是在送醫急救後才不治，家屬沒必要在站內招魂。」

其他車站的怪談

除了新埔車站有靈異怪談，其他捷運站也經常有怪異的傳聞，以下簡介目前大眾流傳的一些故事：

古亭站：根據《華視新聞網》在二〇〇三年八月二十六日的報導〈古亭站有鬼？停擺十八分鐘追無人〉，據說二十五日晚間七點四十二分有一名男子在還沒有開放的月臺跳上跳下，導致捷運南勢角線停擺十八分鐘。雖然捷運站監視錄影有出現那名男子，但是月臺人員實際查看，卻沒有發現任何人，因此人們開始謠傳有鬼。

景安站：據說在二〇〇八年曾發生怪事，副站長在捷運收班後，巡邏車站各處的過程中，結果在月臺看到一群沒有腳的人影，彷佛正在等列車進站。副站長驚嚇不已，事後趕緊請調到其他單位。此外，經常有網友在網路發文，說此站是「好兄弟」最多的地方，還有人坐捷運經過此站時，會看到車廂內突然坐了許多位亡魂。

海山站：據說曾有站務員在捷運結束載客之後，從監視器看到有人在月臺排隊等車，但是他到月臺之後卻發現空無一人。站務員回到站務室之後，同事詢問：「**你剛剛也看到那群人了嗎？**」原來怪異景象不只一人目睹。這個怪談在網路流傳已久，也有網路新聞媒體會報導此事。

松山機場站：有時候車站內、車廂內會出現怪異的靈體。根據資深媒體人馬西屏在「綜口味娛樂」YouTube網路頻道的節目〈哪個捷運站最陰森？半夜12點空車載滿好兄弟！〉影片中的說法，當初松山機場站蓋好要試車，櫃臺工作人員疑問為何不關車門，副控室人員則說：「**螢幕上看到，全車都坐滿了……**」但其實，車廂內毫無一人。會發生這種事情，馬西屏認為其中一個原因是以前松山機場周遭是墳地，故有亡魂盤據。除此之外，網路上還有一種流傳較為廣泛的故事，據說該車站內有一名夜班值班人員，透過監視螢幕，看到月臺上有一名女子正在等車，但那個時間早已無車，於是值班人員利用無線電跟另一名巡站同事聯繫，請他帶那名女子出站，之後那名巡站同事到了現場，卻用無線電問：「**你說的女乘客在哪？**」但是值班人員明明看到監視螢幕中，巡站同事正站在女子前方。

奇聞三十四
碟仙：使用碟子的占卜術

我聽到不可思議的怪談……

現代都市傳說，時常聽聞碟仙、筆仙、錢仙……之類的降靈法術。

例如，準備碟子以及寫滿字的玄機圖，眾人手按碟子，口誦咒語，據說就可以跟碟仙溝通，碟仙會指示玄機圖上的字詞。人們傳言，碟仙真身其實就是附近的鬼神，鬼神可以回答人們一些疑難問題，或者預言未來禍福。

探查筆記

觀椅仔姑、觀籃仔姑、觀扁擔神……這些「觀器物神」的儀式，都是臺灣傳統的降靈法術。戰後，臺灣人則開始著迷碟仙、筆仙、錢仙……等等占卜奇法。

例如，一九六〇年一月十四日的《臺灣民聲日報》，有一篇文章〈信不信由你〉，這篇文章提及當時有商人販售碟仙道具，臺中市民普遍喜愛玩碟仙問卜，不只學生著迷，甚至市府也有人玩碟仙，求問下屆市長是誰。文章作者認為碟仙迷信貽害社會匪淺，建議治安機關應該要取締。

怪談元素：通靈

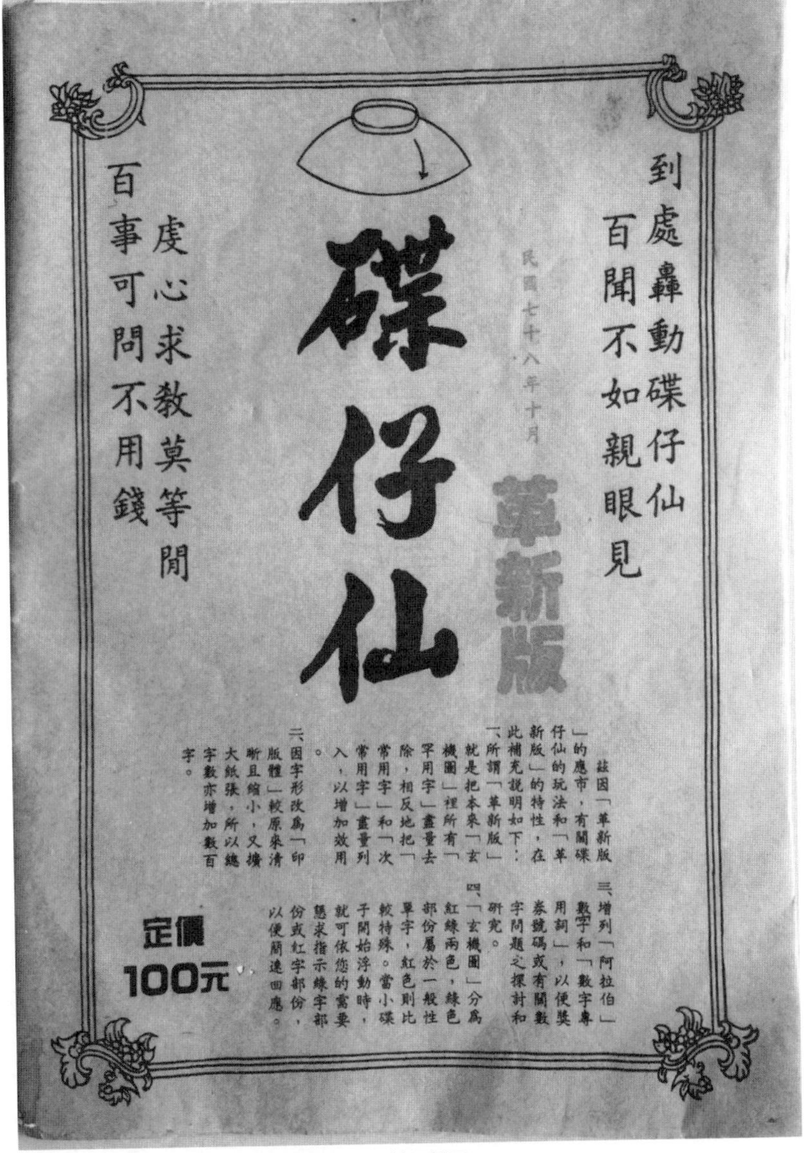

到處轟動碟仔仙
百聞不如親眼見
碟仔仙
民國七十八年十月
革新版
虔心求教莫等閒
百事可問不用錢
茲因「革新版」的應市，有關碟仔仙的玩法和「革新版」的特性，在此補充說明如下：
一、所謂「革新版」就是把本來「玄機圖」裡所有「罕用字」盡量去除，相反地把「常用字」和「次常用字」盡量列入，以增加效用。
二、因字形改為「印版體」較原來清晰且縮小，又擴大紙張，所以總字數亦增加數百字。
三、增列「阿拉伯數字」和「數字專用詞」，以便獎券號碼或有關數字問題之探討和研究。
四、「玄機圖」分為紅綠兩色，綠色部份屬於一般性單字，紅色則比較特殊。當小碟子開始浮動時，就可依您的需要懇求指示綠字部份或紅字部份，以便關連回應。
定價
100元

一九八九年發行的「碟仔仙」革新版道具封面紙頁。

根據報紙文章，當時的碟仙玩法是：「這種『碟仙』是以一張大方紙，紙面上印滿了一圈圈的鉛字，有地名、人姓氏、數字及各行各業、方價等，紙中央串一小磁碟，磁上繪一箭頭，問卜時必須三人各以全指輕按碟底，口中唸唸『碟仙降臨』，繼之問欲求之事，該碟即能旋轉，待自動停止時，其碟邊的標指所指向的方向，即為所問之答覆。」

關於碟仙的新聞，六〇年代常有新聞報導，七〇年代也有碟仙主題的臺灣漫畫。玩碟仙，可能會發生意外，導致遊玩者行為異常。例如，一九九六年三月十六日的《中國時報》新聞文章〈校園怪譚：國中女生玩碟仙，男鬼附身？〉，這篇報導提到當時宜蘭某國中林姓女學生玩「碟仔仙」，結果被男鬼附身，導致行為異常，直到前往宜蘭市三清宮驅邪，情況才有改善。家人曾經跟附身的男鬼懇談，得知對方是來自南投的羅姓青年，在五年前十七歲時遭人陷害而死。

碟仙降靈儀式，通常在學生族群很受歡迎，為何學生會想玩這種遊戲？《中國時報》在一九九六年十月二十五日的新聞報導〈問仙：鬼神之說，逾五成青少年深信不疑〉，這篇文章就說明了民間基金會對於此項議題的調查結果。

文章提及，當時鄉林戶外文教基金會調查國中與高中生對宗教的看法，針對臺中十一所高中職校及十所國中學校共一千一百位學生進行抽樣調查，發現有百分之四十五點四的學生玩過碟仙或錢仙。至於玩的動機，有百分之六十四點七的學生是好奇，百分之十點四的學生希望能幫助解決問題，百分之六點四的人是受到朋友煽動。

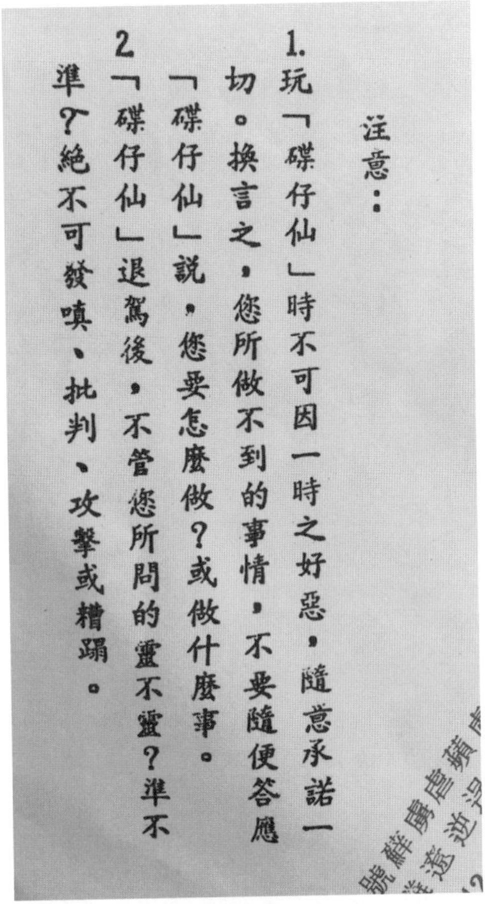
注意：

1.玩「碟仔仙」時不可因一時之好惡，隨意承諾一切。換言之，您所做不到的事情，不要隨便答應「碟仔仙」說，您要怎麼做？或做什麼事。

2.「碟仔仙」退駕後，不管您所問的靈不靈？準不準？絕不可發嗔、批判、攻擊或糟蹋。

「碟仔仙」紙面上的警告標語。

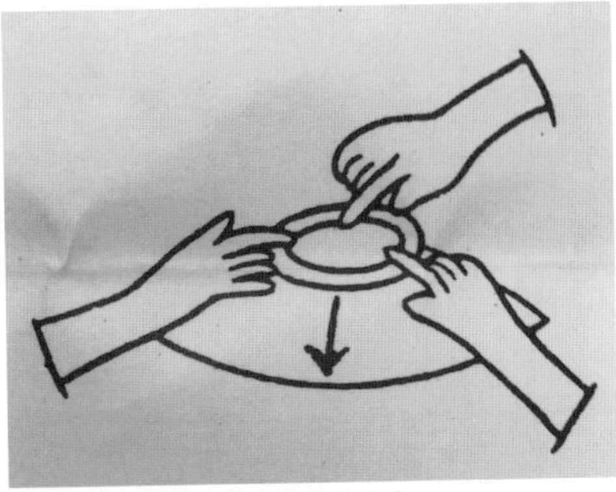

「碟仔仙」紙面上繪畫的遊玩方式。

此外，鄉林戶外文教基金會也調查學生是否相信碟仙或錢仙傳達的訊息？百分之五十六點三的學生是選擇性接納，百分之二十八點八的同學聽過就算了，百分之七點九的學生完全排斥，只有百分之三點一二的人完全相信。

調查結束之後，基金會董事長賴正鎰認為，加強青少年學生的宗教教育，將會是非常重要的一件事情。

我有收藏一款臺灣製造的早期碟仙道具，製作年代是一九八九年，距今已有三十多年的歷史。這件「碟仔仙」革新版的道具，封面紙張寫著「**到處轟動碟仔仙，百聞不如親眼見**」、「**虔心求教莫等閒，百事可問不用錢**」等等字句，並說明這款革新版的紙張加大，紙面字體更加清晰，還增加了許多常用字，以及增列阿拉伯數字，方便詢問獎券號碼之問題。由此可知，因為人們對於碟仙有著濃厚興趣，於是碟仙道具也不斷推陳出新，努力迎合問卜者的需求。

「碟仔仙」紙面，上方的白色小碟，就是玩家要用手指按住的重要道具。碟內繪有一個神祕人頭。遊玩時必須將此碟覆蓋在玄機圖的中央圓圈內。

奇聞三十五
筆仙：使用筆的占卜術

我聽到不可思議的怪談……

據說兩人手握筆，筆尖觸及紙張，然後口誦咒語，進行特殊儀式之後，就能夠召喚神祕的筆仙。筆仙可以回答人們的問題，也能預言未來吉凶。

探查筆記

臺灣在戰後，碟仙占卜法很受民眾歡迎。雖然碟仙很有趣，不過這種儀式，需要使用特殊的占卜道具，未免有些不方便。所以到了一九九〇年代，臺灣學生開始流行只需要紙筆道具的「筆仙」。

筆仙遊戲，需要兩人參與。準備一張白紙，兩人的手共同持筆，手臂懸空，口誦咒語，如果筆會自己動，就代表筆仙降臨。

筆仙降靈術，在學生族群廣泛流傳。而且，就像碟仙遊戲一樣，有時候筆仙會讓學生玩家發生一些怪異的情況。

例如，《中國時報》在一九九〇年五月五日的新聞〈玩筆仙，被附身，真有這碼事？〉，這篇文章提到中和市漳和國中的學生玩筆仙遊戲，結果發生疑似遭附身的事件。《中國時報》在一九九四年六月十日的新聞〈失蹤二十三天，國中女生陳逸群被尋獲〉，這篇文章提及一名沉迷筆仙的十四歲陳姓國中女生，她在萬里離奇失蹤，被尋獲時表示自己名叫吳雪文，但是此名其實是她玩筆仙時使用的筆名。

究竟筆仙降靈術，是真是假？二〇二〇年，我有緣認識任教於臺中學校的林老師，她曾跟我說明玩筆仙的真實體驗。另外，我也訪問了看過筆仙占卜術的吳小姐。以下是兩人的採訪紀錄：

＊＊＊

講述者：林小姐

採訪時間：二　二　年六月十二日

採訪方式：電話訪談

記錄者：何敬堯

國小五、六年級的時候，學校同學很流行玩筆仙的遊戲。筆仙的遊戲，會在一張紙上面寫字。那時候，同學都會叫我「發電機」，因為只要我參與這個遊戲，筆仙真的就會動起來。我姊姊則不太玩這個遊戲，因為她覺得這個遊戲不可以玩。

但是，有一次，我回家的時候，就只有我們兩個人，我們很無聊，我就問我姊：「要不要玩筆仙？」剛好我姊也很無聊，就說：「好，我們來玩。」結果那天，我們一碰到筆，筆就很激烈地跳動起來。真的很恐怖，那天晚上，筆仙自己動得很激烈。

筆仙說，祂們其實是兩個人，兩個人都有名字顯示出來，但是名字叫什麼，我現在已經忘記了，只記得其中一個好像姓歐。

然後祂們說，祂們大概是二十幾歲的時候，出車禍死掉。祂們跟我們說，要買紙錢燒給祂們。那個時候，我是國小，我姊是國中，我們還小，所以我們就說不知道該去哪裡買紙錢。於是對方說，只要出門去外面，就有一家新開的紙錢店，可以買到紙錢。我們很納悶，就回答說外面沒有任何紙錢店，但對方卻堅持說有一家新開的店。

於是我們跑去外面看一看，真的有一家新開的店，張燈結綵，掛著鳳梨型彩球那樣的裝飾。這個新開的店就在路口，我們立刻走到這家店。這時，有一位老婆婆從店裡走出來，我們還沒有說我們要買東西，老婆婆就從櫃檯下面拿出一大袋的紙錢，我們嚇了一跳，她怎麼知道我們要買紙錢？

老婆婆給我們一大袋紙錢，她只算五十元，很便宜。買回去之後，那天晚上就燒給筆仙。燒完之後，我們繼續玩筆仙問祂們，接著祂們說，隔天想要跟我們回家。

那時候，我們住在南投埔里那邊，然後我們隔天本來就打算要回臺中的家，沒想到筆仙竟然這樣跟我們說。事實上，我媽媽會通靈，懂得超度，所以祂們才想要跟我們回家。

接著，我們就問，要如何讓祢們跟我們一起回家？祂們就說，把那張筆仙的紙摺一摺，放在背包裡，就可以跟我們回臺中的家。

當天晚上睡覺的時候，我和姊姊兩個人都作夢。我夢到一個穿西裝的男人來跟我道謝，我姊則是夢到七孔流血的人來跟她道謝。

隔天，我們早上醒來之後，發現彼此都有夢到，覺得應該是真實的事。所以，我們就把那張玩筆仙的紙摺起來，放在背包裡，坐公車，從埔里回臺中的霧峰，帶回去給媽媽超度。途中，我們經過昨天買紙錢的地方，居然沒有那家店的存在，我與姊姊不可置信，面面相覷。

我們除了將紙放在背包裡，還撐一把黑傘。撐傘也是祂們交代的事情，如此一來，祂們才可以跟我們一起回去。

背包裡面，只放了那張紙，沒有放其他東西，但是背包卻超重，感覺很有重量。回到臺中家門口，我媽因為有陰陽眼，即刻就問：「妳們後面怎麼跟兩個回來？」

＊＊＊

講述者：吳小姐（約三十歲，彰化人，無特定宗教信仰）
採訪時間：二〇二一年三月十二日
採訪方式：臺中市南屯區某飲料店
記錄者：何敬堯

我小學五年級的時候，大約是十一歲，那時候我跟家附近的一對姊妹很要好，常常一起玩。那個姊姊是十二歲，讀六年級。妹妹則是十歲，讀四年級。因為她們家開宮廟，所以似乎懂得一些神奇的事情，我也常常去她們家，看她們玩筆仙占卜。

她們曾邀我玩筆仙，但我覺得怪怪的，就沒有參與。我問她們，為什麼要玩筆仙？她們說，因為碟仙比較恐怖，碟仙跟筆仙比起來，碟仙法力更高。所以她們退而求其次選擇玩筆仙。

她們每次玩完筆仙，都會把筆仙寫過的紙撕掉。

＊＊＊

碟仙、筆仙之類的降靈法術，是否可以召喚亡者，並無定論。不過，無論做什麼事情，時時刻刻敬畏鬼神，懷抱尊敬心態，方為上策。

並且，藉由過往新聞案例可知，有時候進行降靈儀式，可能因為神經亢奮、情緒緊繃的關係，結果發生一些意外。所以，不管從事何種活動，不讓親朋好友擔憂，隨時照顧好自己的身體，秉持正心善念，更是做人處事的道理。

奇聞三十六
異界電梯：詭異空間的傳說

怪談元素：地獄、探險

我聽到不可思議的怪談……

臺灣都市傳說，時常流傳電梯鬼故事。人們認為，某些特定大樓的電梯，會發生詭異的現象。有時候電梯可能會帶人們來到荒廢如陰間的樓層，或者電梯會成為鬼怪、亡靈的出入口。

探查筆記

二〇一一年，我就讀清華大學臺文所，某一天我有事要去臺中的中興大學。臺文所的K學姐畢業於中興大學，於是K學姐好奇問我要去校園何處？我回答要去某棟大樓辦事情。她一聽，頓時臉色大變，緊張地提醒我：「如果你要去那個大樓，記得小心搭電梯……」

K學姐好心告訴我，中興大學那棟大樓有些「奇怪」，不知道何種原因，經常有學生在大樓輕生尋短。為了防止學生跳樓，校方還在大樓架設安全網。久而久之，學生們開始謠傳，大樓可能住著恐怖的「鬼王」，這個鬼怪會誘惑人走進生死界線。甚至還有傳言，大樓的某側電梯就是「鬼王」的地盤。

鬼電梯
4

聽了學姐勸言，我到了這棟大樓之後，我很小心注意電梯的狀況，看到有人進入電梯內，才敢搭同一部電梯。搭乘過程中，並沒有發生什麼怪事。

如果意外搭到「鬼王」的電梯，會發生什麼事情呢？根據《TVBS新聞網》在二〇〇七年三月五日的報導〈年年有人跳樓，校園謠傳「住鬼王」〉，記者採訪中興學生，學生回答：「**電梯不會到你要去的樓層，打開還會看到牆壁，它會載你到不想要到的樓層。**」

究竟鬼王傳說，何時開始流傳？根據目前調查，最早的起源應該是二〇〇〇年由八大電視臺播放的靈異節目《神出鬼沒》所釋放出來的訊息。

二〇〇〇年，有人從該校大樓墜樓，當時有一位報社記者在現場拍攝到出現詭異白光的靈異照片。三個月後，八大靈異節目《神出鬼沒》便以這張靈異照片為主題，介紹該校大樓的靈異傳聞。製作團隊採訪了數名學生，有一位學生說那棟大樓四個角落都有人跳樓，而且也有學生說電梯有怪異，有時候會莫名其妙停住，或者電梯會發出怪聲。

《神出鬼沒》的這一集節目中，有一位頭銜是「靈學專家」的陳女士是節目來賓，她在節目中說有一位「地魔」盤據該大樓，那位大魔王會吸魂，導致該樓意外頻傳。

陳女士認為，當地原先棲息著一位靈界的「地靈」、「魔頭」，後來學校蓋大樓、挖地基，觸犯了這位地靈，於是地靈開始搗亂。因為大學內的學生曾跟節目團隊說到電梯有怪異，所以節目團隊也邀請陳女士到電梯內調查。陳女士經過「感應」之後，即刻認為大樓電梯就是魔頭的通道、出入口。

目前爬梳該大樓有關鬼王的歷年流言，陳女士應該是最早提出「地魔說法」的人。經過時間演變，陳女士口中的「地魔」、「地靈」、「魔王」、「魔頭」，後來則被社會大眾改稱為「鬼王」。

在節目之中，陳女士認為當初大樓動土沒有處理好，才造成「地魔」肆虐，這個說法其實就是臺灣民俗常說的「動土煞」。民間認為，土地有煞神，若在不該動土的地方進行土木建築工程，或者是在錯誤的時辰動土，就會驚擾地方神煞。民間制化土煞的方式，可能會張貼正神（如媽祖、觀音）的鎮宅神符。

其實，陳女士可以只說該大樓有土煞就好，但是卻在節目之中言之鑿鑿大樓住著恐怖魔王，這個說法太過誇張。更何況陳女士走訪大樓時，甚至能直接跟那位魔王進行「感應溝通」，立即得知魔王挑選犧牲者的條件，並且說必須要在大樓周圍殺祭超過兩百隻的雞，才能讓魔王與人界和解。此種化解土煞的方式讓人匪夷所思，不符合民俗作法，可能有危言聳聽的嫌疑。

《神出鬼沒》為了製造節目效果而誇大靈異情節，於是節目中的怪談在觀眾心中烙下深刻印記。例如一開始，學生只是覺得電梯有些奇怪，不過靈異節目則讓「電梯是鬼王通道」的說法開始流傳民間。

其實，臺中還有另一處名聞遐邇的靈異電梯，也就是臺中市中區的第一廣場的電梯。第一廣場大樓內，有一間知名的ＫＴＶ，是許多人唱歌休閒的地方。為了抵達這個娛樂場所，人們會搭乘大樓電梯，但是有時候搭乘電梯會發生詭異事情。例如，沒按某樓層，但是電梯卻會在某樓層停下，開門之後，望向門外竟然是廢墟般的黑暗空間，讓人感到十分恐怖，也讓人懷疑那個空間就是陰間異界。據說也有人從八樓搭乘電梯，但電梯中途卻停在怪異的樓層，最後終於抵達一樓，沒想到時間竟然已經過了四十分鐘，但是搭乘電梯下樓不可能花費那麼久的時間。

關於第一廣場的電梯，民間流傳許多不可思議的故事。我訪問過一位曾在臺中求學的F小姐，她讀高中的時候也聽過第一廣場的電梯怪談。以下是採訪紀錄：

＊＊＊

講述者：F小姐（三十多歲）
採訪時間：二　二一年一月二日
採訪方式：臺中市某餐廳
記錄者：何敬堯

在二〇〇二年左右，我就讀嶺東高中，那時候我常常跟高中同學去第一廣場的KTV唱歌。雖然第一廣場很遠，但是那間KTV很便宜，所以我們很常去。

不過，我每次去第一廣場的時候，我都很害怕，因為我同學跟我說，大樓的電梯常常發生靈異現象，有時候會故障，在某些樓層自動打開，帶人前往「黑暗的異世界」。所以我每次搭電梯的時候，都會很驚慌，很害怕會不會遇上這種怪事。

我高中三年時間，常常跟朋友去那邊唱歌，但其實搭電梯的時候，從來沒遇過靈異狀況。

＊＊＊

因為第一廣場電梯的靈異故事盛傳，於是在二〇一六年，ＫＴＶ業者在臉書（Facebook）社群平臺澄清謠言，說明大樓內並無靈異現象，而是因為先前某樓層正在施工，即將改換成旅館，所以現場拆除了以前的裝潢，才會讓人看到類似廢墟的場景。至於電梯會停在某樓層，這是因為裝修工人搭電梯的時候，常常每一部電梯都按，然後搭乘其他部電梯下樓，因此造成人們遇到電梯到了某樓就會自動開啟的狀況。

ＫＴＶ業者的說法，確實有道理。大樓內的電梯大多是兩部電梯在一起，如果某層樓有人同時按了兩部電梯的按鈕，然後只搭乘其中一部電梯，當然另一部電梯到了某樓層就會自動開啟。此外，看似廢墟的樓層，也可能是因為正在整修，才會呈現出廢墟般的荒廢場景。

除此之外，業者在臉書文章中，也引述電梯養護公司的說法。電梯養護公司解釋，大樓內有些電梯是兩部一起連動，若有一部電梯在一樓時，另一部電梯就會自動往上移動，縮短高樓層的呼叫時間。因此若電梯按鈕接觸不良，電梯可能會判斷無人使用，就會自動往上移動到四樓至八樓之間的任意樓層。

目前，根據ＫＴＶ業者與電梯養護公司的說明，確實能夠解釋電梯為何會產生怪異的狀況。

我實際走訪該大樓，其實電梯使用情形很正常，使用者也很多，人們來來去去，並無任何異狀。

關於第一廣場的電梯怪談，除了可能是陰錯陽差的誤會之外，也有可能受到臺中另一個怪談「幽靈船傳說」的影響，才會讓人們對於大樓產生另類聯想。

臺灣都市傳說中，鬼電梯的故事時常可見。另一個知名的故事，則是文化大學的鬼電梯。

根據《中央日報》在二〇〇〇年十一月十五日的報導文章〈文化大仁館，神祕傳說〉，這篇文章就提及陽明山文化大學的靈異電梯。人們傳言，文化大學的大仁館處於陰陽交界處，所以建館時，校方請設計師設計八卦格局，希望能夠鎮壓陰氣。但是設計師意外蓋成「倒八卦」，導致大仁館常常發生怪異事件，最著名的案例就是鬼電梯。據說另一個世界的靈魂，會搭乘這個電梯。也有人說，電梯會一直往下，直通地獄奈何橋。

臺中某處的靈異電梯，傳聞能連接異世界。

奇聞三十七
詛咒信：不轉寄就不幸的連鎖信

我聽到不可思議的怪談……

讀小學的時候，我住在臺中西屯區的三合院，大約在三、四年級的時候，我聽到與我同年齡的附近鄰居在講「詛咒信」的事情。

聽說，鄰居有一位朋友，收到了一封手寫的詛咒信。信上言明，如果不將同樣的內容抄寫一遍，然後寄給五個人，就會遇到恐怖萬分的災厄，甚至可能死亡。

當時，三合院內的我們這群小孩子，都對於這件事情感到很驚慌，也很疑惑為何會有這種事情發生？

之後，我不清楚鄰居的朋友到底有沒有將詛咒信寄給別人，但我卻時常煩惱，如果我收到信的話，我該怎麼辦？

如果要將詛咒信寄給別人，會不會對別人不好？如果寫好了信，但是不在信封上寫明收件人，然後直接投遞到郵箱中，是否也算是完成詛咒信的條件？

記得當時聽到詛咒信的事情時，我煩惱了好一陣子。

探查筆記

在一九九〇年代，我讀小學的時候，就聽聞詛咒信的傳聞。而且，我聽到很多認識的人，都有收到這種信。雖然很幸運，我自己沒有收過這種信，但是我心裡卻忐忑不安，一直在想，如果真的收到了這種信，我該怎麼處理？

詛咒信，又稱為「連鎖信」、「連鎖詛咒信」，有很多種書寫形式。有些信件中，會寫一段恐怖故事，或者用紅筆寫了很多「死」字。唯一不變的內容是結尾，結尾必定會說，如果不將此信重抄、寄給他人，就會面臨死亡，或者發生很可怕的事情。有時候，這種信件甚至會寫上轉寄信件的期限，期限內若未照做，災厄同樣會降臨。

我讀小學的時候，當時還未流行電腦網路，所以這一類的信件，通常都是手寫信。當時，我也看過別人展示收到的詛咒信。白色的信紙上，黑色字體歪歪斜斜寫著詛咒的話語，很多字都寫錯了，一眼就知道這可能是差不多年紀的小孩子寫的信。

我上國中之後，網路時代來臨，沒想到詛咒信也同時進化，開始出現於人們的電子信箱、「Yahoo 即時通」（Yahoo Messenger）、臉書（Facebook）、「Line」通訊軟體……等等地方。藉由網際網路的便捷性質，詛咒信更加肆無忌憚地擴充領地，頑強地存活於虛擬世界之中。

例如，根據《公視新聞網》在二〇一四年六月二十四日的報導，高雄市陳姓議員在網路上的臉書訊息箱收到了這種詛咒信，於是向警方報案，希望能夠控告發訊息之人。根據《公視新聞網》影片顯示，這封恐嚇信內容如下：

「Sorry 別人要傳我沒辦法拒收　為了自己的媽媽還是傳吧！別人硬傳給我的：對不起我叫黃佳琪，我在民國94年六月29號，被人殺了，屍體埋在福誠國小附近，如果你把這封信刪除的話，你的家人會5天內死亡，如果你把這封信24小時以內傳給30個人你就不會鬧鬼，請幫忙找犯人，你把這封信發給你的30個好友，10天後你喜歡的人就會喜歡上妳。如果不發，你媽媽就會在50天後被車撞死〈很靈喔！〉」

這封信的內容，就是很典型的詛咒信的形式，文中會寫一段恐怖故事，然後要求收件人將此信轉發，否則就會發生一些可怕的意外事件。陳姓議員想要提告，於法有據，因為轉發詛咒信涉及恐嚇、強制罪嫌，也觸及社會秩序維護法。

雖然這封信的內容很恐怖，看起來是由署名「黃佳琪」的亡者從陰間發訊息給人，讓人覺得毛骨悚然。但是，因為我擔任過文字編輯的工作，有了職業病，所以一直注意這篇文章錯誤使用刪節號，應該要寫成「別人硬傳給我的……」才正確。而且，日期的數字也沒有統一為中文或者是阿拉伯數字。除此之外，這封信還有很多錯誤的文法，看起來實在讓人不太舒服。相較於詭異的內容，這封信的書寫格式才讓我覺得恐怖萬分。

其實，不只是高雄議員會收到詛咒信，在二〇一三年，此信也曾經在臺南國中小學校瘋傳。

根據《自由時報》在當年九月二十六日的報導〈LINE連鎖信詛咒媽，學生害怕狂傳〉，當時盛傳的詛咒信，就與高雄議員收到的信件內容相同，只不過傳播方式是「Line」通訊軟體。據說有一位劉姓婦人，她的兒子在一個晚上就收到了十二封相同訊息，兒子因為擔心母親出事而照做。後來，婦人詢問兒子，兒子說班上甚至有同學收到三十封訊息，讓她覺得生氣，又覺得很好笑。

我調查歷年來網路資訊，發現這封信已經在網路上生存許久，並且擁有許多不同版本。例如，找尋更久以前的文章，二〇一一年在「Yahoo知識+」網路平臺，有人詢問詛咒信的真假，附上的例子就與議員收到的信很類似，不同的地方在於署名者變成「許遠智」，埋屍地點變成「金湖國小」。

另外，我也在「Mobile01」網路論壇看到有人提及類似的信件，網友「Rooster0420」說在「Yahoo即時通」收到詛咒信，信件內容與議員恐嚇信後半段（如果你把這封信刪除的話……）很類似。不過，前半段則是完全不同的恐怖故事，如下所述：

「靜玟，今年3歲。沒有眼睛和嘴唇。已經死了。看完不傳者：－靜玟今晚一點會在床邊看著你喔。－今晚會在天花板上看著你喔，還會一直叫著你的名字！在1994年6月29號，某人因把這封信刪除。第二天他突然死亡，被人發他的屍體，連醫生也不知他突然死亡的原因。身邊的親人先後因連串的不明原因死亡和人間蒸發。」

網友「Rooster0420」發文的時間是二〇〇九年二月六日，由此可知這種行文風格的詛咒信，早在二〇〇九年就有流傳，而且藉由「Yahoo 即時通」通訊軟體來傳播。合理猜測，這種行文風格的詛咒信，應該在二〇〇九年以前就已經非常盛行。

在網路上，類似的詛咒信文章有很多種版本。文章中的主角（死者）也有其他不同稱呼，例如楊佳偉、許晉嘉、布丁娜娜、貞子……等等，埋屍地點也有潮州國小、港埔國小……等地。此外，也有文章寫到死亡時間是民國九十六年。

從這些變化來推測，或許原本此信擁有某種雛形，後來經過許多不同的人改寫，才演變成各種形式，而且不同的撰寫者會寫出不同的細節。例如主角姓名、埋屍地點、死亡時間都會改變。

此種詛咒信，最早究竟是何人所發？這個問題猶如大海撈針，難以追尋。不過，可以肯定的一點就是，這種信件已經在許多年之間演化成各種不同的樣貌，流傳途徑也不斷跟隨時代而進化。

除此之外，詛咒信還有一種不同的形式，會用「幸運信」的假象來掩蓋詛咒的真實。這種信件，一開頭會敘述許多美好的願景，讓人初看以為是一封祝福的信。但是到了結尾的時候，這種信會說如果不轉寄訊息，願望就不會實現。更惡劣的話，則會說不轉寄，就會發生很糟糕的事情。這種「幸運信」，也是一種包含詛咒意念的邪惡信函。

很多人會想，詛咒信究竟是真是假？不轉寄的話，到底會不會發生厄運？這個問題，我在小學的時候就不斷在思考。

目前我的想法是，藉由詛咒信中經常出現的文法錯誤、版本差異，可以知曉這些信件確實是由人類所寫，而且經過許多人的改寫之後，呈現出許多不同樣貌。人的文字，呈現出人的意念，邪惡的文字，也反映出人的惡念。邪惡的詛咒信，其實就是呈現出人們對於世界的怨懟與仇恨，想要藉由轉寄信件的方式來擴大惡念的領地。處於相同世界的我們，其實可以選擇不隨波逐流，可以選擇遏止惡念的擴散。

詛咒信件說「不照做就會怎樣」，這個說法其實就是一種恐嚇。我們必須認清，這種恐嚇並不會帶來實質上的傷害，恐嚇者是犯錯違法者，收到信件的人其實是無辜的受害者。身為受害者，不應該被恐嚇者控制，而是要反對這種無理的威脅行為。若收到詛咒信的人選擇轉寄信件，就會讓恐嚇的惡念不斷增強。

事實上，我們可以選擇，是否要讓惡念繼續流傳下去？或者讓惡意止於智者？我認為，只要我們認清了這個事情，詛咒信的連鎖鍊就會慢慢斷裂。

怪談元素：軍事、政府

奇聞三十八

圓山飯店傳説：祕密地道與黃金

我聽到不可思議的怪談……

臺北市劍潭山，有一座「圓山大飯店」。飯店的宮殿式建築十分豪華，是歷史悠久的國際型大飯店，也是臺北知名地標。

昔日威權統治時代，國內外高級官員都會來圓山大飯店。因為飯店是重要聚會場所，飯店經營者考量安全因素，於是在地下修築祕密通道。如果飯店發生危難狀況，兩蔣或高官都可以利用地道迅速逃離。

除此之外，人們傳言當初中華民國政府退守臺灣，攜帶大量黃金。某部分的黃金，曾經隱密儲藏於飯店之中。

圓山大飯店。

探查筆記

臺北的劍潭山，在日治時期有一座臺灣神社。戰後，神社被拆除，改建為「臺灣大飯店」，也就是現今的「圓山大飯店」。

飯店建築是十四層宮殿式大樓，紅柱金瓦，富麗堂皇，是臺北市知名飯店。飯店創設者是蔣夫人宋美齡女士，歷年來除了接待總統與高官，也是國外元首、政要下榻之處。

因為飯店是達官顯要出入場所，所以十分注重安全。因此，飯店特別建築了地下通道，一旦發生緊急事件，人們可以藉由密道逃出。

多年來，社會大眾對於飯店地底的祕密通道非常好奇，傳言頗多。有人說密道可以直接通往士林區的故宮，甚至還謠傳地下隧道內藏有從北京運來臺灣的故宮珍寶。

地下通道傳言繪聲繪影，十分神祕。不過近年來，圓山大飯店已經開放地下密道，讓民眾可以進入參觀。飯店內的密道共有兩條，而西側密道則特別設置類似溜滑梯的滑行道，讓行動不便之人可以使用。根據飯店說法，這兩條密道其實是連接到附近的北安公園與劍潭公園，並不會通往士林故宮。

除此之外，人們還傳言，大飯店某樓有一處機關夾層，是一座「黃金屋」，藏有許多黃金。據說中華民國政府退來臺灣時，曾攜帶大量黃金，某些黃金便暗藏於飯店之中。不過這個說法，尚未獲得證實。

圓山大飯店的牌樓。

奇聞三十九

嬰靈：死亡的胎兒魂魄

我聽到不可思議的怪談……

據說，懷孕婦女如果流產、墮胎、胎死腹中，或者剛出生的嬰兒因為意外而夭折或被殺死，人們認為嬰兒魂魄有時候會成為鬼怪。現代人經常以「嬰靈」稱呼這種類型的鬼怪，並且大多指稱是被墮胎的胎兒靈魂。

探查筆記

昔日臺灣，曾經有溺殺女嬰的習俗。

十七世紀，旅居臺灣的瑞士人賀伯特（Albrecht Herport），曾經在〈臺灣旅行記〉文章中，提及漢人的殺嬰習慣：「姨太太們生的孩子，不能接受父親的產業，若是男子，則被當作奴隸（長工）。最初的兩個女兒，一生下來就被溺死，或由母親送往別處。第三個女兒，則在家裡養起來，叫她服侍其他的孩子。」

臺灣紙錢「嬰靈金」，中部流傳的紅印版本。

臺灣清國時期，仍有殺女嬰的情況，像是澎湖「好善堂」石碑，碑文勸人們珍重女嬰。到了日本時代，也有婦女因為殺嬰而被判刑。

一九二一年出版的《臺灣風俗誌》書中的章節〈對生育結婚死亡的迷信〉，則說胎兒死產或嬰兒生後隨即死亡，就要將嬰兒屍體投入水中，否則這孩子不但會變成鬼怪，該名婦女也無法再懷孕。因此，當時流傳一句俗話：「死囝仔放水流。」

藉由《臺灣風俗誌》，可以推測以前臺灣人可能相信嬰兒靈魂會化為鬼怪。至於臺灣的「嬰靈信仰」真正開始盛行的時候是一九八〇年代，人們認為被墮胎的胎兒靈魂會變成嬰靈。「嬰靈信仰」流行之後，民間發展出「嬰靈金」的新型態紙錢，不只是墮胎婦女會使用這種紙錢，如果孕婦意外流產或者剛出生的孩子夭折，人們也會使用這種紙錢超度未出世、出世不久即死亡的嬰兒靈魂。

臺灣紙錢「嬰靈金」，南部流傳的黑印版本。

奇聞四十

鼠尿飲料罐：被汙染的易開罐

我聽到不可思議的怪談……

大約在二〇〇九年左右，我聽到了關於「鼠尿飲料罐」的故事。故事內容是說，放在倉庫中的罐裝飲料，如果保存環境不佳，讓老鼠跑來跑去，那麼罐裝飲料的表面可能會沾上老鼠的屎尿排泄物。罐裝飲料通常是易開罐設計，只要將圓罐上方的易拉環打開，就能夠輕鬆飲用罐中飲料。不過，若是老鼠屎尿排泄物汙染了罐裝飲料的表面，當嘴巴觸碰圓罐上方的開口時，嘴巴也會沾上穢物。據說，細菌、病毒會藉由這種方式進入人體，並且導致人們患病，甚至死亡。

我已經忘了，當初究竟是從電視媒體得知此事，抑或是看到網路文章。唯一肯定的事情是，自從聽聞這個事情之後，我就對於易開罐小心翼翼。我如果要喝罐裝飲料，必定將圓罐開口附近擦拭、清洗乾淨，才願意飲用。這個習慣，至今我已經維持了十多年。

怪談元素：食物

探查筆記

罐裝飲料通常是金屬罐，材質由鋁或鐵製成，設計成易開罐的形式。人們可以打開圓罐上方的易拉環，製造出一個小開口，然後飲用罐中的飲料。

大約在十多年前，我聽到了「鼠尿飲料」的故事。據說如果老鼠尿液汙染了罐裝飲料，人們用嘴碰觸圓罐開口時，就會將細菌、病毒吃進去。

當時，我聽到的故事版本，是說夏威夷有一名倉庫工人，因為接觸到老鼠屎尿，結果生病過世，人們懷疑他是被老鼠屎尿中的病菌感染。人們認為放在倉庫中的罐裝飲料，很有可能會被躲在倉庫裡的老鼠排泄物汙染，然後導致人們生病。

我聽聞這個傳言時，深信不疑，因此養成了喝罐裝飲料之前一定要將罐子擦洗乾淨的習慣。直到現在開始研究都市傳說，我才赫然發覺，這個故事其實是流傳多年的網路謠言。

國際知名的反謠言網站「Snopes」的網路文章〈你會因為汽水罐上的鼠尿而患上鉤端螺旋體病（Leptospirosis）嗎？〉，就記錄了在一九九八年流行的電子信件謠言，據說有人飲用被鼠尿汙染的汽水罐而死亡。之後，這個謠言演化出許多版本。例如在二〇〇五年的時候，有一個版本提及德克薩斯州有女子在船上喝可樂，結果幾天後死亡，驗屍時發現她感染鉤端螺旋體病，感染源是可樂罐上的鼠尿。大多數版本中，都會說鼠尿能夠傳染鉤端螺旋體病，讓人患病致死。

「Snopes」網站分析這則流言，認為這是半真半假的謠言。鉤端螺旋體病確實可以藉由患病動物（如老鼠）的尿液而傳染，但是關於夏威夷倉庫員工、德克薩斯州女子死亡的事情，並未發生。事實上，時至今日，並沒有確實的病例顯示有人因為喝到被鼠尿汙染的罐裝飲料而罹患鉤端螺旋體病，謠言提到有人因此死亡，也是子虛烏有。

鼠尿飲料罐的謠言，源自於西方國家，多年來已經流傳於世界各國，發展出各種不同面貌的版本。這個謠言的流傳地點，包含西班牙、比利時、中國廣州……等等地方。在臺灣，也曾經流傳過一名臺灣人因此死亡的故事情節。

鼠尿飲料罐的傳言，目前已經被證實是半真半假的謠言，但這個謠言在今日仍然流傳廣泛，也有不少人完全相信此事（例如不久之前的我）。這個謠言之所以影響力無遠弗屆，在於謠言擁有半真半假的資訊，人們很難查證。並且，這類型的資訊中，經常會提到：「為你所愛的人，請轉寄這個訊息。」人們在恐慌之中，很可能會降低判斷力，於是依照信件指示，將這個故事轉寄給身邊之人，讓這個都市傳說繼續成長茁壯。

雖然鼠尿飲料罐的謠言不可信，但也非一無可取，因為這個謠言提醒我們要小心注意食品安全衛生。將罐裝飲料的開口附近清潔乾淨再飲用，我認為這是良好的衛生習慣，可以避免將髒東西吃下肚。只不過，鼠尿飲料罐致人於死的都市傳說，則不需要相信，也不需要感到太過恐慌。

易開罐瓶口。

怪談元素・超自然

奇聞四十一

電影院怪談：靈異空間會撞鬼

我聽到不可思議的怪談……

電影院是現代人重要的娛樂場所，人們可以在電影院中欣賞到不可思議的神奇故事。但是有時候，電影院也會出現不該出現的靈異現象，甚至讓人看到恐怖的鬼魂。

若要說起臺灣早期知名的靈異戲院，臺北西門町的新生戲院，肯定榜上有名。這間戲院發生火災之後，靈異謠言不脛而走。就算之後改建成「新聲戲院」，或者成為ＫＴＶ，仍舊傳出有人撞鬼的傳聞。

探查筆記

新生戲院，位於臺北西門町中華路，開幕於一九五六年十二月三十一日，是當時人們看電影的好去處。不過，這間戲院風光開幕之後，卻有人質疑戲院的安全問題，政府也要求業者改善設備，但是戲院方面並未徹底執行。後來，這棟有安全疑慮的建築，被無情大火燒毀。

一九六六年一月二十日，下午一時四十五分，戲院發生火災，同棟大樓的萬國舞廳、渝園川菜廳等店，也無法逃過一劫。這場祝融之災是戰後臺北首次出現最多傷亡的火災，死者共有三十人，傷者二十二人。罹難者大多是萬國舞廳的客人、員工與舞小姐，還有一些餐廳的人，不過並沒有人在戲院中罹難。

兩年後，業者將新生戲院建物拆除，改建為「新聲戲院」。雖然當初大火並沒有造成戲院觀眾死亡，但人們仍舊傳言戲院中有鬼出現，靈異怪談不斷。

例如，看電影的時候，旁邊的座位彷彿有人，不斷做出一些騷擾行為，像是踢椅子、發出怪聲，讓旁邊的觀眾無法專心看戲。但是，當觀眾轉頭一看，旁邊座位卻空無一人。

還有一種傳聞，據說當時有一名女性觀眾到戲院廁所，突然看到鏡子裡出現一個穿著復古的長髮女子，但轉頭一看身邊並沒有任何人。或者，在廁所裡出現的怪異女子會說：**「妳不用梳妝了，因為再怎麼整理，也沒有我好看。」然後她會轉頭露出半邊被燒毀的臉龐。人們傳言，這些怪異現象，都是昔日死於新生大樓火災的亡者顯靈。**

以前的臺灣靈異節目「鬼話連篇」，藝人楊烈曾分享相關怪談。據說，走進樓梯間的男生廁所，就會聽到女子問話：「先生，你要不要帶我上去?」現場僅有女聲，卻不見人影。所謂的「上面」，其實就是指樓上的舞廳，也就是當初火災中最多人喪生的地方。並且，靈異現象還會變本加厲，明明是男生廁所，走進去卻會看到很多女子在鏡子前化妝，有一些女子沒有頭髮，或者臉是被燒掉的模樣。而且人們傳聞，當時火災中，有一個舞小姐和小孩同樣葬生火窟，於是會在那邊聽到女子哄小孩的聲音。

到了一九八八年，新聲戲院又發生火災，彷彿歷史再度重演，令人不禁訝異。後來，此處改建成大樓，經營ＫＴＶ生意，仍然不時傳出靈異故事。

怪談元素：超自然

奇聞四十二 KTV怪談：消失的服務生

我聽到不可思議的怪談……

據說，一群朋友去KTV歡唱，唱到一半的時候，包廂內的廁所，突然走出一位莫名其妙的服務生。這名服務生何時進入包廂廁所，竟然沒有人察覺。

從廁所走出來的服務生，立刻開口詢問大家是否需要什麼服務？眾人覺得很怪異，回答說不需要。之後，服務生點點頭，轉身就走回廁所內。

眾人感到詫異萬分，趕緊打開廁所門，發現裡面空無一人。

探查筆記

KTV，可以歡唱卡拉OK的娛樂場所，這是現代年輕人休閒去處，也是靈異故事經常發生的地方。

大約在二〇〇〇年代，「消失的服務生」怪談開始盛行，直到現在依然有人會在網路撰寫相關文章。怪談情節大概是傳說有一群人去KTV唱歌，唱到一半的時候，雖然沒有按服務鈴，卻突然有一位服務生從包廂內的廁所走出來（另外也有人說是從包廂大門走進來），並且開口詢問需要什麼服務？大家覺得很怪異，向對方回答說不需要。服務生聽完之後，反而轉頭走入包廂廁所之內。眾人困惑萬分，推開廁所門，竟然發現服務生消失不見。

「消失的服務生」相關故事，大多流傳於年輕人之間，在「批踢踢實業坊」網路論壇也流傳廣泛，早在二〇〇四年就有網路文章討論此事。根據都市傳說研究書籍《現代怪奇新聞畫報》的說法，這種傳說反應了臺灣大學生喜歡夜唱的習慣，並且認為這種怪談背後的意義是：「**警告年輕人不要在半夜時段涉足危險場所。**」

「消失的服務生」故事發生地，有人認為是西門町某家KTV。這間KTV，最早以前曾經是新生戲院，後來被一場大火燒掉，原址又重建新聲戲院。沒想到後來新聲戲院又發生火災，彷彿歷史再度重演。之後，這個地方改建為商業大樓，業者在此處經營KTV生意。

當年，新生戲院大樓發生火災，造成多人死傷，尤其是同棟大樓的萬國舞廳有許多人喪生。從此之後，此地就經常出現靈異事件。例如改建為新聲戲院之後，據說火災亡者會顯靈嚇人。

西門町KTV的奇怪服務生，是否與昔日大火有關係？這個問題，難以獲得明確解答，不過確實會讓人想入非非。因此，也有人謠傳，在KTV唱歌唱到一半的時候，突然會在包廂內看到一個全身燒焦的人影靜靜地聽人唱歌。據說目睹包廂內怪異人影的客人，最後落荒而逃，再也不敢去這間包廂唱歌。

此外，也有人說，KTV包廂廁所會出現靈異現象，這是因為曾經有服務生被圍毆而死，屍體就藏在包廂廁所的天花板。

怪談元素：超自然

奇聞四十三

Momo 挑戰：電話都市傳說

我聽到不可思議的怪談……

二〇一九年，我到馬來西亞參加國際書展，當時我與一名當地作家會面，我們聊到當時盛傳的都市傳說，對方舉了「Momo 挑戰」為例。我一聽也附和，因為前陣子我才剛聽過 Momo 傳說。原先，我以為這只是流行於歐美地區的怪談，沒想到亞洲竟然也開始廣泛流傳此類故事。

據說，只要利用 WhatsApp 打電話給某些特定號碼，就能聯繫上神祕的 Momo。無人知曉 Momo 是誰，只知道這名人物的個人照片是一張凸眼裂嘴的詭異女子臉龐。如果順利聯繫上 Momo，對方可能會傳送一些恐怖血腥的圖片，或者是一些威脅的訊息。除此之外，Momo 也會試圖竊取聯繫者的個人隱私資料，或者煽動聯繫者進行一些暴力或者自殘的行為。

探查筆記

Momo 怪談引起社會大眾的關注，始於二〇一八年。當時，有一位 YouTube 使用者「ReignBot」發表了一個影片，討論 Momo 傳說究竟從何而來，之後這個怪談就開始盛傳於歐美國家。

「Momo 挑戰」（Momo Challenge），其實就是挑戰是否有膽量使用 WhatsApp 打電話給 Momo，打電話的時間據說必須是凌晨三點。

Momo 在 WhatsApp 帳號上的個人照片是一張面容極為恐怖的女子，雙眼圓凸，大嘴裂開整個雙頰，看起來極為恐怖。這項挑戰的發起人是誰，無人清楚，不過這項專門針對年輕人的打電話挑戰，引起了警方的注意。當時墨西哥、西班牙警局都有發出警告，提醒公眾不要隨意進行「Momo 挑戰」，否則挑戰者可能會被竊取個人資料，或者遭不明人士騷擾與勒索，最糟糕的狀況甚至會被煽動輕生。

一開始，「Momo 挑戰」其實只是挑戰打電話而已，但是後來這項挑戰遊戲逐漸變質，竟然與自殺遊戲開始連結。據說成功聯繫上 Momo 的挑戰者，將會接到一連串的恐怖指示，例如實施暴力行為，或者進行自殘，最後則會接收到自殺的指令。根據國際新聞報導，二〇一八年七月，阿根廷布宜諾斯艾利斯外圍的一個小鎮發生十二歲女童自殺案件，警方曾懷疑這起事件與

「Momo 挑戰」有關，不過此事尚未證實。

Momo 怪談一開始盛傳於歐美國家，不過很快就流傳至亞洲，像是臺灣、香港、馬來西亞……各地的 YouTube 使用者，都曾經發布影片，挑戰打電話給 Momo。臺灣的電視新聞，也特別播報 Momo 事件，提醒家長注意小孩子不要被 Momo 的傳說給蠱惑。

雖然目前無法追溯究竟是誰發起這項恐怖遊戲，但是 Momo 的個人照片，已經被證實是日本藝術家相蘇敬介創作的妖怪雕塑「姑獲鳥」的照片。

相蘇敬介的「姑獲鳥」雕塑，是一個巨大的人頭鳥身怪物，二〇一六年曾經在東京銀座香草畫廊展出。很有可能當時某位觀眾拍攝的照片流傳網路之後，被有心人士擷取照片，偽裝成 Momo 的照片，用來增強「Momo 挑戰」的恐怖程度。

相蘇敬介得知「Momo 挑戰」之後，擔憂影響孩童心理，便在二〇一九年三月發表聲明，解釋自己創作這個作品只是為了藝術展示，無意傷害他人，也自責這項作品的照片被人惡意使用。相蘇敬介也說，這項模型作品因為製作材料不耐放而開始崩壞，所以他已經在二〇一八年銷毀此項作品。根據新聞報導，相蘇敬介對此表示：「**它腐爛了，所以我把它丟了。孩子可以安心，Momo 死了，它不存在了，詛咒也已經解除了。**」

藉由相蘇敬介的說明，我們可以了解，Momo 的形象照片其實是有人惡意使用，目的是為了欺騙人們，或者是引起人們的好奇心。

打電話聯絡 Momo 的遊戲，很類似「藍鯨挑戰」自殺死亡遊戲。發起人推廣此種遊戲，其實別有居心，夾帶著濃厚惡意，利用「遊戲」、「挑戰」這種似乎無傷大雅的行為，暗地向社會進行報復，誘導無知者進行可怕的行為。網路使用者若是不謹慎小心，很有可能就掉入網路謠言的陷阱。

現代網路社群發達，帶來了便利的生活，但網路擁有美好的一面，當然也暗藏黑暗的一面。身處其中，學會辨別真假，不被假訊息、假新聞欺騙，這是網路使用者必須學習的重要功課。

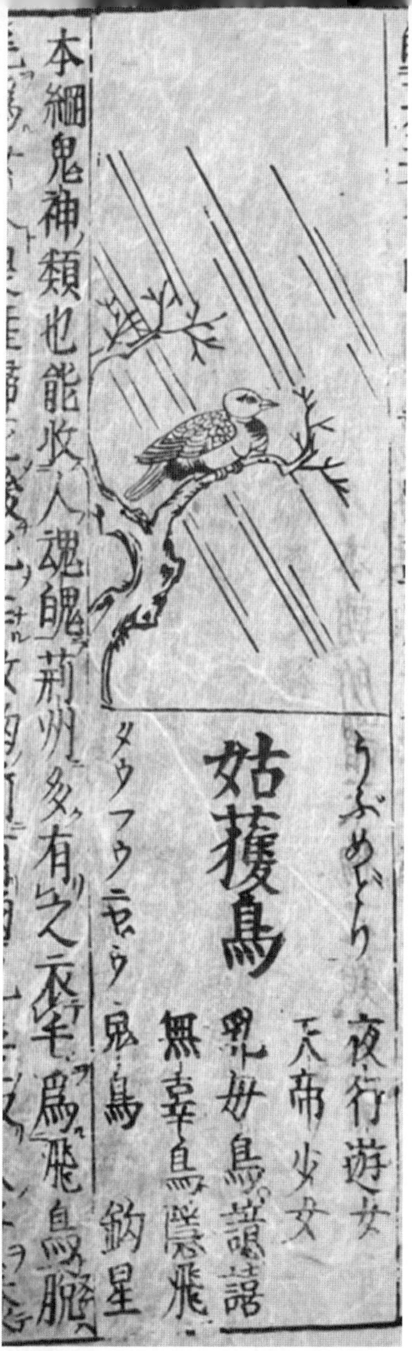

筆者收藏的十八世紀出版的雕版印刷古書《和漢三才圖會》，書中介紹「姑獲鳥」這種奇異妖怪。

怪談元素：超自然

奇聞四十四
Siri 怪談：誰在跟你說話？

我聽到不可思議的怪談……

蘋果公司製造的 iPhone 智慧型手機，深受消費者喜愛。這種手機內會搭配一款人工智慧助理軟體 Siri，可以利用語音直接操作。此種虛擬語音助理，可以和人類進行對話，協助使用者操控手機，或者是幫忙查詢資料，甚至可以回答千奇百怪的各種問題。

不過有時候，手機使用者和 Siri 對話的時候，如果詢問一些怪異的問題，Siri 很有可能會給出驚悚的回答。

據說，曾經有人詢問哪裡適合埋屍，Siri 竟然回答數個地點。也有人詢問附近有沒有鬼，Siri 竟然說有。這款語音助理能夠回答各式各樣的怪異問題，儼然成為新時代的「電子靈媒」。

探查筆記

Siri 是人工智慧助理軟體，配備於蘋果公司的系統內，人們很常以語音操作 iPhone 手機內的 Siri 軟體，藉由此軟體操控手機。

Siri 的意思是「語音解析及辨識介面」（Speech Interpretation and Recognition Interface），不過此名稱最早由戴格．基特勞斯（Dag Kittlaus）所命名。他來自挪威，是早期 Siri 公司的創始人之一。他會將這款語音軟體命名為 Siri，其實有所緣由。

戴格．基特勞斯與一位名叫希蕊．卡爾薇格（Siri Kalvig）的女氣象學者曾經是同事，他覺得 Siri 這個名字很好，因為在挪威語中，這個名字代表「引領你走向勝利的美麗女子」，所以他本來想將此名作為女兒的名字。但是因為他的第一個孩子是男孩，所以這個想法沒有順遂。最後，Siri 成為了他開發的語音應用程式的名稱。

Siri 原本是一款 App 應用程式，不過蘋果公司在二〇一〇年收購 Siri 公司，於是這款程式就成為蘋果裝置的內建軟體，並且在 iPhone 4s 首次登場。

Siri 的語音辨識功能，甫推出就受到社會大眾矚目，並且成為 iPhone 手機的一大特色。Siri 系統可以連結蘋果公司的資料庫，只要使用者向 Siri 發問，Siri 就會搜尋資料庫，即刻向發問者回覆答案。而且，Siri 也會根據使用者的數據，進一步學習如何回答更適合的答案。

因為 Siri 功能強大，對於各種問題對答如流，因此會有一些手機使用者向 Siri 詢問一些怪異的問題，或者與犯罪牽扯的問題。若 Siri 對於此類問題有所答覆，就會被人質疑 Siri 是否有教唆犯罪的嫌疑。

最知名的事件，發生於二〇一二年，美國佛羅里達州的二十歲大學生布拉沃（Pedro

Bravo）殺害了十八歲的朋友阿吉拉爾（Christian Aguilar），並將屍體埋於一處樹林。後來，屍體被發現，警方逮捕布拉沃，並在他的手機發現一個與Siri對話的截圖畫面檔案。畫面中顯示，有人向Siri詢問：「**我需要埋藏我的室友。**」（I need to hide my roommate.），結果Siri回答：「**沼澤，水庫，金屬鑄造廠，垃圾場，礦坑。**」（swamps, reservoir, metal foundries, dumps, mines.）Siri疑似回答埋屍地點的消息被散布於網路之後，引起社會譁然。不過，後來警方證實，這張截圖雖然真有其事，但兇手持有的iPhone 4手機並無Siri功能，而且截圖是儲存於臉書（Facebook）網路平臺的暫存瀏覽紀錄中。警方推測，很有可能是兇手在網路上瀏覽了此張圖片，此圖才會儲存於他的手機。之後，警方在推特（Twitter）社群平臺闢謠，澄清犯人並未向Siri詢問此問題，而且犯人與被害者也非室友。儘管如此，可以向Siri詢問犯罪相關問題的謠言，卻開始不脛而走。

時至今日，向Siri詢問埋屍地點的行為，已經成為網路上盛傳的都市傳說之一。不過因為Siri的語音交流功能很強大，許多人基於遊戲心態，也會嘗試詢問更大膽的犯罪問題。從這種情況看起來，也許Siri一開始推出時，人們對於此款軟體擬真程度很驚訝，但是隨著使用時間拉長，人們對於Siri能夠回答千奇百怪問題的能力也開始見怪不怪，所以就算真的隨口詢問一些驚悚的犯罪問題，也覺得無傷大雅。

雖然人們已經習慣Siri無所不答的語音助理功能，但是近年來反而有一種Siri怪談逐漸興起。有些人認為，Siri 程式運行的時候，可以被周遭的「靈」附身，讓無形之「靈」可以藉由 Siri 說出一些話語，或者進行未卜先知的預測。此外，人們也認為必須身處靈異地點、凶宅、墳場等地方，才會容易發生這種情況。如果靈異感應太過強烈的話，不知名的「靈」甚至會讓 Siri 自動運作，而非人為開啟 Siri。

靈異 Siri 的都市傳說，尤其盛行於 YouTube 網路影片之中。許多網路知名人士會到一些靈異地點拍攝影片，過程中可能會利用 Siri 試圖與超自然的存在進行交流。有時候影片中會出現 Siri 自動開啟的狀況，而且 Siri 還會說出一些不可思議的詭異話語。

人們對於 Siri 似乎擁有連接超自然世界的能力感到嘖嘖稱奇，不過在現實層面中，Siri 就是一款實用的語音助理程式，可以協助人類處理許多事情。例如，《聯合報》在二〇一七年十二月二十八日的報導文章〈蘋果手機 SIRI 立大功！帶警破大麻案〉，這篇文章說明當時警方查獲嫌疑犯的 iPhone 手機，手機內有大麻照片，警方透過 Siri 語音導航，成功確認嫌疑犯拍攝照片時無意中讓手機記錄下來的座標位置，最終找到嫌疑犯種植大麻的地點，讓犯人認栽。

由此可見，雖然無法確認 Siri 是否擁有超自然力量，但這款手機應用程式可以充分掌握人們使用手機情況的強大能力，絕對是無庸置疑。

怪談元素：家屋

奇聞四十五

彈珠小鬼：牆壁裡的怪聲

我聽到不可思議的怪談……

小時候，我住在臺中市西屯區的三合院，國中的時候則搬到南屯區的一處新蓋好的四樓透天厝，而我的房間位於三樓。

不知道從哪時候開始，晚上我在房間的時候，經常聽到牆壁傳來打彈珠的聲音。似乎隔壁有一位小孩子，趴伏在地上，不斷彈著手指，彈擊許多彈珠，聲音極為響亮。

我小時候在三合院，也經常玩這種遊戲。我會收集五顏六色的彈珠，然後放在地上彈來彈去，玩得不亦樂乎。此外，我也喜歡一邊看著彈珠內七彩的顏色，一邊發呆。於是我想，隔壁鄰居家中的小孩子，可能也喜歡玩彈珠吧。

有時候，彈珠聲音是從右邊的牆壁傳來，有時候則是左邊。不過，聽到左邊傳來彈珠聲，我不免納悶起來。我記得左邊的鄰居家中，應該沒有小孩子才對，似乎只有讀國、高中的學生。難道中學生也喜歡玩彈珠？

後來有一晚，我終於能夠確認那個聲音不是隔壁鄰居玩彈珠的聲音。因為彈珠的聲音，竟然

彈珠小鬼

從頭頂的天花板傳來。

天花板上面就是四樓，也就是我們家的神明廳。我很確定，那時候絕對沒有任何人在神明廳內，我家裡面也沒有會玩彈珠的人。

這時，我總算恍然大悟，猜想那些聲音也許來自「另一個世界」。儘管如此，我卻不會感到太過害怕。畢竟，對方沒有做出什麼危害的行為，頂多是喜歡玩彈珠發出聲音而已。

探查筆記

我在南屯區的舊家住了十多年，我一直與夜晚的彈珠聲相安無事，並且私下稱呼製造怪聲者是「彈珠小鬼」。七年前，我們搬了家，那棟透天厝也賣掉了。到了新家之後，奇異的彈珠聲不再出現，我有時候會懷念起昔日夜晚的彈珠怪聲。

因為舊家那棟透天厝蓋好之後，我們家就直接入住。因此，我不會認為這是「凶宅現象」。調查了在地新聞之後，也沒有看到任何可能是鬼怪作祟的線索。

我繼續在網路上調查，想了解「彈珠小鬼」究竟是什麼樣的存在？我一直以為只有我家會聽到這種聲音，沒想到網路上很多人也說遇過這種怪異現象。大多數人都與我一樣，會聽到彈珠滾來滾去的怪聲。更誇張一點，甚至有人說這是某種「東西」的眼珠掉下來的滾動聲音。

許多網友一開始也會猜測，以為是隔壁的小孩在玩彈珠。而且，人們除了會聽到彈珠聲，有些人也會聽到類似拉動桌椅的聲音。不過，總體而言，人們聽到的怪聲，仍然比較像是彈珠在地上滾動的聲響。

在網路平臺「維基百科」的網站上，有一個百科項目「樓上拉椅子聲」就是描述這種現象，也稱之為「夜半彈珠聲」，並且說這是「**城市裡鬧哄哄的靈異故事題材之一**」。

據說這個怪聲不只在臺灣出現，在中國、香港等地，也有類似的情況。中國網友甚至傳言，據說建屋時，工人會在樓層間放置木塊與彈珠，讓附近孤魂野鬼去玩，分散祂們的注意力，後來屋子蓋好之後，靈體還會繼續玩彈珠。也有人說，這些聲音來自於某位喜歡玩彈珠的小男孩，冤死後仍然持續玩彈珠。

在臺灣，有人認為彈珠聲是地基主造成的怪音。地基主是臺灣極為普遍的民俗信仰，據說每戶住宅、房屋都會存在的一種守護靈，逢年過節必須準備香案、菜餚向祂祭拜。日治時期的研究者鈴木清一郎，認為地基主是此地最早開拓的開基主靈魂。除此之外，也有人認為地基主其實是一種土地神。不過，地基主身為守護屋宅之神，應該不會做出擾民之行為，所以我覺得彈珠聲可能跟地基主無關。

現今，大多數現代人傾向於科學解釋這種怪異現象。早期，人們認為這是建築物的鋼筋水泥熱脹冷縮的過程中，所製造出來的聲響。後來，有人認為這種現象其實無關熱脹冷縮，而是黴菌腐蝕了工業材料與水泥，結果讓水泥產生許多細孔，當鋼筋在孔洞之中震動，就會發出彈珠般的聲響。

此外，還有一種說法，有些人認為彈珠聲其實是「水錘效應」。埋在牆內的水管，開關水的時候，因為閥門快速關閉，水管內的壓力會急速上升，水流在水管內不斷震盪，因此造成怪音。根據《TVBS新聞網》在二〇一五年十一月四日的報導〈砰砰！熱水器「水錘聲」，噪音擾鄰遭判賠〉，臺北有一戶住家，十多年都會聽到牆壁傳來東西破碎的清脆響聲，後來一查發現是樓上住戶的熱水管產生水錘效應，於是法院判樓上住戶賠十二萬並且要負責修好水管。

關於牆壁彈珠聲，人們試圖用科學原理來解釋。不過，科學解釋有時候也難以完全說服人。例如，鋼筋在水泥孔洞中震盪而發出聲音，真的會發生這種事情？水錘效應產生的「東西破碎聲」，又與彈珠聲音有所差異。

雖然目前有許多人提出了各種科學解釋，但是眾說紛紜，莫衷一是，不斷有人對各種科學解釋提出反駁。彈珠怪聲的謎題，似乎還在等待解答。

我的舊家房間，我經常在房中聽聞奇異彈珠聲。

筆者收藏的古早彈珠。

奇聞四十六
警察怪談：正氣能鎮鬼？

我聽到不可思議的怪談……

人們認為，警察擁有「浩然正氣」，因此妖魔鬼怪不敢輕易冒犯。所以，人們如果遇上邪祟纏身，有時候會想要借助警察一身正氣，讓鬼怪不敢靠近。

例如，二〇一五年的《華視新聞網》報導，屏東有一名女子，因為遇到靈異現象，心生畏懼，於是到東港分局的新園分駐所門外坐了一整個上午。員警上前關心，才知女子想要藉由警局散發出來的威武之氣來避邪。

儘管警察正氣凜然，詭邪難以冒犯，不過在臺灣都市傳說之中，有些靈異故事經常與警察、警局有所關聯。

據說，如果警局以前是墳場或刑場，那麼這間警局就會經常出現靈異現象。

探查筆記

人們認為警察一身正氣，能夠驅邪避凶。所以，如果有人被邪祟纏身，會希望藉由與警察相關的事物來鎮壓鬼魅。例如，二〇一五年的《華視新聞網》報導文章〈警局有正氣！女坐門前「避邪」〉，提及有一位女子特地到警局門外坐著，藉此避邪。這篇新聞也說，臺灣民間認為警察有正氣，會讓百鬼懼怕，所以就算卡到陰、被下降頭，只要取來警察制服、警帽、警徽之類的物品，就會有避邪的效果。

這種想法，不只是在臺灣本島流傳，我也在蘭嶼聽過。二〇一八年，我到蘭嶼考察，與蘭嶼警局的李姓所長聊天，所長曾經告訴我相關故事。

據說前幾年，島上有一位漢人住民，平時擔任濟公的乩身，從事濟世服務。某天，他突然慌慌張張跑到警局內，向他們借一頂警帽。原來，他騎車到航空站附近時，突然在路口轉彎處的樹叢附近，看到了黑色的「魔神仔」。因為他本身有靈異體質，所以才能看見不可思議的存在。他看到怪影之後，趕緊到附近的分駐所，向警員借一頂警帽來鎮魔。但是，道高一尺，魔高一丈，警帽法力似乎不足，那人途經路口轉彎處之時，仍然不幸摔車，摔斷了肩胛骨。李所長說，他無法判斷那人的摔車意外是否被不知名的力量干擾。不過李所長也說，那個轉彎處確實發生過許多次的車禍事故。

我在蘭嶼聽聞的故事，警帽似乎無法抵擋魔威，這種狀況其實很少見。在臺灣都市傳說中，若被妖異纏身，導致人們行為怪異，這時候通常只要將警帽、警察制服放置在當事者周遭，不久之後，當事者就會慢慢恢復正常。因此，臺灣民間對於警察能避邪的想法，大多數深信不疑。

警察的靈異故事

許多都市傳說中，警察很容易與怪異的靈異事件有所關係。會有這種關聯，應該是警察的巡邏勤務經常有關人們的生死大事。

例如，二〇〇七年八月八日的《聯合報》報導文章〈警察辦案靈異實錄，女鬼報恩？窗前言謝，回饋績效〉，這篇文章說明了一件與警察相關的靈異故事。

二〇〇五年三月，宜蘭縣礁溪警分局的警員莊春雄到轄區查戶口，意外發現一名陳姓女子因為難產死於租屋處。莊警員輾轉找到陳女母親，得知她們母女不合，母親不願幫陳女辦後事。莊警員努力勸說之後，對方才願意處理女兒後事。到了陳女死後的第四十九天，莊警員晚上睡覺時，聽見窗外有女子說：「**管區仔（kuán-khu-á），謝謝啦！**」他往窗外看，發現派出所廣場的大樹下有一名抱著嬰兒的黑衣女子向他揮手致意，莊警員當時不以為意。

同年十一月，莊警員開車巡邏時，後方有一輛車子突然從右側超越警車，他察覺有異，鳴笛追趕，順利攔下車輛，竟然發現駕車男子持有非法毒品。駕車男子落網後，說自己當初似乎鬼迷心竅，不知道什麼原因，竟然想去超越警車，才會自投羅網。莊警員因為此案，被記了四個嘉獎。數月後，他才發現，當初男子超車之處，恰巧就是陳女生前租屋處。因此，莊警員認為這個績效是陳女向他報恩。

警局的靈異故事

除了警員會遇到靈異事件，有時候警察局也是靈異故事頻傳的地點。之所以會有這種狀況，很有可能警局本身是老建築，因為建物老舊，導致詭影幢幢，因而衍生靈異傳聞。另外，也有可能警局地址以前是刑場、墳場，所以陰靈盤據，因而發生靈異事件。以下列舉一些臺灣警局的靈異傳聞。

臺北市警察局的大同分局，是日治時期的老建築，據傳昔日是刑場，戰後曾經成為刑警大隊的辦公處所，也設有驗屍的解剖室。長久以來，人們認為此地陰氣森森，可能棲息著鬼怪。

臺中梧棲的安寧派出所，雖然現在是新蓋的辦公大樓，但在二〇〇五年之前，派出所的辦公廳舍是日治時期的老屋，民間傳聞這間老屋盤據許多靈魂。警局後方有日式木造建築老屋，據說也是靈異傳聞不斷。昔日曾有國中學生到警局後方的老屋探險，結果在二樓聽見詭異的哭聲。

我在中正大學的妖怪講座中，有一名學生分享安寧派出所的怪談。據說某夜有一名女子到派出所報案，但是報完案之後，那名女子卻消失不見了。警員感覺怪異，於是前去那名女子報案的地點查訪，沒想到意外偵破一個案件。

雲林斗六警分局的公正派出所，據說昔日此地曾是墳場，因此派出所常有靈異事件發生。據說新進警員會在半夜被敲門聲吵醒，怪聲示意警員要去執勤，但其實值班時間未到，警局內也沒有人去敲門。

臺南的安平派出所，曾經在一九九九年、二〇〇〇年之間發生怪異現象，像是半夜自動門自己開啟、二樓的高背椅突然向後仰、三樓無人卻有怪聲……等等怪事。每當警局發生靈異現象，隔天臺南運河就會有浮屍，或者發生意外死亡案件。當時有人認為，警局內的怪事，可能是「好兄弟」作祟，也有可能是冥府的牛頭馬面到派出所翻讀戶口名簿上的姓名，仔細比對該去抓誰的靈魂。

我在蘭嶼聽聞許多恐怖怪談，但是對我而言，最恐怖的存在應是「蘭嶼貯存場」，此處棲息著核廢料惡靈。

怪談元素：食物

奇聞四十七

魔法乖乖：萬事順行的知名餅乾

我聽到不可思議的怪談……

如果電腦突然當機，不管嘗試任何方法，都沒辦法讓電腦順利運行。這時候，據說只要在電腦主機旁邊放一包乖乖餅乾，誠心祈禱電腦能夠恢復運作，之後電腦就能夠恢復正常。

並且，乖乖餅乾的魔法不只是能夠讓電子設備順利運行，也能在其他方面帶來好運。所以，不管是政府單位、民間公司，或者個人住家，總喜歡在房間內放置一些乖乖餅乾，希望藉此祈求幸運平安、萬事如意。

探查筆記

「乖乖」是一種玉米粉膨發後製成的餅乾，是乖乖公司（原名南芳行公司）在一九六八年發明出來的食品。時至今日，乖乖餅乾已經成為臺灣極為知名、老少皆愛的「國民零食」。

小時候，乖乖餅乾就是我非常喜歡的零食，下課後經常買一包乖乖，一邊看著電視螢幕上的動畫節目，一邊津津有味品嘗乖乖。而且，當時乖乖包裝內還會附贈一些小玩具、漫畫、貼紙，

臺灣知名餅乾「乖乖」的包裝，以及內容物的黃色粒狀餅乾。奶油椰子口味是綠色包裝，這也是最經典的一款口味。

「乖乖」包裝後方，淺顯易懂地解說該如何在包裝上書寫祝願辭。

每一包都會有不同的驚喜，讓我更加喜愛這款餅乾。

乖乖的包裝封面上，最讓人印象深刻的造型，就是乖乖吉祥物。他戴著藍色帽子，開口大笑露出兩顆門牙，形象活潑又俏皮。根據乖乖官網的介紹，吉祥物造型是「**根據當時流行的墨西哥斗篷與帽子、小丑造型的鼻子與鞋子，穿著異國的服飾**」，至於兩顆門牙的造型則受到當時流行的黃俊雄電視布袋戲中的角色「哈嘍二齒」的啟發。

至於「乖乖」名稱的由來，是因為公司創辦人廖金港先生希望讓產品進入小孩子的市場，靈機一動想到小孩子每天都會被說好幾次要「乖乖」，於是才以此命名。

我長大之後，雖然市面上出現越來越多的餅乾種類，超商貨架上的餅乾琳琅滿目，讓人眼花撩亂。儘管如此，我有時候仍會買一包乖乖，品嘗它的美味。此外，還有一個時期，我會很頻繁購買乖乖，也就是祭拜神佛的時候。

不知道從何時開始，人們開始相信乖乖餅乾會帶來好福氣，能讓各種事情「乖乖」順行。於是人們總會在拜拜的時候，在供桌上放乖乖餅乾。除此之外，若要祈求電子設備運轉順利，也會在設備旁邊擺放幾包乖乖。

為何乖乖與電子設備有關？「乖乖都市傳說」最早起源已經難以考察，不過有人認為，這種都市傳說一開始可能與顏色相關。電子設備通常會用燈光顏色來判別是否正常運作，順利運轉是綠燈，有問題則會顯示紅燈或黃燈。因此，奶油椰子口味是綠色包裝的乖乖餅乾，就像是綠燈一樣，能讓機器順利運作。

若查閱報紙新聞，目前可以找到早期提及乖乖讓電子設備「乖乖聽話」的新聞，是二〇〇三年《中國時報》的文章〈怕當機？來，放一包乖乖，降伏電腦之神祕儀式須知〉。之後，乖乖能讓機器聽話的傳聞，慢慢出現於新聞報導，像是《蘋果新聞網》在二〇〇八年的報導〈求ETC順暢，遠通拜乖乖〉，這篇文章講述當時遠通電收為了祈求國道電子收費系統運作正常，於是買了乖乖在各收費站祭拜，並將袋內附贈的貼紙貼在電子設備上，祈求系統「變乖」。

藉由這些新聞報導，可以猜測拜乖乖的儀式也許在一九九〇年代末期就開始慢慢流行。乖乖傳說無遠弗屆，連太空科技業也十分信服。例如，二〇一七年，國家實驗研究院第一枚自主研發的臺灣衛星「福爾摩沙衛星五號」，是在美國加州范登堡空軍基地發射升空。當時國研院的工作團隊為了祈福，便與乖乖公司合作，推出限量版花生口味「福衛五號發射限量紀念版」。此外，工作人員也在空軍基地的工作室內乘載福衛五號的火箭模型周圍，擺放十多包乖乖餅乾，誠心祈求火箭發射順利。

乖乖的魔力，與「綠燈運行」或者是吉祥好運的「乖乖」字義有關。時至今日，臺灣各行各業都有拜乖乖的習俗。除了高科技設備可以拜乖乖，根據媒體新聞的報導，公車、社會局、派出所、醫院、劇院、旅館……等等場所，都有拜乖乖求平安的習俗。像是在二〇二〇年六月，臺南市文化局為了促進城市觀光，也與乖乖公司合作推出「八家將乖乖」，包裝上寫著「惡靈退散」、

「一定要乖乖」的祈福文字。

二〇二〇年十二月四日，這一天是我的《妖怪臺灣》改編音樂劇總彩排的日子。那時候，我第一次走進臺中的中山堂舞臺的後臺，並且在許多重要的電源裝置、機器設備旁邊看到乖乖餅乾的身影。後臺工作人員告訴我，乖乖是必須放的物件，放乖乖才能讓機器順利運作。他也說，先前有一次劇場需要五十包乖乖，但沒辦法在同一家店買到這麼多綠色包裝的乖乖，於是採買者只好買黃色包裝（五香口味）、紅色包裝（巧克力口味）的乖乖，結果反而被罵，因為黃色與紅色代表的燈色是故障、異常的意思，所以採買者只好重新再去購買綠色包裝的乖乖。

雖然，乖乖餅乾能讓事情運行順利，可能只是一種人們創造出來的想像。但是這種想像，確實能夠安定人心，讓人們心安理得，腳踏實地將事情順利完成。因此，乖乖魔法，冥冥之中確實真有其事。

嘉義某住宿會館，為了祈求業績平安，也在門口上方的門框內面掛上「乖乖」餅乾，並在包裝上方寫「願 XXXX 平安順遂、業績長鴻」。拜「乖乖」的時候，不會把餅乾拆封。放置的位置，視需要祈福的事情而定。例如希望電腦運行順利，就會放在主機旁邊。

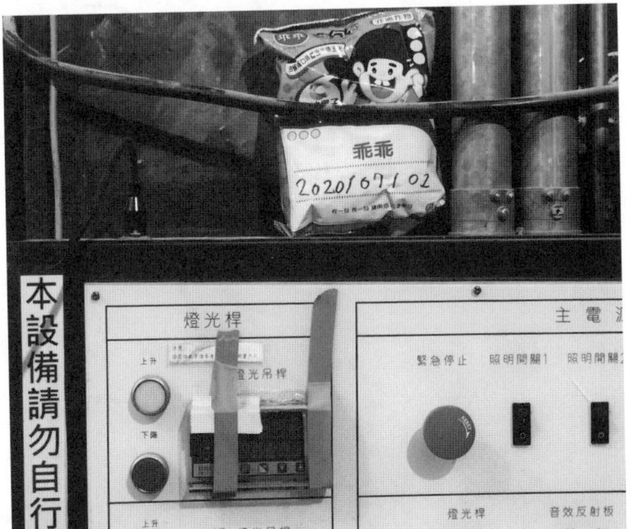

《妖怪臺灣》改編音樂劇，劇場中的電源機器，都會擺上乖乖祈福。

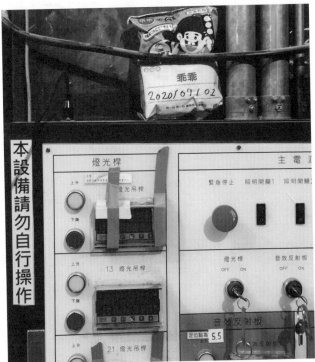

奇聞四十八

殭屍怪談：陰魂不散的屍身

怪談元素：活屍、精怪

我聽到不可思議的怪談……

據說，人死亡後，屍體如果發生屍變，就會復活成為殭屍。

恐怖的殭屍會在晚上的時候出現，臉色慘白陰森，雙手指甲銳利，嘴中尖牙能將人咬死，是一種避之唯恐不及的怪物。

在九〇年代，人們盛傳殭屍出現在臺灣各地。

我是臺中人，身邊有許多朋友都在國中時期，聽過這個恐怖故事。有人說，殭屍白天的時候躲在彰化八卦山，晚上的時候就會出外襲擊路人。也有人說，殭屍出沒的地點是在臺中大肚山，怪物所到之處，人們都會被咬死。

當時，殭屍傳聞鬧得沸沸揚揚，人們惶然不安。許多孩童嚇得不敢在晚上出門，深怕被恐怖殭屍盯上，慘死於殭屍爪牙之下。

殭屍

探查筆記

我住在臺中大肚山腳，大約在我讀國中的時候，殭屍現身的傳聞十分盛行。有人說，殭屍晚上會在大肚山跳來跳去。另外，也有人說，殭屍其實是在南邊彰化的八卦山出現，然後一路往北，渡過大肚溪，沿路找尋獵物。

在一九九〇年代，很多中部的學生都聽過殭屍怪談，甚至還有人謠傳某些店家被殭屍襲擊，才會導致關店。我詢問了一些身邊的朋友，直到二〇〇〇年，當時仍然有人傳言此事。不過之後，殭屍怪談就少人聽聞。

在二〇一一年，九把刀小說改編電影《那些年，我們一起追的女孩》，時空背景是一九九四年，片中有一幕提到彰化的殭屍傳說，數名學生講述八卦山的大佛雕像附近會有殭屍出現。電影上映之後，獲得很大的成功，觀眾很喜愛片中的青春懷舊氣息，同時也對影片中的殭屍故事有所感觸。

九把刀電影上映之後，有一位署名「pittkinu」的網路使用者在「Mobile01」網路論壇發表一篇文章〈那些年，我們一起追的女孩，劇裡中部的殭屍傳說？〉，提到自己以前國中時期聽過相關故事。據說當時殭屍在大肚山橫行，許多人半夜出門都會被殺害，而被殭屍殺死的死屍也會變成殭屍，導致政府派出軍隊來鎮壓。另外，「pittkinu」也轉述友人當時聽到的傳聞，據說殭屍最後都被臺中第一廣場的幽靈船載走了。

「pittkinu」的文章引發熱議，許多網友也在文章下方留言分享當時聽到的傳聞。有一位高雄人說小學的時候，聽說殭屍跑到高雄七賢路亂竄。甚至還有人說，國中聽到的謠言是說殭屍一路跳到了中央山脈。除此之外，在其他網路討論區中，也有一位屏東人提到當時聽過殭屍傳說。

由此可見，當時的殭屍傳說，不只是在臺中很盛行，連南部也有相關故事。

殭屍現身的新聞

爬梳昔日流傳的殭屍傳說，舊報紙是很好的調查方向。

《中國時報》在一九九三年五月二十六日的新聞〈殭屍出沒觀音山，無稽之談〉，這篇文章提到高雄國中小學校謠傳近郊的觀音山有殭屍，對小孩心理造成很大的負擔，於是家長紛紛打電話給觀音山所在地的大社鄉公所，希望鄉公所能出面澄清。當時的大社鄉長許正雄認為殭屍只是無稽之談，並且說十幾年前觀音山也有類似傳說，但最後不了了之。後來，學校老師調查此事，發現一開始只是小學生的玩笑話，後來耳語流傳極快，甚至連國中校園也有相同傳聞，幾乎人盡皆知。並且，這篇新聞也提到，當時臺南市某些學校也有類似傳說。

搜查舊報紙的過程中，我很驚訝地發現，原來不只是臺灣西部有殭屍傳說，甚至連東部宜蘭、花蓮也有流傳相關故事。

《中國時報》在一九九三年六月十七日的新聞〈蘭陽校園，謠傳殭屍現形，子虛烏有，不同版本一樣荒謬，影響國中小學生心理〉，這篇文章提到蘭陽地區的國中、小學盛傳殭屍出現當地的傳說，北從頭城、南到蘇澳都有相關傳言，傳言內容大致上是說：「**殭屍最早是從蘇澳地區開始，最先是蘇澳海濱被人發現漂來了四具來自大陸的棺木，打開一看內中只有三具屍體，一具行方不明，即被認為是殭屍上岸了。**」

《聯合報》在一九九三年六月十八日的新聞〈殭屍吃人，校園怪譚流行，鬼話連篇，全省各地均有，宜蘭謠傳尤甚，嚇得學生帶糯米驅魔〉，這篇文章也有提到宜蘭殭屍傳聞，甚至還說學生會隨身帶糯米驅邪。

同樣是一九九三年六月十八日，《中國時報》的新聞報導〈情治單位疑係歹徒作怪〉提到，經常有人向宜蘭警察單位報案說有殭屍出現並殺害路人。例如，當時有一位民眾打電話給警察局，聲稱殭屍出現在文化中心，據說已經咬死數人，因為其子女也正在該中心自修，恐遭殭屍所傷，因此那位民眾希望員警趕快出動前往。雖然警察努力解釋殭屍只是無稽之談，但是該名民眾似乎不相信，很不高興地掛斷電話，可能是直奔文化中心去「解救」自己的子女。另外，這篇新聞也提到另一種謠言，據說殭屍會出現在冬山河、梅花湖等觀光地區殺害遊客。

當時，宜蘭殭屍傳說鬧得學生惶然不安，於是宜蘭縣教育局採取行動，要求各校組成心理輔導小組，向學生說明殭屍並不存在，希望能積極安撫學生恐懼的心靈，恢復校園安寧。除此之外，教育局也特別行文警察局，請求警方協助追查謠言來源。

關於東部的殭屍傳說，有人認為，謠言起因其實是口誤。根據《中國時報》一九九三年六月十八日的報導〈自己兒子也受謠言影響，上下學都怕怕，殭屍傳聞，議員促追查來源〉，這篇文章末段提到：「最近有很多大陸的生薑走私到臺灣來，結果竟然經口耳相傳，『生薑走私』卻變成了『殭屍』。」而《聯合報》在隔日的報導〈〔另一種說法〕花蓮先傳怪譚，宜蘭後被傳染，薑絲，殭屍，錯誤的聯想！〉，也有類似的推論。

古早時代的臺灣殭屍

殭屍，也就是人死後，屍身雖然僵硬，卻因為某種超自然的力量，產生屍變，讓屍身可以重新復活，起身跳出棺木。並且，在現代的都市傳說中，殭屍通常會擁有尖牙，見人就咬，甚至會吸食人血。

中國文化之中，殭屍傳說流傳廣泛，例如《聊齋誌異》、《子不語》都有相關故事。

臺灣在清國時代，也有殭屍紀錄。《雲林縣采訪冊》提到：「屍忌貓，俗傳貓跳過，屍即起行如生，逢人緊抱不脫，過門限或被物衝礙則倒。故子孫夜睡於屍側，曰守鋪；一以盡孝心、二以防不測。」

臺灣民間傳說，若人死後，停屍期間，屍體遭逢貓隻跳過，屍體就會復生，成為恐怖的殭屍。

因此，子孫在停靈期間都會守靈，除了盡孝心，也是要預防屍變。

據說，跳屍之貓，如果是白蹄貓、油蹄貓，屍體最容易變成殭屍。

不過，在《雲林縣采訪冊》的描述中，並未提及殭屍會咬人，頂多是「逢人抱緊」，而且動作遲鈍容易跌倒，似乎不會做出其他動作。

除了貓跳屍身會引發屍變之外，據說還有另一種容易變成殭屍的屍體，也就是「蔭屍」。

據說屍體下葬之後，屍身沒有腐化，就稱為「蔭屍」。人們傳言，蔭屍會自動長指甲、牙齒與頭髮，而且眼球也會呈現奇異的青綠色。日本時代的《臺灣慣習記事》在一九〇〇年出版的二卷五號書刊中，提及蔭屍必須及時處理：「到了清明節，依例各處墓地有人拾骨，臺北大加蚋堡之德化厝有死屍，埋葬後已七年，其家族前往欲行拾骨，不料死屍毫未腐壞，且額上可認出汗漬微點云。土俗傳稱，埋葬後數年，死屍不腐壞，呼為蔭屍，乃地氣所使然，而在此時，取火酒噴在棺中死屍，再行掩埋，明年即化為白骨。」

除此之外，還有一種很特別的傳聞，也就是「淚滴沾屍會引發屍變」。

臺灣民俗傳說，如果喪事進行期間，淚滴意外沾上屍體，死者靈魂很有可能無法脫離肉身，亡者甚至會屍變，成為「屍鬼」。另外也有傳說，被淚水滴到的屍體，當死者靈魂進入地府時，將會受苦受難。

日本時代的報紙《漢文臺灣日日新報》在一九一〇年七月十六日的報導〈厲鬼為祟〉，提及淚滴沾屍導致厲鬼作祟。據說基隆人某甲猝死，其妾曾在某甲屍身滴落淚水，結果後來其妾經常夢見某甲，甚至某一晚醒來發現某甲散發屍臭，趴伏在自己手肘下。其妾驚慌失措，駭然奔走，其夫屍身也隨後追逐。經過一番吵鬧，整屋子的人都被驚醒，最後其夫身影才突然消失不見。

若是殭屍真的出現，古人也有對策。在日本時代，片岡巖研究臺灣習俗，他在著作《臺灣風俗誌》提到青竹可以對抗殭屍：「**死者蘇生成為殭屍，用青竹鞭打死者，死者才會安寧。**」

此外，在一九四一年，《民俗臺灣》雜誌創刊號，黃啓木撰寫一篇文章〈殭屍與骸哥〉，則引用吳藻汀《泉州民間傳說》的文章，提到殭屍乃是屍體受到太陽的曝曬、月亮的射照而變成。

鬼母：疼愛孩子的女殭屍

臺灣的殭屍傳說，還有一種極為奇特的類型，也就是女殭屍「鬼母」。

如果婦女死亡之前，懷有身孕，入葬之後，很有可能在棺木中待產，甚至直接產下孩子。雖然婦女已死，但是因為本身擁有強烈的母愛，或者受到地理靈氣的滋養，其屍身能夠短暫活動，順利產下孩子，甚至在棺中照料孩子成長。

例如，日本時代的《臺灣地方傳說集》（一九四三年）書中，中田榮一撰寫的臺南鄉野傳說〈鬼王〉，就是知名的鬼母故事。據說，臺南關廟曾有一位姓胡的婦人，嫁至顏家，懷孕的時候，不幸患病而死。婦人棺木運至野外之時，突然天昏地暗，狂風捲起，路邊土地倏忽塌陷，家人趁此機會，將棺木安葬此處。之後，已死的婦人竟然在棺中產子，鬼母為了養活小孩，於是常常夜裡到麵店買食物給嬰兒吃。鬼母無錢，表明自己來自顏家，所以麵店之人就前往顏家取錢。顏家得知此事，察覺有異，趕緊打開婦人棺木，果真發現還活著的嬰兒。於是顏家就將嬰兒抱回去養育，並且取名為「鬼王」。一九五五年，江肖梅將這篇故事轉載於《臺灣民間故事》一書。七〇年代，「台灣志成出版社」也出版了包含這篇故事的民間童話書，封面由陳國進繪畫，描繪鬼母在棺中餵食小孩的畫面。

《民俗臺灣》在一九四四年的十一月期刊，余氏李英撰寫〈死人產子〉，這篇文章則是描述鬼母請人接生的怪談。據說，昔日新竹市南門町有一位李姓產婆，某天深夜二點鐘左右，受人委託到一棟氣派的建築幫忙接生。產婦順利生下男嬰之後，李產婆拿到了豐厚的報酬，可是回家之後卻發現那些錢都是銀紙。李產婆回返那棟建築，赫然發覺那是一片空地，這時她才知曉昨晚原來是替鬼婦接生。

戰後，鬼母怪談流傳不歇，例如一九八九年出版的《后里鄉志》，胡東海撰寫了臺中后里「鬼母穴」的故事。后里的貓仔坑，有一座百年古墓，墓碑文字寫著：「顯妣純慈貞淑黃母張氏坟墓」。據說此墓主人是黃家媳婦張氏，因為難產而死，埋葬在俗稱「雞母孵子」的山腳。因為山水靈氣旺盛，讓張氏魂魄得以顯靈，向當地的豬肉店購買肉品。後來豬肉店老闆向黃家討錢，黃家十分驚異，等待張氏又來買肉，黃家主人向她追問，張氏只回答：「時機不到，不可強求。」

黃家等不及，趕緊掘開張氏棺木，發現張氏容顏仍然栩栩如生而且產下一名小孩。

鬼母雖然能死後暫時活動（另有一說鬼母乃是靈體），不過並不會造成太大的危害，更不會像是現今都市傳說中的殭屍那樣胡亂咬人殺人。鬼母的故事，反映了母愛超越生死界限之理。

殭屍電影的熱潮

雖然自古以來，臺灣鄉野就有殭屍的民間故事，但九〇年代的殭屍傳說與臺島傳統殭屍故事有著很明顯的差異。至於「生薑走私」、「薑絲」諧音造成訛傳的理由，似乎也很奇怪。目前較為合理的推斷，盛行於九〇年代的殭屍傳說，應與八〇年代中期開始流行的殭屍電影有著相當大的關連。

一九八五年，香港電影公司推出《殭屍先生》（臺灣片名《暫時停止呼吸》），林正英飾演的茅山道士與徒弟一同對抗殭屍的故事，受到人們熱烈歡迎，轟動一時。此後數年，香港與臺灣都陸續拍攝大量的殭屍電影。

例如，香港電影《殭屍翻生》（臺灣片名《一見發財》）、《殭屍家族》、《靈幻先生》、《殭屍叔叔》……等作品，或者是臺灣跟風拍攝的《大家發財》。

殭屍電影風潮，臺灣又比香港更為狂熱。例如《殭屍先生》當初是先在臺灣上映，極為賣座之後，才紅回香港。而《殭屍翻生》的片商，也為了先對準臺灣市場，於是讓電影早一個月先在臺灣上映。

受到香港殭屍電影的刺激，臺灣開始拍攝許多殭屍片，當時臺灣電影最知名的殭屍電影是金格影藝公司在一九八六年推出的《殭屍小子》。這部電影的特色，在於添加童星演員。電影中可愛小殭屍的角色，打破人們認為殭屍片必定要恐怖驚悚的刻板印象。

《殭屍小子》的魅力，甚至遠達日本，在TBS電視臺進行播放，受到觀眾熱烈喜愛。之後，金格公司受到TBS電視臺的委託，再度拍攝續集電影《哈囉殭屍》系列作以及電視劇《來來殭屍》。

殭屍電影的熱潮，始於一九八五年，但後來出現太多殭屍片，市場開始產生疲乏，一九八八年之後就越來越少殭屍電影。像是《殭屍大鬧西門町》別出新意，劇情描述西門鬧區地下鐵工地中的殭屍破棺而出，呈現臺灣在地都市環境讓人眼睛一亮，但這部電影似乎不如先前的殭屍片那麼知名。

殭屍電影在八〇年代末期逐漸退燒，其熱潮也轉往日本。但是，臺灣對於殭屍文化的想像，卻沒有就此結束，反而在島上生根發芽，並且引發了九〇年代臺灣各地據說有殭屍現身的傳聞。

之所以能夠如此判斷，在於九〇年代盛傳的殭屍傳說，人們都會幻想殭屍身穿清國服飾，口中有尖牙會咬人，種種形象都與八〇年代中期開始流行的殭屍電影不謀而合。

殭屍傳聞盛行的一九九三年，戴永華在《聯合報》撰寫文章〈殭屍傳聞，源於中小學，電影看多，學生黑白講〉，文中就認為殭屍傳聞源自於學生看了太多殭屍電影，才會導致此種幻想。我認為這種推論，確實合理。

或者像是二〇一一年的九把刀電影《那些年，我們一起追的女孩》，影片中回顧八卦山殭屍傳說，也是將殭屍打造成八〇年代殭屍片中的造型。

此外，九把刀電影中描述殭屍傳說，也有值得注意的一個細節。電影中，同學聊天提到有一批偷渡客來臺灣，結果在海上淹死，屍體沖上岸，就變成了殭屍，並且一路跳到八卦山。殭屍的真身乃是中國偷渡客，這個情節其實與當時臺灣社會情境有關。

偷渡客與殭屍傳聞

一九八七年，臺灣解嚴，經濟蓬勃發展，同時也讓「偷渡生意」開始興起。當時，許多中國人嚮往在臺灣賺錢，於是藉由走私漁船偷渡來臺，直到九〇年代依然有很多偷渡客。新竹靖廬在一九九一年成立「大陸地區人民處理中心」，專門收容中國偷渡客，最多時同時收容上千人，二十幾年來已有二十萬偷渡客曾經暫住於此。

早期關於偷渡客最轟動的新聞，莫過於一九九〇年發生的「閩平漁事件」，臺灣警備總司令部將偷渡漁船封艙遣返，後來造成艙內二十五人死亡。這件事情，造成社會輿論譁然，臺灣也派遣監察委員到中國進行調查。

九〇年代的偷渡事件，頻繁出現於當時社會新聞版面，引起人們議論紛紛。一九九九年的黑松沙士飲料廣告「偷渡篇」讓外籍人士以不標準的口音唱「『茼蒿』們同在一起」，就反映了這種社會情境。

此外，偷渡客引發的人道議題，也成為當時臺灣流行的殭屍傳說的情節之一。當時的殭屍傳聞有很多種版本，例如有人會說八卦山殭屍是被日人殺害的屍體變成。不過，在各種版本中，提及殭屍乃是偷渡客的版本比較普遍，罕有人說殭屍乃是本島古墓中的屍體變成。

殭屍傳說會與偷渡客故事連結在一起，其實是為了讓傳說「更加真實」的一種敘事策略。畢竟，殭屍十分罕見，就算人們傳言晚上會有恐怖殭屍現身，但無憑無據，難以讓人信服。這時候，若能夠在殭屍傳說中加入「比較真實」的狀況，相關故事就會比較容易說服人。因此，偷渡客意外死亡變成殭屍，就成為當時殭屍傳聞中的通俗情節。而一九九三年新聞報導中提到中國棺木漂到海岸，也是同樣的道理。

由此可見，九〇年代盛行的殭屍傳說，可能立基於臺灣傳統殭屍故事，並且受到八〇年代中期開始流行殭屍電影的巨大影響，同時之間也與非法走私、偷渡客的傳聞互相結合，才成為當時社會中盛傳的殭屍怪談。

中部大肚溪口沿岸，以前傳說偷渡客變成的殭屍會從此處上岸。

奇聞四十九

靈異節目：都市怪談的傳播方式

我聽到不可思議的怪談……

九〇年代是臺灣靈異節目的黃金年代，綜藝節目《玫瑰之夜》的靈異單元「鬼話連篇」是開山始祖，啟發許多電視臺開始製播靈異節目。

今日許多著名的臺灣都市傳說，原本可能只是地區性的謠言、靈異現象，但是藉由電視節目無遠弗屆的播放魔力，這些靈異故事突破了地區限制，逐漸演化成全國知名怪談。

探查筆記

一九九三年三月六日，臺灣電視公司製作的星期六晚間綜藝節目《玫瑰之夜》出現固定單元「鬼話連篇」，原本只是十二至十五分鐘的靈異單元，邀請藝人講鬼故事，但因為觀眾反應熱烈，所以後來延長至三十分鐘。

「鬼話連篇」是臺灣靈異節目的開山始祖，第一代主持人是澎恰恰、曾慶瑜，除了請藝人講怪談，也會解說靈異照片的由來。例如現在知名的「人面魚」靈異照片，曾經在一九九五年九月的節目中亮相，製作單位也邀請漁業局專家、攝影專家上節目闢謠。

「鬼話連篇」開創了靈異節目的風潮，於是很多電視臺開始製作相關節目。例如，有線電視臺TVBS頻道開設了第一個完全以靈異為主題的塊狀節目《接觸第六感》，之後飛梭、博視資訊、華衛……等等電視臺也陸續開設靈異節目。九〇年代，是臺灣靈異節目風起雲湧的時代。

一九九八年五月九日，八大電視臺GTV 27頻道製作星期六晚間靈異節目《神出鬼沒》，第一集由周明增與張月麗主持，節目製作人是淩志文。在二〇〇〇年，此節目播放觀眾提供的「紅衣小女孩」靈異影片，轟動一時。之後，此節目曾更名為《超自然現象》。在二〇〇四年七月，八大電視臺推出新節目《暗光鳥新聞》，節目製作人同樣由淩志文擔任，主持人是高哲翰、李祖寧，節目內容取材民間鬼神信仰習俗，也搭配藝人講鬼說怪。

當時除了八大電視臺的靈異節目，其他電視臺也有推出同樣題材的節目，例如超視《命運好好玩》、東森《靈異鑑定團》、衛視《喂~是在搞什麼鬼》……等節目。

從九〇年代開始興起的靈異節目，雖然收視率很好，但因內容涉及怪力亂神，難免讓長輩憂心孩童心靈受到影響。例如，二〇〇〇年八月十日，有立委在立法院召開記者會，對於電視臺播放過多靈異節目表達不滿。

當時的記者會中，九二一地震災區學校老師與家長控訴電視臺罔顧社會責任，爭相播放鬼怪節目，對於暑假在家看電視的兒童造成心靈創傷，尤其災區兒童剛遭受地震傷害，又要被靈異節目茶毒心靈。被點名的三立、八大、東森電視臺，當時也有回應，表達願意做好自我審查，不會讓靈異節目太過於傷害兒童心靈。

後來，因為靈異節目太過氾濫，有些節目甚至造假、裝神弄鬼，導致觀眾不滿，也對於靈異主題的電視節目產生疲乏之感，於是在二〇一〇年代靈異節目數量銳減，盛況不再。

雖然現今電視臺靈異節目不多，也不像以前收視率那麼好，但是今日許多臺灣都市傳說，原本可能只是地區性的謠言，但是藉由早期靈異節目的推波助瀾，才會逐漸發展成聞名全島的恐怖怪談。

怪談元素・超自然

奇聞五十

劇場怪談：真假難辨的靈異舞臺

我聽到不可思議的怪談……

劇場是人們看戲劇、歌舞等表演的地方，是人們娛樂休閒的重要場所。

進入劇場，猶如穿越到一個異世界，能夠欣賞奇妙有趣的故事。或許因為這種「連接異世界」的特性，所以有時候人們會講述劇場中的靈異怪談。例如，據說劇場會出現亡者的鬼魂，或者發生不可思議的靈異現象。

探查筆記

電影院會鬧鬼，表演戲劇的劇場也會有靈異怪談。藝人郭子曾經在九〇年代熱門的「鬼話連篇」電視節目之中，分享相關故事。

郭子認為，劇場猶如黑盒子，不會有陽光照進來，所以會有陰氣。他有一次參與臺南的劇場演出，有一位男主角演出自殺劇情，讓假血流滿全身。結果後來他們一起玩抽鬼牌，結果玩了二十多次，鬼牌都在那名男主角的手上，讓大家覺得毛骨悚然。後來大家猜測，劇場中本來有鬼，誤以為那一位身上流滿假血的人是死者，所以想要藉由他的身體還魂。

並且，郭子也在「鬼話連篇」節目中提到，當時他聽說任何國家演《哈姆雷特》的時候，都會發生意外，參與人員或傷或亡。會發生這種事，他猜想可能是因為這齣劇結局時，主要角色都會死於舞臺，很不吉祥。他也提到，他曾參與某次《哈姆雷特》改編劇，男主角竟然被鬼附身，在舞臺上不停抽搐，事後男主角說當時背後突然有人壓著他，才讓他無法動彈。

除了郭子的劇場怪談之外，在「鬼話連篇」電視節目中，藝人蔡閨也分享了一則有關劇場的親身靈異體驗。

蔡閨講述，她有一次跟廖峻去旗山演出脫口秀，那間戲院很古老，戲院後面有一處釘木板的地方，貼了很多符紙。她聽說這間戲院「不乾淨」，所以才會貼符紙。當時，蔡閨在戲院後臺化妝時，聽到後方的矮牆嗚嗚作響，曾與廖峻前去探查，牆後空無一物。當蔡閨與廖峻開始上臺表演時，蔡閨突然看到劇場上方吊著一個白影。蔡閨嚇得說：「哇……那是什麼？」廖峻回說：「怎麼搞的？你不是回答這一句話！」觀眾以為兩人在說笑，被逗得哈哈大笑。蔡閨繼續說：「你們不要笑……你們看！」儘管如此，觀眾仍舊哄堂大笑。蔡閨轉而向廖峻求救，叫他看向詭異白影，廖峻一看，隨即嚇得面目鐵青。觀眾以為正在上演爆笑劇，笑得更加厲害。蔡閨兩人在舞臺上手足無措，不知道該如何說明正看到鬼？直到上方白影消失，兩人才鬆了一口氣。

蔡閨的靈異故事，雖然是恐怖的遇鬼經驗，但是在劇場觀眾的眼中，反而成為爆笑喜劇。這種介於恐怖與歡樂之間的靈異故事，實屬少見，似乎也是「真假難辨」的劇場舞臺才有可能出現的特殊靈異現場。

奇聞五十一

演戲怪談：拿紅包去晦氣

我聽到不可思議的怪談……

演藝圈拍戲，有許多禁忌。根據《自由時報》在二〇一九年九月十八日的報導，多位藝人在電視節目中分享拍戲禁忌。

例如，本土戲女星鄭仲茵說，拍片現場的病床、輪椅……等等與生死疾病有關的道具不能以遊戲心態面對。而且，拍戲還要拿五十元紅包，象徵「無事」。據說曾經有一位攝影助理在片場坐輪椅玩耍，結果他回家時出車禍，腿斷了，真的需要坐輪椅。藝人陳子玄也分享前輩的經驗談，據說演戲扮屍體，必須拿紅包去晦氣，否則會發生恐怖的意外事件。

怪談元素：紅包、超自然

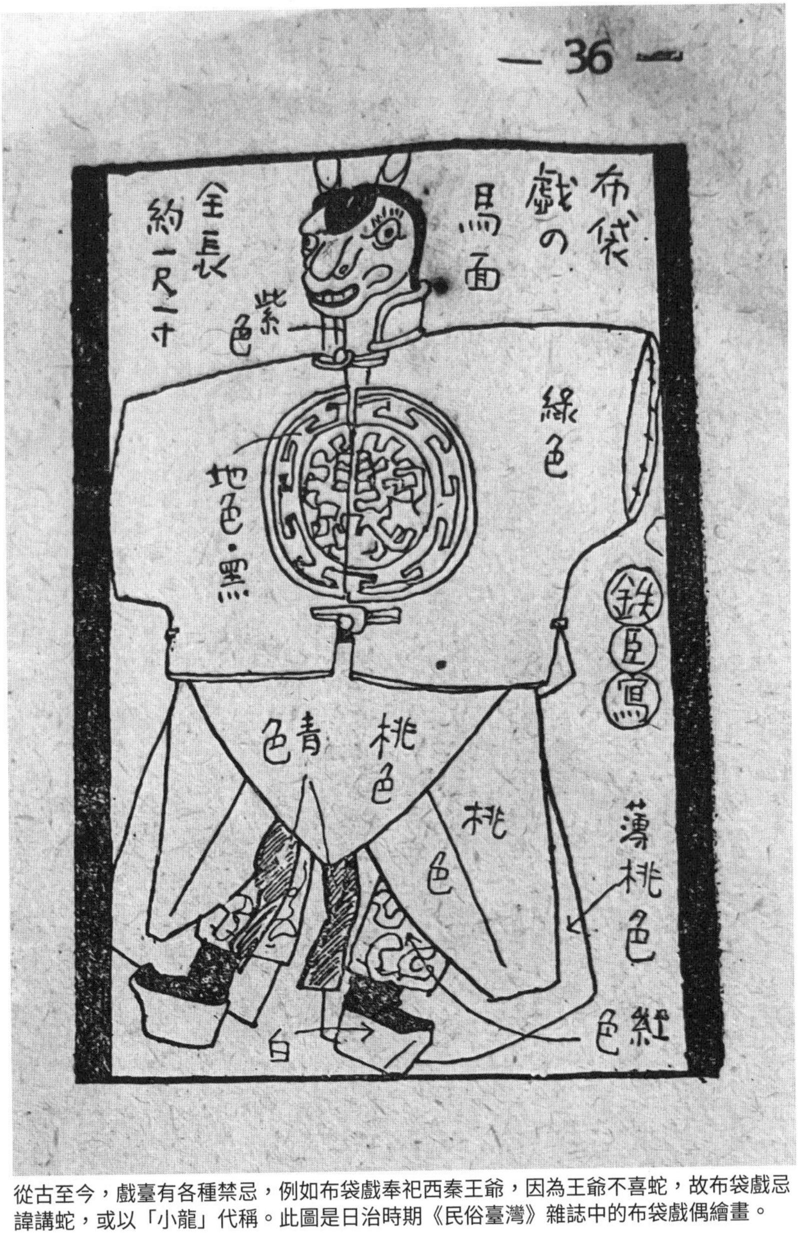

從古至今，戲臺有各種禁忌，例如布袋戲奉祀西秦王爺，因為王爺不喜蛇，故布袋戲忌諱講蛇，或以「小龍」代稱。此圖是日治時期《民俗臺灣》雜誌中的布袋戲偶繪畫。

奇聞五十二

臺北地下街：連接異空間的出口

我聽到不可思議的怪談……

臺北地下街，位於市民大道一段、鄭州路下方，可以連接臺北車站、捷運、高鐵……等等地點，是民眾經常利用的通道。除此之外，地下街也有餐廳、服飾店、模型店等商店，是十分知名的購物商場。

臺北地下街，共有二十八個出入口，都以英文字母「Y」當作編號開頭。不知道從何時開始，網路上開始傳說地下街存在著第二十九個出入口。據說曾經有一名學生誤闖這個出口，出口只有向下的樓梯，他往下走覺得怪異，回頭之後走到地面街道，發現是陌生的古代街道，他驚慌四望，看到某處有往下的通道，急忙進入之後，終於回到熟悉的臺北地下街。

怪談元素：交通

臺北地下街的出入口。

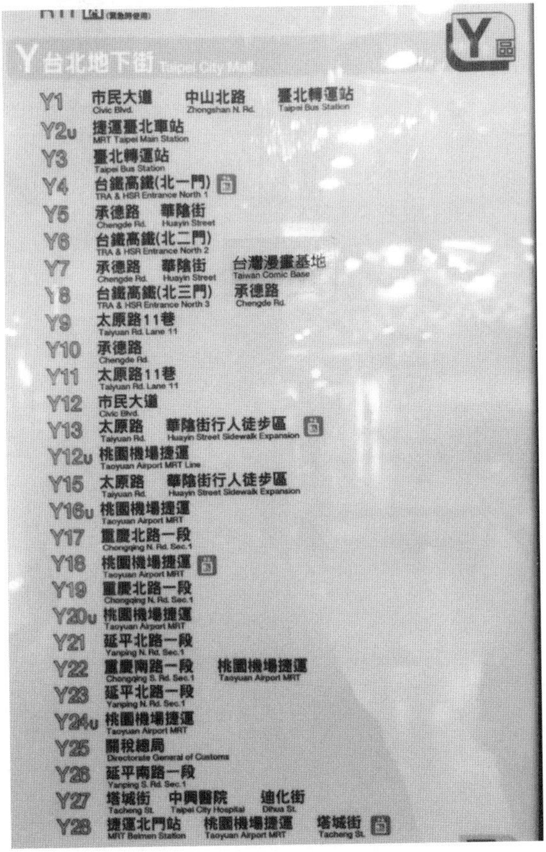

臺北地下街出入口說明告示。

奇聞五十三

兒歌謠言：怪異的童謠？

我聽到不可思議的怪談……

臺灣知名童謠〈妹妹背著洋娃娃〉，是臺灣人耳熟能詳的兒歌。這首作品的作詞人是周伯陽，蘇春濤譜曲，創作於一九四八年。兩人製作完歌曲之後，就投稿至呂泉生創辦的月刊《新選歌謠》，於是傳唱至今。

《中國時報》在一九九九年十二月二日的報導文章〈台灣囡仔歌，童年伴唱遊〉，引述作曲者蘇春濤的說法，他當初想為臺灣的兒童創作自己的歌謠，「咱的歌，咱自己寫」，於是就跟同學周伯陽合作。

另外，《中國時報》在二〇〇七年五月十四日的報導文章〈「妹妹背著洋娃娃」搞鬼？訛傳！〉，文章中提及周伯陽長子周仲煜回憶他父親說過希望創作臺灣小孩能傳唱的兒歌，並說明周伯陽作詞靈感來源：「某日於新竹新公園花園閑逛，花朵盛開，蝴蝶飛舞，正好有一名女孩揹著小妹妹在花園玩耍。」當時情景讓周伯陽心生靈感，於是寫下易懂易記的歌詞：「妹妹背著洋娃娃，走到花園來看花。娃娃哭了叫媽媽，樹上小鳥笑哈哈。」

雖然這首兒歌詼諧輕快，但是大約從二〇〇七年開始，有一些人對這首歌曲進行惡作劇，將歌詞改寫成異想天開的詭異詞句，並且添入靈異傳聞，導致人們開始謠傳此首兒歌是在描述某些恐怖情節。不過，這些恐怖情節都只是虛構的幻想，與這首兒歌的創作情境完全無關。

奇聞五十四

送肉粽：送煞儀式

我聽到不可思議的怪談……

彰化有一種奇特的送煞儀式，名為「送肉粽」。

如果某處發生上吊事件，人們認為某處可能有導致人們上吊的「煞」。因為上吊者很像是用繩子吊著的粽子，所以上吊俗稱「綁肉粽」。人們將煞氣送走的儀式，則稱為「送肉粽」。

送煞儀式中，必須將上吊用的繩索押送出境，或以其他繩索作為象徵物。送煞過程中，沿途屋宅要將門窗關閉，閒人勿在道路逗留，否則會被「煞」纏上。最後送煞隊伍抵達海岸或圳溝，再將吊繩燒掉，代表「煞」已離去。

近年來，送肉粽儀式曾被拍成網路影片，並且成為恐怖電影《粽邪》的故事主題，因而引發人們熱議。

奇聞五十五

動物園怪談：值夜室傳說

怪談元素：超自然

我聽到不可思議的怪談……

《中國時報》在一九九八年九月二日，有一篇新聞報導〈新竹動物園，鬼話連篇〉，描述新竹市立動物園的靈異怪談。

這篇文章敘述，動物園曾經傳出不少鬼怪故事。據說，動物園西南側的舊值夜室會鬧鬼，曾有獸醫值夜時睡覺被鬼壓床。

文章也舉例，有一名技工睡覺時，被三名中年男人叫醒，說要找另外一位值班技工，被叫醒的技工指引他們去裡面的房間，沒想到隔天那一位在裡面房間睡覺的技工竟渾然不知。大家懷疑那三名男子是鬼，於是趕緊去拜拜壓驚。

人們傳言，昔日有人在動物園附近上吊自殺，孤魂野鬼夜晚出遊發洩怨氣，才讓值夜員工無意間碰上。

奇聞五十六 毒飲料：下毒的千面人

我聽到不可思議的怪談……

二〇〇五年，臺灣發生「千面人事件」。數名民眾在便利超商購買提神飲料，飲用之後中毒，甚至有人因此喪命。經過檢驗，受害者都是氰化物中毒。數天之後，警方逮捕了犯人。經過調查，犯人為了勒索飲料廠商，所以在飲料內加入劇毒氫化物，並在飲料瓶身貼上「我有毒，請勿喝」的警告標示。下毒案件經過媒體大肆報導，人們認為犯人有意模仿「森永千面人事件」，社會人心惶惶。

雖然案件發生之後，犯人很快就被逮捕，但是這起事件也引發杯弓蛇影的情況。許多人喝下飲料之後，若身體微恙，就會擔憂飲料是否被下毒，傳言紛紛擾擾。民眾除了懼怕有人模仿下毒，人們也對市面販售的飲料產生疑慮，學校老師與家長都會提醒孩童注意飲料瓶身有沒有出現怪異的孔洞，一時造成社會極大恐慌。

奇聞五十七

榮民傳說：長者的結婚對象

怪談元素：特定族群

我聽到不可思議的怪談……

《聯合報》在二〇二〇年八月十五日的報導〈詐騙為何找上老人？〉，這篇文章提及榮民圈有一個都市傳說：「一位新移民在同一個眷村婚嫁多次，每一任先生都是她陪伴到終老後再嫁，她也因此為自己存了退休養老金。」文章作者說，這個都市傳說不可考，情節似乎也不算是詐騙，只是想藉由這個傳說故事當作引言，用來探討類似情節的真實詐騙案。

這個榮民圈都市傳說，難以辨認真假，目前搜索各種報刊文獻，無法找到類似的真實案例，不宜貿然下結論。事實上，這個都市傳說對於來到臺灣的新移民存在著偏見與歧視，甚至可能是一種惡意的誣陷。面對這個都市傳說，需要更多謹慎探討。

怪談元素：精怪

奇聞五十八
牛頭怪物：水裡坑的怪談

我聽到不可思議的怪談……

《民聲日報》在一九四八年四月二十八日的報導文章〈奇哉？水裡坑發現妖怪〉，描述水裡坑出現奇異的怪物。

這篇文章引述某位旅客之言，傳聞水裡坑當時出現妖怪。有一天，原住民村長家裡竟然出現一隻牛頭人身之怪物，村長向怪物開槍，結果沒有射中，怪物立即逃走。報導文章認為，無法確認此事是否真實，有待治安機關查明。

奇聞五十九
雞排祭品：奇妙的許願方式

怪談元素：超自然

我聽到不可思議的怪談……

最近幾年，臺灣人流行一種奇特的許願方式。人們會公開發言，宣稱如果自己夢想成真，或者預測某事失算，就會發送免費雞排。有些人相信「雞排祭品」的魔力，可以幫助願望順利達成。

根據二〇二一年四月十七日的新聞報導，當時有一位臺中洗車場老闆在網路社群平臺發出公告，只要臺中在某段時間內下雨，就會發送一百份免費雞排給民眾。那時候，因為臺灣缺水危機，許多水庫面臨無水可用的窘境，所以洗車場老闆才想發送雞排，藉此祈禱老天爺可以降雨。洗車場老闆也說，先前棒球國際賽，他曾經用雞排來許願，結果成功了兩次，所以他相信「雞排祭品」很靈驗。數日後，臺中果真降雨，雖然雨勢不大，但洗車場老闆依然很高興，於是就在當月二十六日晚間在臺中市東區發送一百份雞排。

除此之外，臺灣政治人物也經常利用「雞排祭品」來為自己的理念或支持的選舉候選人助威。

奇聞六十

陰陽眼：通靈之眼

我聽到不可思議的怪談……

人們認為，有些人天生可以看到不可思議的現象，例如目睹魂體或精靈。人們稱呼這種能通靈的眼睛為「陰陽眼」。

二〇二〇年，我訪問在臺中教書的林老師，她說自己擁有這種特殊的體質，有時候可以看到奇異的東西漂浮在眼前。例如有時候，她可以看到空氣中有髮絲垂下來。

有些人擁有陰陽眼是天生，不過有些人可能是生重病、發生意外事故之後，意外啟動體內潛能，導致眼睛能見到靈異現象。

不過，也有人認為，某些人並非真的擁有陰陽眼，而是因為精神分裂症等疾病，或者眼睛病變，導致眼前出現幻影。

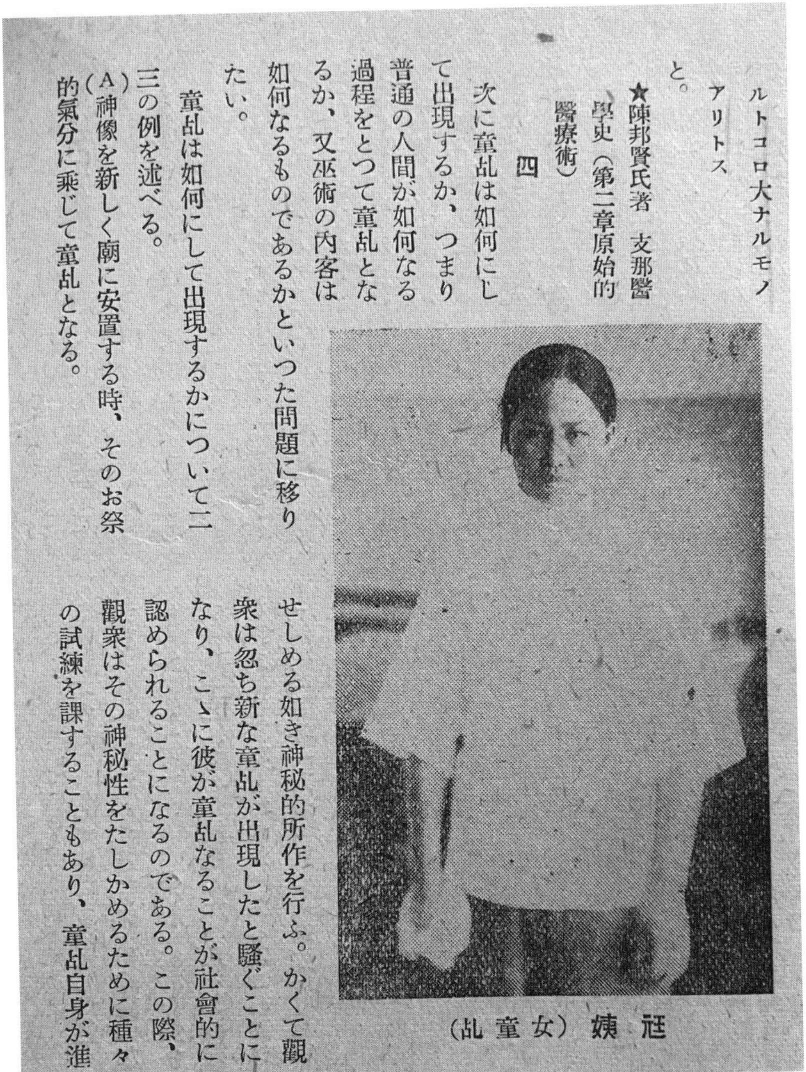

ルトコロ大ナルモノアリトス

と。

★陳邦賢氏著　支那醫學史（第二章原始的醫療術）

四

次に童乩は如何にして出現するか、つまり普通の人間が如何なる過程をとつて童乩となるか、又巫術の內容は如何なるものであるかといつた問題に移りたい。

童乩は如何にして出現するかについて二三の例を述べる。

（A）神像を新しく廟に安置する時、そのお祭的氣分に乘じて童乩となる。

尫姨　（女童乩）

せしめる如き神秘的所作を行ふ。かくて觀衆は忽ち新な童乩が出現したと騷ぐことになり、こゝに彼が童乩なることが社會的に認められることになるのである。この際、觀衆はその神秘性をたしかめるために種々の試練を課することもあり、童乩自身が進

據說乩童、尫姨具備陰陽眼能力，能夠溝通鬼神。此圖是日治時期《民俗臺灣》雜誌內頁。

奇聞六十一

遊地獄：宮廟附設陰間地府

我聽到不可思議的怪談……

許多都市傳說會提及陰間地府，例如靈異電梯、墓地可以連接地獄。若想要看一看陰間地府是何種模樣，其實可以前往某些宮廟附設的十殿地獄設施。

臺灣最知名的地獄鬼屋，是彰化八卦山南天宮與臺南麻豆代天府的地府設施。臺灣民間信仰，地獄有十殿十八層，人生在世若犯罪，死後會到地獄遭受刑罰。宮廟附設的地獄鬼屋，會以各種驚悚的模型道具，呈現地獄鬼卒、牛頭馬面如何處罰罪惡之人，勸導人們趕緊改過向善。

小時候，我就曾被長輩帶到彰化南天宮遊覽地獄，驚嚇印象久久難忘。

彰化南天宮十八地獄入口。

南天宮附設地獄的景觀。

臺南麻豆代天府的十八層地獄入口。

麻豆代天府附設地獄的景觀。

校園怪談

奇聞六十二

臺大怪談：醉月湖的女鬼

怪談元素：水鬼、女鬼、戀愛

我聽到不可思議的怪談……

國立臺灣大學（NTU）擁有很多不可思議的怪談，例如去數校園內「傳鐘」的二十一下鐘聲可能會讓人「二一」退學。至於臺大最知名的傳說，應該是醉月湖的女鬼故事。

醉月湖是臺大知名景點，風光明媚，向來是學生或民眾散步的好去處。但是，湖光水色瀲灩之中，其實流傳著怪異的故事。

據說，午夜時分，會有一名白衣女子出現於湖中央的亭子。但是，這座亭子並沒有橋樑連通，會何女子能夠出現亭子裡？後來，人們仔細觀察女子，發現對方身軀呈現半透明模糊形狀，這時才驚訝發現那是女鬼。

學生們謠傳，這名女鬼其實是一名悲戀而死的學姐。據說很久以前，曾有一名女學生和男子談戀愛，但雙方不和，男子想與女學生分手。女學生為了挽回感情，於是跟男子相約於醉月湖。當時，據說仍有小橋可以通往湖中亭子，女學生就在亭內等待男子前來。但是，男子遲遲未來，女子心知感情無望，萬念俱灰，於是投湖自殺。此後，校方為了防止憾事再度發生，便拆除湖上小橋，只留下湖中亭。不過，從此之後，那名女學生的鬼魂就一直徘徊於醉月湖。

學姐幽魂

事實上，醉月湖的亭子一開始建成，就沒有設計小橋連接湖岸。校方拆除小橋的說法，完全是訛傳。

另外，也有人說，如果晚上的時候經過湖畔，女學生的鬼魂會出現在路人的背後，輕聲詢問對方：「**請問現在幾點了？**」被問的時間，通常是十一點，據說就是當初女學生與男子約定見面的時間。如果被問的人回頭一看，就會發現後方空無一人。還有另一種說法，如果路人回答十一點，就會被女鬼帶去湖中涼亭，再也無法回來。也有人說，女鬼如果在湖畔遇到變心男子，將會嚴厲懲罰對方。

探查筆記

二〇〇六年，我到臺大讀書的時候，曾與同班同學一起漫遊校園。當時，我們來到了醉月湖，同學就跟我說起湖畔女鬼的故事。我對於湖中有亭無橋的狀況很好奇，同學便說，他聽說因為發生了女學生投湖事件，校方為了避免此事再度發生，於是拆除了連接亭子的小橋。

我們談論醉月湖女鬼故事的時候，其實心態都是半信半疑，很懷疑這個故事只是好事者杜撰出來的怪談。但是，湖中有亭子卻無橋的詭異情況，卻增加了這個故事的可信度，讓人無法完全肯定這是虛構之事。

我每次走在校園中，路過醉月湖，總會想起不可思議的女鬼傳說。並且因為這個傳說的關係，我也盡量半夜不要靠近醉月湖。

醉月湖中央的孤亭。

醉月湖一隅。

我從臺大畢業離開之後，我以為應該不會再聽到醉月湖女鬼傳說。但是，我卻經常在報紙、雜誌、網路論壇、電視節目之中看到有人講述這個故事。每當說起臺灣校園鬼故事之時，臺大醉月湖女鬼是人們常提起的怪談之一。甚至到了二〇二〇年，我到嘉義中正大學擔任駐校作家，課堂學生也跟我講了醉月湖的女鬼故事。可見這個校園怪談，早已跨越臺大範圍，成為社會大眾熟悉的一則當代傳說。

醉月湖的歷史

醉月湖，雖然流傳恐怖的女鬼故事，但是我在臺大讀書的時候，很多人仍然會挑選這個地方作為男女約會的地點。畢竟此處風景秀麗，波光瀲灩，是很不錯的散步場所。或許詭異的怪談，也可以替情話增添一些刺激的風味，更可以藉此告誡對方不能移情別戀。

至於「醉月湖」這個浪漫的名稱，根據蘇元良發表於《臺大校友雙月刊》第六十三期的文章〈臺大醉月湖名考〉，此名其實是他與好友鄭梓共同命名決定。

此湖原本是臺大動物系實驗用的小水塘，經過學校整理之後，才成為現今規模。在一九七三年，校方同意畢聯會在此湖舉辦畢業生划船比賽，身為畢聯會主席的蘇元良，某夜與室友鄭梓討論該如何稱呼這座「過去雜草叢生的水塘，如今金波蕩漾的湖」，鄭梓脫口而出「醉月湖」三字，獲得了蘇元良的同意。從此之後，「醉月湖」之名就流傳到現在。

為何當時鄭梓與蘇元良認為此名合適？在一九七〇年代，臺灣政治風風雨雨，情治單位經常干預學生活動，校園充滿肅殺之氣。蘇元良回憶：「鄭梓和我在宿舍內自書一聯曰，『天天跳舞，夜夜笙歌』，其實我們也不跳舞也不唱歌，只是表達低落到谷底的心情，心裡仍懷有五四人物的浪漫情懷；就在這種氛圍之下，醉月湖三個字剛好扣上那根略帶頹廢浪漫的心弦。」

對於當時即將畢業的臺大學生來說，前途茫茫未可知，於是「醉月湖」這個名稱便成為一種療傷止痛的慰藉。

現今，時過境遷，當時畢聯會主席與好友深埋於名稱中的念想，早已不被人知悉，反而是湖水女鬼故事越傳越廣泛。

醉月湖女鬼傳說，究竟從何時開始流傳，如今難以考究。但是，關於傳說中「校方拆除小橋」的情節，卻是有跡可循。

對於很多人來說，沒有橋通往湖中央的亭子，這是一件很奇怪的事情。我第一次來到醉月湖，也是對這件事情很好奇，並且認為這是女鬼傳說中比較可信的情節。

但是，深入研究醉月湖歷史的過程中，我驚訝發現，原來醉月湖本來就沒有小橋可以通往湖中央的亭子。根據校史館收藏的一九七三年畢業紀念冊，當時整修好的醉月湖，就只有一座孤亭矗立於湖中央，並無任何橋可以通往這座亭子。當時的規劃，應該是要藉由小船划過去，才可以抵達這座湖中亭。

由此可知，醉月湖女鬼傳說中，校方為了防止意外發生而拆除小橋，這段情節是子虛烏有。很有可能的情況是，學生看到無橋通往孤亭，於是穿鑿附會，猜測原本的橋是被校方拆除，並且以訛傳訛，傳言校方是為了遏止自殺事件再度發生而拆橋。

醉月湖的意外事件

醉月湖本來就沒有橋，女鬼傳說中校方拆橋的情節應屬虛言，但是並無法因為這樣就判斷醉月湖不曾發生死亡事件。

雖然，目前很難調查到是否曾經有女學生被男友拋棄而決定投湖自殺，但是搜尋老報紙之後，我發現醉月湖竟然經常發生意外事故。以下，簡略列出昔日醉月湖曾發生過的意外事件：

1. 一九八三年五月三十一日，《中國時報》，〈酒後去戲水，溺斃醉月湖〉：一名就讀東吳大學的土耳其籍學生艾饒力，住在臺大後門的國際青年活動中心，和同學喝酒後，前往醉月湖游泳，結果不幸溺斃。

2. 二〇〇三年六月五日，《聯合報》，〈端午學屈原，投醉月湖自殺〉：患有重度精神疾病的蔣姓男子，跟家人說要「效法屈原、投江自盡」，結果浮屍臺大醉月湖。

3. 二〇〇六年十月十日，《聯合報》，〈她，約三十多歲，無證件……臺大醉月湖，撈起無名女屍〉：醉月湖出現一具女浮屍，打撈上岸後，並未在她身上尋獲任何證件，經法醫初步相驗後，研判為生前落水。

4. 二〇〇八年六月三日，《中國時報》，〈老嫗久病厭世，跳湖身亡〉：蔡姓老婦長年為糖尿病及心臟病所苦，被人發現浮屍於醉月湖，警方研判可能是久病跳湖尋死。

5. 二〇一四年十一月一日，《中國時報》，〈生日游醉月湖，臺大生溺水命危〉：臺大三年級學生，生日晚間與同學在醉月湖游泳，卻因抽筋溺水，被救起後，一度失去呼吸心跳，必須裝上葉克膜搶救。

6. 二〇一八年十月二十八日，《蘋果日報》，〈「幫我樹葬」翁陳屍臺大醉月湖〉：七旬老翁留下遺書，離家出走，後來浮屍於醉月湖。

藉由這些新聞報導，可以得知臺大醉月湖其實很常發生溺斃意外，也有人會投湖尋死。雖然，醉月湖女鬼故事，很難辨別真假，但是也許能夠推測，女鬼傳說之所以盛行，很有可能是因為此湖確實發生過許多死亡意外。

此湖發生死亡事件，可能是意外溺斃，或者投湖尋短。因此，人們繪聲繪影，逐漸認為湖中可能有鬼魅。此外，因為醉月湖經常是學生情侶相約聚會的地方，於是人們慢慢創造出女學生因愛絕望、投湖成鬼的奇妙故事。這種推論，也許可以是醉月湖女鬼誕生過程的其中一種推測。

奇聞六十三

宮燈姐姐：燈下的學姐幽魂

怪談元素：女鬼、戀愛

我聽到不可思議的怪談……

位於新北市淡水區的淡江大學，歷史悠久，前身是創建於一九五〇年的淡江英語專科學校，後來改制為文理學院，到了一九八〇年正名為淡江大學。

歷年來，淡江大學的學生謠傳校內諸多怪談，例如某些大樓或宿舍會有靈異現象，最知名的故事則是「宮燈姐姐」，據說這是一名徘徊於宮燈大道的學姐幽魂。

探查筆記

一九五四年，淡江英語專科學校在校內興建校舍，教室仿照中國宮殿樣式建築。有一條大道連接碧瓦紅牆的宮殿樣式校舍，是學生上課往來的主要空間，大道設有宮燈，所以這條道路被稱為「宮燈大道」，而古色古香的校舍則被稱為「宮燈教室」。

現今，宮燈大道是淡江大學知名景點，而校內怪談之一的「宮燈姐姐」則是一名徘徊於宮燈大道的學姐幽魂。宮燈姐姐的傳說，在淡江大學刊物《淡江時報》第五七九期有所記載。

學生們謠傳，宮燈姐姐生前愛上了一位男子，但兩人戀情被家人反對，於是兩人決定私奔。兩人相約在宮燈大道第三支宮燈下見面，但當晚過了午夜十二點，男子遲遲沒有赴約。傷心欲絕的女子，內心哀傷，於是輕生於宮燈下。

從此之後，只要過了午夜十二點，路過此地的男生都會聽到背後傳來詭異的問話聲：「請問現在幾點了？」但是一回頭，卻空無一人。據說有人聽到問話聲之後，竟然在燈柱下昏睡一整晚。

除此之外，還有另一種版本的說法。據說宮燈姐姐會在宮燈旁邊向路人招手，如果向前跟她搭話，就會招來厄運。

關於宮燈姐姐的輕生方式，有數種說法。有人說是上吊，也有人說是撞燈柱而亡。

另外也有傳說，宮燈姐姐會化身為黑羽鳥，只要負心漢走過宮燈大道，她就會飛下來啄擊對方。

宮燈大道。

奇聞六十四

女鬼橋：東海大學的學姐幽魂

怪談元素：水鬼、女鬼、戀愛

我聽到不可思議的怪談……

臺中的東海大學，有一個非常知名的校園傳說「女鬼橋」。

據說以前曾經有一對學生情侶，戀情不得家長祝福，於是雙方約定半夜十二點在男生宿舍旁的小橋相會並私奔。但是男生遲遲沒有赴約，女子悲傷不已，於是跳落橋下而死。從此之後，此橋經常發生靈異現象，人們常見到長髮披肩的學姐幽靈出沒於橋畔。

探查筆記

二〇二〇年，奚岳隆導演的驚悚片《女鬼橋》，十分有話題，受到臺灣觀眾熱烈歡迎。此部電影，其實取材自臺中東海大學的女鬼橋怪談。

傳說中，東海大學的女學生因為等不到情人前來，於是跳橋落水死亡，另一種說法則說女學生在橋邊樹木上吊自殺。女子死亡之後，化為怨靈，經常出沒於橋畔，如果有男生在半夜（或晚上十二點）走過這座橋，女鬼就會拍著路人肩膀，詢問現在幾點了？

臺中東海大學門口。

通往新女鬼橋的階梯。學生謠傳橋邊的路燈會在晚上時候變成綠色。

一九九五年出版的東海大學創校四十週年特刊《東海風》，書中有一篇文章〈東海傳奇〉，文中以詩句「風吹雨襲樹影搖，夜黑人冷斷魂橋」描述此橋怪談。這篇文章提及，此橋兩旁種滿羊蹄角與相思樹，每當入夜時，就會有長髮披肩的女孩在林間徘徊嘆氣，甚至坐在橋邊哭泣。如果上前關心，女孩子一抬頭，赫然一張女鬼臉龐，嚇得人們尖叫逃跑。這篇文章也說，如果男子獨行此橋，女鬼會以美麗女子姿態現身，向路過男子問時間，若男子說出真正時刻，就會斷魂此橋。因此，這篇文章建議人們要隨便說一個時間，才能逃離劫難。

〈東海傳奇〉這篇文章，其實摘錄自一九八三年的《東海雙週刊》。由此可知，女鬼橋的傳說，在一九八〇年代應該就廣泛流傳。

女鬼橋，位於男生宿舍十一棟、十七棟前方，可以抵達昔日河溝南岸的語文館和視聽大樓。不過如今走訪東海大學，已經找不到原始的女鬼橋。

河溝南側的人文大樓，二〇〇二年開工，二〇〇四年落成啟用，施工過程中，就將河溝上的女鬼橋拆除。雖然女鬼橋被毀，但是原址附近，又興建了一座小石橋。因為新橋位置靠近女鬼橋原址，於是東海學生也將這座新橋喚為女鬼橋。

新女鬼橋。

新女鬼橋近景。

怪談元素：超自然

奇聞六十五

東海怪談：教堂旁的無名塚

我聽到不可思議的怪談……

東海大學的路思義教堂是校園知名景點，也是觀光客走訪東海時的必遊地點。教堂周圍的草地，有一些高起的小土丘。學生傳言，這些土丘是無名塚，曩昔建教堂時，工人向墓塚祭拜，才能順利完成工程。

探查筆記

臺中大肚山上的東海大學，是我從小就經常走訪的校園。校內綠意盎然，十分適合悠閒散步。尤其校內的路思義教堂，造型獨特典雅，美麗非凡，很吸引目光。

路思義教堂周圍景緻優美，一旁寬闊的草地讓人心曠神怡。儘管如此，我也很早就知道，這片草地流傳著怪異的傳說。人們說，這片草地，其實某些地方是以前的墓地，所以不可以在草坪上做出不好的行為，以免驚擾地下靈魂。

一九八三年五月的《東海雙週刊》，有一篇文章描述了這個東海傳奇，文章簡述如下：

「據說路思義教堂周圍的草坪上，有一些高起的小土丘，土丘種著相思樹。其實這些土丘，是昔日的無名塚。有人說，這是日治時期的墳場，不可隨意驚擾。若有工人想要移除墓地，就會生病或遭遇怪事。不過也有人說，那邊本無墓地，卻因為墳場說法盛傳，導致孤魂野鬼停留於這座草坪。也有人說，此地原本有一對相愛的夫婦，意外被日本人害死，於是合葬此處。

路思義教堂要建造時，據說工人一直無法建好地基，結果工人祭拜一番，終於能順利完成工程。

後來路思義教堂周圍草地，成為學生休憩之地。不過曾經有一位男孩誤躺塚丘，結果隔兩天就生病，於是就燒冥紙、掛護身符辟邪。」

究竟教堂附近草地，昔日是不是墓地？我調查日治時期古地圖，無法在地圖上找到當地有墳場的紀錄，但也可能是曩昔紀錄有缺失。

東海教堂草地上的墳地怪談，雖然繪聲繪影、不知真假，但也無礙人們踏足此地悠閒談笑的心情。

東海校園內的路思義教堂。

奇聞六十六

白宮怪談：東海大學宿舍鬼話

我聽到不可思議的怪談……

位於臺中大肚山的東海大學，除了知名的女鬼橋傳說，還有白宮怪談。

東海大學有許多男生宿舍，其中十一棟男宿因為外觀純白，故有「白宮」之名。

白宮男宿因為年代久遠，外觀老舊，所以開始流傳靈異故事。例如，有人說白宮有「鬼僑生」四處遊走，也有人說半夜會有人頭在走廊、浴室之間漂浮徘徊。

怪談元素：女鬼、男鬼

探查筆記

東海大學有許多棟男生宿舍，其中第十一棟男宿，是建築師漢寶德建造於一九七〇年代，因為外觀純白，所以學生們都會稱之為「白宮」。

因為十一棟男宿歷經長久時間，外觀逐漸破舊，靈異傳說開始不脛而走。其中一個鬼故事說到，昔日十一棟內有學長在浴室洗澡，突然看到門外有一顆人頭晃過去，他本來以為只是身材高大的人路過，但他又感覺很詭異，於是趕緊穿了衣服開門，探頭一看，門外竟然空無一人，不知

東海大學舊宿舍十一棟。

白宮廁所。

道剛才看到的影子究竟是人是鬼，抑或是漂浮的人頭？

除此之外，也有人謠傳白宮曾有一名來自中南半島的僑生因為與女友分手而割腕自殺，因此陰魂徘徊房舍之間，夜晚的時候會莫名其妙聽到吵雜人聲、哭泣聲，或者會有白色鬼影四處飄浮。但是僑生自殺的說法尚未被證實，實際上曾有學生自殺的地方是其他棟男宿。

除此之外，另外也有謠言說新生住進白宮之後，睡了一晚隔天起來，頭腳方向竟然會完全相反，不知道是不是鬼怪進行惡作劇？

白宮鬼話，還有一個比較古老的故事。據說如果半夜去看白宮浴室裡的鏡子，就會看到一名女子的身影。有時候女子全身是血，看起來極為恐怖，也有人說那名女子就是先前在女鬼橋跳橋自殺的學姐。

鏡子無緣無故出現的鬼影，讓學生人心惶惶，甚至有時候還會看到鏡子表面冒出一條條鮮紅色的血痕。據說有一名學校教官，斥責學生胡言亂語，於是在白宮宿舍待了一晚，想要驗證鏡子故事是無稽之談。但是很奇怪，大家發現教官在那一個晚上竟然將浴室的鏡子砸壞了，教官始終不肯說明當晚究竟發生什麼事情。

白宮荒廢之後，廊道牆面被人們塗寫文字。

十一棟後方。

怪談元素：超自然

奇聞六十七
靈異宿舍：大學生的住宿怪談

我聽到不可思議的怪談……

臺灣各大學經常有許多靈異怪談，怪異故事的發生地點有時候是宿舍。例如，學生會在宿舍中看到鬼魂，或者宿舍中會發生難以解釋的怪異現象。

大學生如果遇到這類事件，或者聽聞相關傳言，除了會告訴親朋好友，有時候也會將靈異故事發表於網路論壇。相較於小學、中學的學園怪談，大學校園怪談通常會很知名，不只是在校內流傳，也會藉由網路等媒體的強大力量傳播出去。

探查筆記

人們天性喜歡說怪談、聽鬼故事，尤其是充滿好奇心的學生對於靈異話題更是樂此不疲，所以學校怪談一向是都市傳說的熱門主題。

我就讀於臺灣大學外文系時，曾聽過同學們討論校內的靈異故事。例如，據說某一棟大樓有「陰氣」，因為曾有學生無法負荷學業壓力，於是從頂樓一躍而下，死後陰靈不散。諸如此類的學校怪談，每間學校可說是多不勝數。

在五花八門的大學校園怪談之中，「學姐女鬼」的故事通常最知名，另一種知名的怪談則是「靈異宿舍」的故事。學生們經常傳言，校內宿舍會有靈異事件發生，有人會在宿舍內看到鬼魂，或者宿舍房間會出現難以解釋的詭異現象。

例如，我在新竹清華大學就讀臺灣文學研究所，曾經聽聞臺文所的學姐講述許多有關宿舍的怪談。例如，清大有一棟名為「清齋」的宿舍，聽說有一間不能使用的空房間，棄而不用的理由是這間房間曾發生過靈異事件。

據說，清齋的這間房間曾住著四位學生，某個晚上，房內只有一個學生，到了半夜，另外三名室友返回宿舍房間，並且四人一起打牌。大家玩牌累了，於是各自就寢。可是隔天，那三名半夜才回房間的室友，竟然憑空消失。剩下的那名學生，百思不得其解，結果看到電視新聞報導，他的三名室友早就因為山難，死於奇萊山上。之後，那間房間經常出現各種靈異現象，校方不得已才封閉房間。

這件靈異故事在清大流傳已久，而且在許多網路論壇都有相關怪談文章。根據初步調查，目前可以找到早期的怪談紀錄是「BBS」電子布告欄在一九九四年的一篇文章〈故事：山魂〉，作者署名「Kenny」。這篇文章，與我聽聞的故事有些差異。例如，這篇文章說，三名室友半夜回到宿舍之後，三人開始一起玩牌，原本就在房間中的那位學生則是在睡覺，他雖然曾被那三人邀請打牌但回絕。另外，這篇文章也未說明這棟宿舍的名稱。作者「Kenny」在文章末尾寫到，這個故事是他大一時候，學長跟他說的故事，在清大流傳已久。

一九九八年，「批踢踢實業坊」網路論壇有一篇文章引用了清華學生刊物《清華雙週刊》的報導〈黑色奇萊〉，文章中描述的故事，與學姐告訴我的故事一模一樣，並且明確指出這是發生在清齋的故事。

關於清大學生遭遇山難的事情，應有事情根據，因為早年確實曾有清大學生喪命奇萊。

在一九七一年七月，六名清大學生與一名臺大學生組隊攀登奇萊連峰，卻因為颱風突然襲來，山中風雨強盛，導致五名隊員死亡，只有一名清華女學生與臺大男學生存活。不過，清大宿舍怪談故事中的三人鬼魂，可能不是一九七一年的山難罹難者。

在一九八〇年，也有清大學生攀登奇萊喪命。當年二月，清大核工系大四學生廖學輝、許榮通、魏國良攀登奇萊，不幸遭遇暴風雪，一行人魂斷山中。

根據《聯合報》在二〇一四年四月二十八日的新聞報導〈三室友魂斷奇萊，清大所長追憶三十四年前，廖學輝、許榮通、魏國良登奇萊，行前「約好誰也不救誰」，但發現時屍體在一起「守護彼此」〉，這篇文章引述清大核工所所長梁正宏的說法，梁所長說他與三名罹難學生是室友。當時，三名室友出發登山的前一天，許榮通跟梁正宏說：「我們約定好，誰摔落斷崖都不救。」梁回說：「怎麼可能不救？」不久之後，三人罹難山中。有人藉由遺體位置判斷當時情況，可能是廖學輝在暗夜意外墜落雪坡，另外兩名隊員只帶睡袋等簡易裝備就追上去，結果在斷崖下發現廖遺體。後來，許、魏兩人在附近大樹躲藏，卻因寒夜冷風刺骨，不幸被凍死。梁所長回憶此事，感嘆三人友情如此深厚。

一九八〇年的山難事件，與清齋怪談有著很類似的元素（罹難三人是室友），可以猜測清齋怪談的原型也許就是這個事件的穿鑿附會。至於當初梁所長與三位室友是否同住於清齋宿舍，目前則無法確認。

臺灣各大學校園流傳的宿舍怪談，可以說是形形色色，千奇百怪，各有各的特色，難以一語道盡。我再舉例苗栗育達大學的宿舍靈異故事，以下是我採訪一位臺中人A女士的訪談內容：

＊＊＊

講述者：A女士（三十多歲，無特定宗教信仰）

訪談時間：二〇二〇年十二月二十日

訪談地點：臺中高鐵站餐廳

記錄者：何敬堯

在二〇〇七年，我進入育達技術學院，現在這間大學改名為育達科技大學。大一的時候，我曾經在校內宿舍遇到靈異現象。當時，我去拜訪同樓層的好友房間，我們坐在同一張椅子，她坐右半邊，我坐左半邊，一起用電腦看網路拍賣商品。那個時間是早晨的時候，陽光也有從窗戶照進房間，應該不會發生什麼怪事才對。

但是，我們逛網拍逛到一半，突然我的左方傳來一聲「呃……」的怪聲。當下只有我與朋友兩人，我覺得很奇怪，我與好友互看一眼之後，仍然勉強鎮定，繼續看著電腦螢幕，討論商品頁面中的衣服是否好看。

過了不久，換成右邊傳來「呃……呃……」兩個連續怪聲。因為聲音太清楚了，我們又互看一眼，假裝沒事地說：「要不要出去吃東西？」出門之後，我們才敢討論此事，確認彼此都有聽見這個怪聲。朋友說，先前在宿舍房間內，就覺得怪怪的，而且也聽過類似的怪聲，我當時以為是亂講，直到自己親耳聽見，才知道此事為真。之後過了一陣子，聽朋友說，她仍然會在宿舍中聽到這種怪聲，但她已經習以為常，不以為意。

聽到怪聲的同年，我住的宿舍房間的樓下，正下方的房間，某夜還發生一件非常詭異的怪事。住那間房的一個女學生，是我的朋友，所以我才知道這件事情。要講這件事之前，要解說一下宿舍房間的格局。房間是六人一間，每個人的空間中，下方是桌椅、衣櫥，然後上方是床鋪，必須要爬鐵梯上去。在床鋪上，學生都會放置床墊。

據說某夜凌晨一點的時候，六名學生都已經躺在各自床上，即將入睡。但是冷不防，六人同時之間似乎能「感覺」某個東西闖進了房內。接著，靠近門口右方的位置，傳來「噠、噠……」

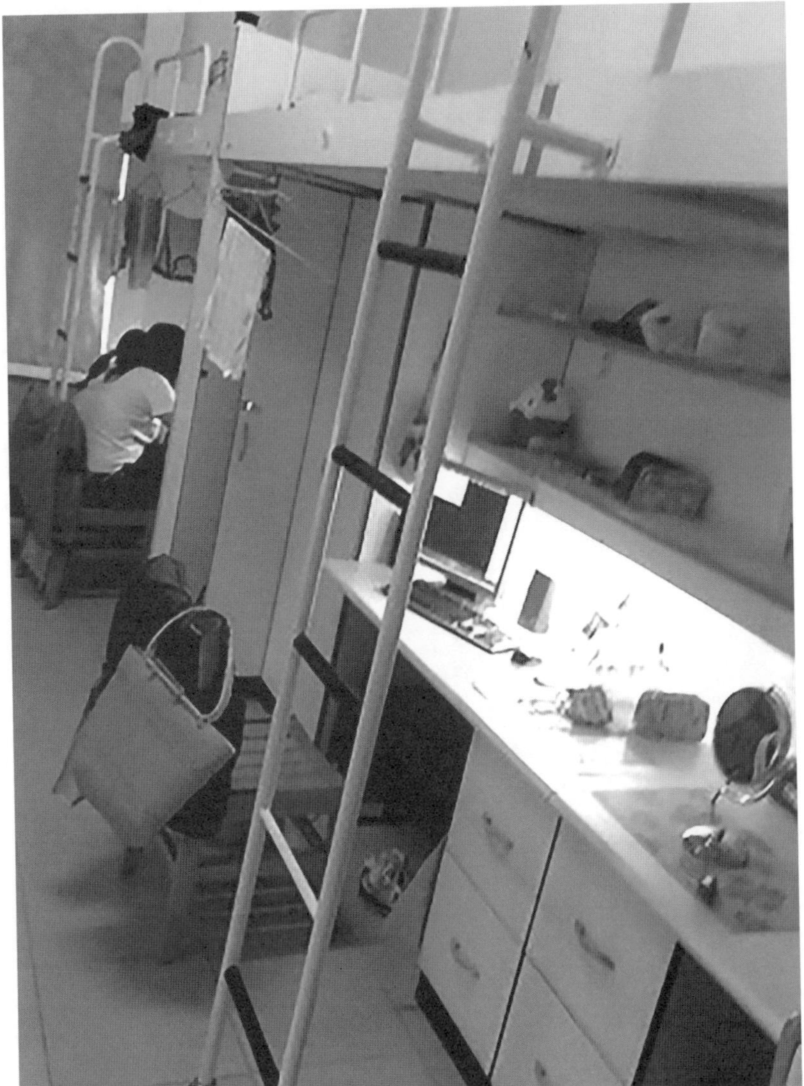

育達學校宿舍房間的照片（感謝 A 女士提供照片）。

的聲音。睡在最靠近門口右方的學生，發覺似乎是某種「東西」踏著鐵梯，正爬上床鋪。那名學生嚇到不敢動作，只能躲在棉被中。不久之後，她發覺床墊的邊緣，似乎有「東西」在踩踏，靜靜走了過去。就算之後，那個「東西」已經走遠，她仍舊不敢起身。隔天起床，她與室友討論，才發現六個人同時都遇到了這個情況。原來，當時那個「東西」還繼續走到第二個人、第三個人……的床鋪，逆時針繞了房間一圈，才從房門離開。那個「東西」走在床鋪上的時候，大家都能感覺到床墊邊緣突然有凹下去的感覺，彷彿那個「東西」正在踩踏床榻。發生這個事情之後，六人立即跑去廟宇拜拜求平安。

到了大三的時候，我不住在校內宿舍，而是去住校外的租屋處，當時也發生了一件恐怖的經歷。

我入住租屋處的第一晚，晚上大約十二點的時候，我雖然入睡了，但感覺似乎醒著，並且看到一個很可怕的惡鬼從房門走進來。惡鬼體型龐大，面貌凶狠，我嚇到無法動彈，呼吸急促，可以很明顯感覺到對方不懷好意。我趕緊默誦「阿彌陀佛」，但是沒有用，我只好罵三字經，但是仍然沒有用。這時，我想到《魔法阿嬤》影片中，男孩最後使用阿嬤教的方法，全身集氣，然後「哈！」的一聲擊退惡靈。於是，我就使用這種方法，果然有效。惡鬼跑走了，我也同時醒來，全身冒冷汗。隔天，我不敢繼續住，先去朋友家住一晚，然後再去拜拜，後來才回去住，並且在房間的門口、窗戶、枕頭下放置平安符。之後，就沒有發生過怪異的事情。

＊＊＊

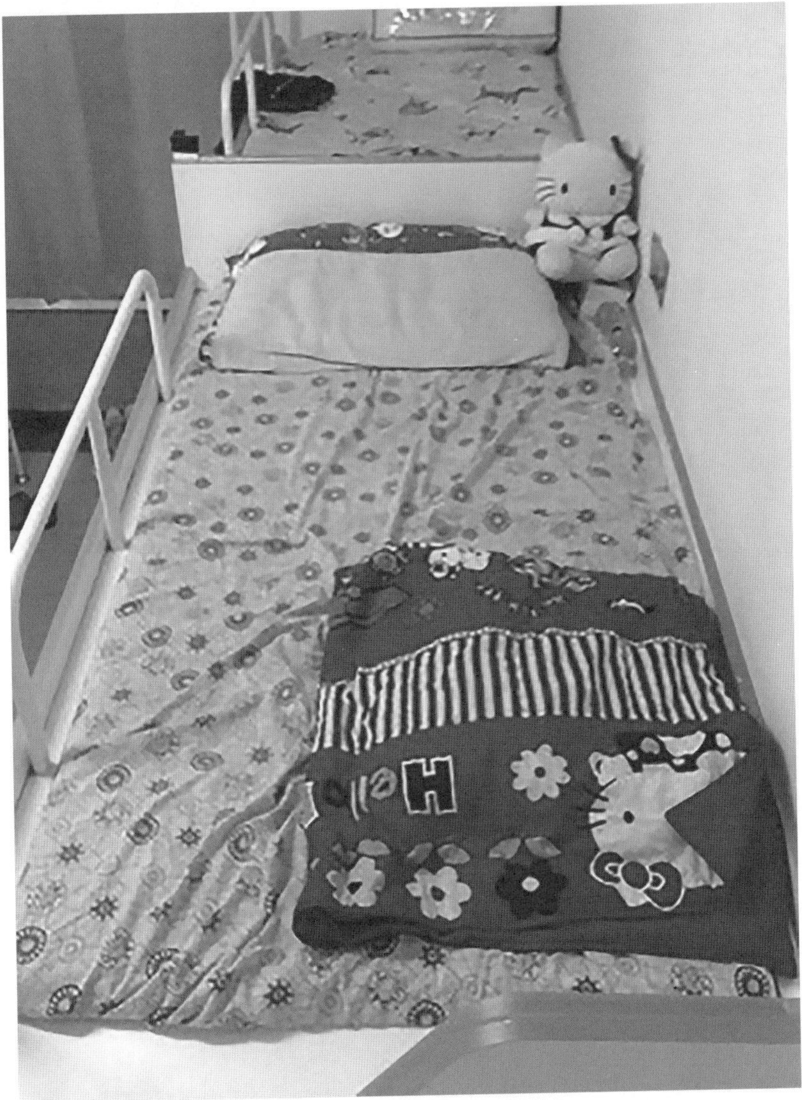

育達學校宿舍房間內的上方床鋪照片（感謝 A 女士提供照片）。

奇聞六十八
清大怪談：兒童樂園的玩鬧聲

我聽到不可思議的怪談……

新竹清華大學校園內，位於山坡地的人文社會學院，流傳著「兒童樂園」的靈異怪談。

據說，晚上在人社院讀書的學生，會聽到窗外傳來小孩子玩耍嬉戲的聲音。但是，當時是三更半夜，不可能會有孩童在大樓外玩耍。更何況，院外的那個地方，雜草叢生，荒涼無比，白天的時候也不會有人過去那邊。

學生們竊竊私語，認為人社院以前是墓場，埋了許多小孩子的屍骨。這些孩童亡魂會在晚上的時候出來遊玩，並且發出吵鬧的聲音。

後來，校方在院外荒地放置一些遊樂設施，例如溜滑梯、單槓。眾人謠傳，校方是為了安撫那些孩童亡靈，才會設置遊樂設施。從此之後，清大學生都將那個地方稱呼為「兒童樂園」。

探查筆記

我就讀新竹清華大學時，入學第一天就聽到了「兒童樂園」的傳說。

清華大學人社院的走廊。學生傳言，人社院的建築很彎曲，看起就像龍。人社院有一座鐘塔，就是「龍頭」。之所以有這種構造，是因為當初建造的時候，想要藉由龍氣鎮壓此處墓地的「邪氣」。

在清大，我讀的系所是臺灣文學研究所，位於後山的人社院。二〇〇九年，我剛入學時是大熱天，一走進人社院，卻感覺院內「清涼無比」。帶領我逛校園的學長、學姐說，這是因為人社院「很陰」，並且還說人社院旁邊有「兒童樂園」。

據說，晚上在人社院讀書的時候，有時候會聽到大樓外面傳來小孩子嬉鬧的聲音，而且這些孩童還會說：「陪我玩……」

學生們認為，人社院的位置以前是墳場，所以有些孩童靈魂還留在此地。據說為了安撫這些亡故的小孩子，校方在人社院旁邊設置翹翹板、溜滑梯、單槓……等等遊樂設施，希望這些孩童靈魂不要打擾別人。此後，人社院的學生都將此地稱為「兒童樂園」。

我進入清大的時候，人社院大樓旁的這些遊樂設施已經被移除，並且改為蝴蝶復育區，稱為「蝴蝶園」。儘管樂園設施已消失，但人社院的學生還是會私下講述「兒童樂園」的傳說。

公視基金會設立的「PeoPo 公民新聞平臺」網站，「政大新聞報」在二〇〇七年十一月二十日發表了一篇文章〈【校園傳說專題】清大遊樂園，兒童不宜〉，曾經探討人社院「兒童樂園」的故事。

根據洪姓記者調查，當時此地已經改建為「蝴蝶園」。校方說，興建人社院時，確實挖出許多墓碑、骨頭、文物，不過此事與人社院旁設立遊樂設施，並無關聯。當初校方設置這些器材是想要建立一座親子同樂的場所，不過因為動線規畫不佳，使用率很少，此地逐漸荒廢，甚至衍生出靈異怪談。文章之中也提及經濟系學生蔡宜君的說法，據說曾有一位同學不信邪，晚上去玩「兒童樂園」的單槓，回來之後覺得肩膀沉重，求神問卜才得知有一位「小朋友」坐在他的肩膀上。

清大後山曾是墓地，此事為真，甚至也有清國嘉慶、道光年間的古墳。校方曾請學者研究從墓地挖出來的墓碑與陪葬品，並且將這些文物收藏於校內。清大校園曾為墳場的傳說屬實，所以學生本來就對於校園後山存在著靈異幻想，再加上校方又在罕有人至的人社院旁邊山坡地設置遊樂設施，才逐漸演變出「兒童樂園」的靈異怪談。

清華大學人社院旁邊，昔日是「兒童樂園」，但現在遊樂設施已經拆除，改為「蝴蝶園」。

奇聞六十九 考試禁忌：如何考運亨通？

我聽到不可思議的怪談……

祈求考運亨通，臺灣學生有許多方法。最普遍的方式，就是去祭拜文昌帝君，祈求神靈讓考試可以順利，保佑金榜題名。

除此之外，臺灣民間也流傳諸多禁忌，據說只要在考試之前做了某些事情，很容易讓考試成績下滑，導致名落孫山。例如，人們謠傳考前不要吃牛肉，因為牛是文昌帝君的坐騎，吃牛容易冒犯神靈。但是事實上，文昌帝君的坐騎非牛，此說法以訛傳訛。

探查筆記

文昌帝君信仰，源自於星辰崇拜，「文昌」就是指文昌星。不過之後信仰演變，融合了梓潼神的崇拜，最後形成文昌帝君信仰。人們咸信文昌帝君神靈專門掌管文運、考運、官運，所以士人學子皆誠心敬奉。

臺中南屯文昌公廟，主祀神五文昌帝君。供桌有箱子，信眾可以投入准考證影本，祈求神靈保佑。

根據徐婉翊論文《臺南市文昌帝君信仰之研究》，臺灣的文昌帝君信仰歷史悠久。在清國時期，官員與仕紳為了振興文教發展，所以會崇祀文昌帝君，當時府城有許多文教設施內都有文昌帝君奉祀空間。不過到了日本時代，文昌帝君失去了官祀地位，只能仰賴地方仕紳與讀書人繼續維持文昌信仰。戰後，文昌信仰重新蓬勃發展。

臺灣民間傳言，文昌帝君坐騎為牛，故考前不吃牛肉，就能夠得到文昌帝君的庇佑。事實上，此種說法以訛傳訛，因為文昌帝君坐騎並非牛隻。

文昌帝君之坐騎，名為「祿馬」，又有白特、白騾、白驢等等別稱。民間傳說祿馬能賜贈福祿、治癒疾病，一旦聽到祿馬蹄聲響起，就代表文昌帝君即將接近，很有可能文運昌隆，俗謂：**「祿馬得得跑，官位步步升。」**

中國四川梓潼縣七曲山是文昌帝君信仰的發源地，山中大廟「文昌宮」供奉文昌帝君、魁星等神明。廟中有一座「白特殿」，殿中供奉文昌帝君坐騎白特，也就是祿馬神，其塑像造型是馬頭、騾身、驢尾、牛蹄，全身雪白。四川文昌宮的白特造型，也影響了臺灣人對於文昌帝君坐騎的想像，例如位於新北市新莊的「文昌祠」，東廂有「祿馬殿」，殿內祿馬神像就是依據文昌宮的白特造型所製成。

文昌公廟內的金鎖片祈福榜。

臺灣民間傳說，考前不吃牛肉，是為了尊敬文昌帝君的牛隻坐騎，此說法積非成是，誤解了文昌帝君坐騎的形象。不過，這種誤會並非空穴來風，而是與臺灣民俗文化相關。

曩昔臺灣仰賴牛隻耕田，農民感謝耕牛辛勞，人與牛有了深厚的感情，故不忍食用牛肉。這種想法經過時間變化，臺灣人逐漸相信，不食牛肉可以改運積德，所以有些人為了替親人祈福、趨吉避凶，會到神前許願不吃牛肉。也因此，當人們為了祈求考試順利，也漸漸認為不食牛肉可以幫助考運。

除此之外，民間流傳文昌信仰的善書，經常提及不可食牛。例如，臺中瑞成書局在一九三九年出版的《文昌帝君功過格》，明確告誡人們「食牛」、「烹殺牛犬」乃為過錯。流傳廣泛的《文昌帝君陰騭文》，也說明「勿宰耕牛」。因此，人們為了遵從文昌教誨，於是避免食牛。久而久之，人們為了合理化不食牛的禁忌，所以開始誤傳文昌帝君坐騎為牛隻的說法。

文昌帝君與牛相關的故事，還有一則趣聞，民間傳說甜食「牛軋糖」的起源與文昌信仰有關。據說明末有一名書生叫做商輅，某日夢見自己跪在文昌殿，殿內文昌帝君笑而不語，神手一揮，供桌上的花生自動去殼，並且飛入旁邊的一碟糖，隨後花生糖幻化成一群牛飛奔而來。商輅夢醒後，找人解夢，得知這是吉兆，之後果然功成名就。商輅為了感謝文昌帝君保佑，便將麥芽糖混合花生，倒入牛型模具，製造出牛軋糖，作為酬謝文昌帝君的供品。

臺灣學生祈求考運亨通，通常與文昌帝君信仰相關，不過民間也有一些無關文昌信仰的說法，以下列舉三種常見的考試禁忌：

1. 剪頭髮、刮鬍子、修指甲，據說這些行為在考前是禁忌。因為人們相信毛髮、指甲蘊藏人類的精氣神，若是修剪它們，很容易剪掉好運氣。比較誇張的說法，甚至認為考前不能洗頭，否則會把腦裡的記憶洗掉。

2. 食物諧音如果與考運糟糕有聯想，據說不能在考前食用這些食物。例如，蛋會聯想到考試成績零分鴨蛋。

3. 據說人在某段時期的運氣是有限的，若在考試之前進行一些需要運氣的行為，很容易消耗掉考運。例如，賭博、打牌、打麻將等遊戲，在考前是禁忌。

「八指頭陀」的傳說？

除了以上介紹的考試禁忌之外，臺灣某些學校可能會發展出獨特的考運傳說。聯經副總編輯陳逸華先生，曾跟我提及他以前讀基隆高中時，當時的學生流傳「八指頭陀」的怪談。

據說當時有一名只有八根手指的男子，有時候會出現在學校、車站附近。不知為何，基隆高中的學生逐漸傳說，只要被這名男子的手指指到，就會考試成績不佳，甚至會留級。有時候學生下課之後坐學校專車，意外看到這名男子在附近，全車都會嚇得雞飛狗跳。因為當時校內流行武俠文化，而且男子是短髮、流浪漢裝扮，與武俠故事常出現的頭陀角色很類似，於是某些學生們便暗中喚之為「八指頭陀」。

陳先生就讀基隆高中的時候是一九九三年至一九九六年，他訪查一九九一年入學的學長，得知此故事在一九九一年就已經廣泛流傳。「八指頭陀」之名，根據陳先生學長的說法，是更早之前的學長以惡趣味的心態所取的綽號。因此可以推測，相關傳言在九〇年代初期就已經流傳於基隆高中。

其實，「八指頭陀」應該只是意外失去手指的傷殘人士，他只是一名普通人，並沒有任何魔力，就算被他的手指指到，也不會導致考試成績不佳，一切只是學生心魔作祟，不應該以歧視眼光或者過分恐懼的心態面對他。身體健全是天賜的幸福與幸運，但有時候因為先天或後天因素，人們可能身有殘疾。社會大眾應該以平等、理解的態度面對傷殘人士，而不應該以對方殘疾作為嘲諷、恐懼的話題。

研究都市傳說的過程中，常常會發現，某些怪談可能是建立在人們對於社會弱勢族群、殘疾人士的歧視心態之上。例如，日本知名的裂嘴女傳說，有人推測她的原型可能是女子因為整容失敗、遭遇車禍事故……等等因素而導致裂嘴。因為社會大眾歧視身有殘疾之人，所以人們便看待裂嘴女為一種「怪異的存在」，甚至視之為妖怪。事實上，若重新分析這種包含歧視心態的怪談，會發現怪談起因是來自於人類的偏見。

偏見與歧視很難從人類社會中完全消除，不過我們若能深入理解怪異傳說背後的原因或真相，進一步理解恐懼來自於無知，對於這個世界懷抱著同理心，也許我們也能創造出一個可以包容異己、尊敬彼此的良好社會環境。

怪談元素：動物

奇聞七十

銅馬巡校：不可思議的怪馬

我聽到不可思議的怪談……

桃園的中壢高中校園內，有一隻銅馬塑像。學生們傳言，此馬每夜會活動自如，在校內隨意穿梭，所以半夜會聽到牠的馬蹄聲迴盪於校園。

平常銅馬塑像是左腳抬高，但因為銅馬晚上時候都會走動，返回臺座時可能就抬錯腳，而是將右腳抬高。不過有時候換腳抬高，只是因為銅馬疲累想要換姿勢。

探查筆記

前幾年，為了寫作《妖怪臺灣地圖》一書，我走訪桃園中壢，因為這裡有一處名喚「白馬莊」的地區，據說與白馬妖怪相關。

民間傳說，此地曩昔是農田，不過常常有白馬精偷食稻禾，還會隨意踐踏田地，讓人們十分苦惱。於是半夜時，農人躲在田埂邊，等到白馬精又來了，農人拿著鐮刀劈向馬首，不過只砍到白馬精前腳。馬妖嚇了一跳，落荒而逃，不再現身。因為民間傳聞白馬精曾經作亂此地，於是人

中壢高中內的銅馬。

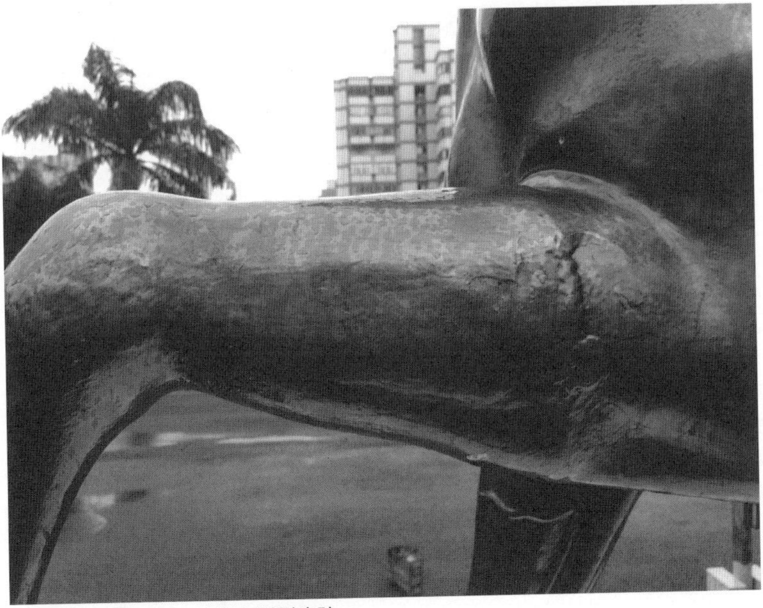

中壢高中內的銅馬，前腳有斷裂痕跡。

們稱呼此地為「白馬莊」。

民間故事是真是假，誰也說不清。不過有些當地人認為，白馬精真有其馬，牠的真身就是現今中壢高中校園內的銅馬。這隻銅馬，前腳有被砍過的痕跡，所以人們猜測這就是當初偷食稻禾的白馬精真身。

中壢高中在日治時期是中壢神社，戰後才改建為校園。校內的銅馬，其實是原本神社內的神馬塑像。

調查白馬妖怪的過程中，我驚訝發現，雖然白馬精是古早時代的妖怪奇譚，但是到了現代，這個故事卻演變成新型態的校園傳說。

歷年來，中壢高中的學生們常常傳言銅馬具有靈性，半夜會在校園內四處巡遊，所以晚上的時候會聽到馬蹄聲響，或者目睹飛奔馬影。此外，每天早晨，人們經常發現這匹銅馬換腳抬高，讓人嘖嘖稱奇。

中壢高中校刊《壢中青年》在二〇〇五年出版的第一二〇期，有一篇〈壢中鬼話〉，這篇文章提及了銅馬傳說。學生口耳相傳，據說此地本來有一位守護神社的「白馬軍官」，祂會在夜晚現身，逢人就打招呼，而祂的坐騎就是那匹銅馬。學生傳言，當初學校建校時，驚動了白馬軍官，校方為了平息祂的怒氣，就建了一座六角型的「陶然亭」（俗稱壢中亭），想藉由六角形的「六芒星」鎮魂除魔。夜晚時，白馬軍官雖被鎮壓，但祂還是想跑出來，於是亭子會緩緩轉動。據說曾有學長、學姐測量過壢中亭的方位，發現亭子有轉動過的跡象，而且位置似乎移動了數公分。

除此之外，校刊文章還提到，學生傳說校方在壢中亭的地底下埋了「八角圖」，想藉由八卦陣鎮壓白馬軍官魂魄。但是，安排八角圖的時候出了差錯，蓋成了「反八卦」，結果造成此處容易聚陰納邪。

其實，〈壢中鬼話〉提到六角壢中亭的情節，與事實不符合。因為壢中亭早年是一座四角四柱的涼亭，後來年久破敗，於是在一九九一年拆除重建，改為六角涼亭，並且題額「陶然亭」，但師生們還是習慣稱之為壢中亭。因此，六角涼亭鎮魂的傳說，推測應該是在一九九一年之後才開始形成。

除此之外，學生口耳相傳白馬軍官的故事，有些情節太過於加油添醋。例如，某些學生會說那位白馬軍官是刑場軍官。這個傳言明顯有誤，因為學校以前是神聖的神社，絕非刑場。

在臺灣妖怪學的領域上，中壢高中內的銅馬傳說是一個非常有趣的觀察樣本。神社雖然早已不存，但神社遺留的物件卻加深了人們的想像力。柳田國男曾經在《傳說論》提到：「傳說的核心，必有紀念物……儘管已經很少有人因為有這些遺跡就把傳說當真，但畢竟眼前的實物喚起了人們的記憶，而記憶又聯繫著古代信仰。」

圍繞著銅馬紀念物，各種傳說五花八門，故事內容涉及了地名由來、妖怪情節、校園傳說。人們在不同的時代，為銅馬賦予了各種不同的形象，而不同的形象也呈現出人們在各時代特殊的心理意識。

奇聞七十一
壢中怪談：校刊講述的鬼話

怪談元素：戀愛、超自然

我聽到不可思議的怪談……

國立中央大學附屬中壢高級中學，簡稱為中大壢中，中壢高中、壢中。這所學校位於桃園市中壢區，日治時期的校址原為中壢神社，戰後才改建為學校。

中壢高中的校刊《壢中青年》第一二〇期，出版於二〇〇五年六月。這本書刊內有一篇文章〈壢中鬼話〉，詳細記錄校內流傳的十多種校園怪談，例如奪命長廊、靈異沙坑……等等故事，這篇文章是研究現代高中校園怪談很難得的文本。

探查筆記

研究現代臺灣校園怪談的過程中，大學校園的怪談故事最容易取得相關資料。因為大學生經常藉由電腦網路等方式，將校內的靈異故事流傳出去。因此，目前網路、電視、影音媒體所介紹的校園怪談，大多數都是大學校園傳說。

相較之下，國小、國中、高中校園內的怪談，通常很難被外界知曉。會出現這種狀況，很可能是學生的社會經驗不多，還不太習慣將校內怪談流傳至外界。也有可能是受到父母長輩、學校老師的影響，認為不該多談怪力亂神之事。因此，國小、國中、高中校園內的怪談，可能只會流傳於校內，或者傳言時間會很短暫，很少有機會在外界大肆宣傳，難以出現「全島知名」的校園怪談。

在這樣的情況之下，中壢高中的校刊《壢中青年》第一二〇期的文章〈壢中鬼話〉就顯得十分珍貴，因為這篇文章詳細記錄了二〇〇五年當時校內流傳的各種怪談。這篇文章並非作者胡言亂語，而是作者收集歷屆學長姐的口述資料、班聯會的迎新鬼話、壢網狂瀾BBS的鬼話連篇版，集錄成鬼話文章。雖然作者坦言：「**此為歷屆流傳之談，實際情形不可考。**」但是相較於一些高中校園怪談是當事人離開高中後的回憶，這篇由高中生親自撰寫的文章，顯然更加貼近當時傳說情況，詳細呈現了當時高中校園內繪聲繪影的鬼故事。雖然作者參考資料也包含網路文章，或有加油添醋的可能性，但也無損這篇文章具備的文本價值。

前幾年調查中壢高中銅馬傳說時，我意外得知〈壢中鬼話〉這篇文章的存在。不過刊載這篇文章的校刊在外界不流通，市面也無販售，後來經過朋友牽線，總算一睹校刊鬼話內容。可惜文章並未署名作者，只知作者是當時校內學生。

〈壢中鬼話〉總共講述了十二種中壢高中流傳的怪談，以下摘選數則故事介紹：

1. 孔子像：校內的孔子像曾被「好兄弟」寄居，所以會在晚上活動，還會向人微笑打招呼。據說曾有學長、學姐想向孔子借考運，召集三五好友去觸摸孔子像，結果成績反而一路下滑，懷疑是孔子雕像作祟。

2. 荒廢警衛亭：學校後門有一個荒廢警衛亭，據說曾有警衛在此上吊自殺，造成陰氣森森，所以校方才關閉警衛亭。

3. 奪命長廊：校內有一座連接各大樓的L型長廊，曾有學長夜晚走過長廊，突然有人拍打學長的背，學長不敢回頭，往前跑，身後卻傳來腳步聲。跑出長廊之後，怪聲才停止。據說走在長廊時，有人拍你，不能回頭看，否則會被日治時期的鬼魂帶走，再也回不來。

4. 鏡中缺影：某個校舍的地下室，用來打乒乓球，以及堆放體育器材。這個房間有一面牆是一整片的鏡子，因為以前是舞蹈社的體操室，不過據說昔日房間四面牆全都有鏡子。校內流傳，曾經有一名舞蹈社學姐在此上吊自殺，之後聽說鏡子裡會看到一顆不斷旋轉的頭顱。校方為了平息靈異現象，於是拆掉了三面牆的鏡子。

5. 驚魂冥火：校內偏僻角落的某棟館舍，據說月圓之夜會出現鬼火，穿梭一間間教室，天明才離去。據說鬼火是日治時期被隨意斬殺的生命所留下來的怨恨靈火。據說某次校警巡邏，看到教室有火花，以為是學生偷抽菸，但火光卻穿過緊閉的教室，撲到警衛臉上，他嚇到趕緊逃跑。

6. 靈異沙坑：以前學校有一個舊沙坑，有一個學長在此練習跳遠，卻莫名其妙失蹤。學長朋友去挖沙坑，發現最底層有一件壢中的運動服外套，上面還繡著學長的名字。

7. 古井傳聞：據說壢中亭旁邊有一口井，因為曾有學生在此井溺死，於是古井被填。據說如果想要去尋找古井，可能會發生不好的後果。

8. 後門的學姐：有一位夜讀的學姐，在後門等待男友過來，卻被酒駕司機撞死。據說發生此事之後，校方就封閉了後門，但是人們經過後門的時候，依然會看到一名穿著壢中制服的女生站在後門口，彷彿正在等人。

〈壢中鬼話〉的故事，十分奇妙，當然內容也有一些明顯的錯誤之處。例如「驚魂冥火」提到日治時期被斬殺的靈魂，顯然認為中壢高中以前是刑場，但其實中壢高中以前是神聖不可侵犯的中壢神社，絕不可能出現行刑之事。

雖然〈壢中鬼話〉文章紀錄，可能與真實情況不符合，但是「虛假的創造」本來就是校園怪談的一種特色。這種「虛假」反而呈現了當時學生心中極為特殊的奇幻世界。例如，故事中提及孔子像，呈現了學生對於成績的焦慮。至於後門學姐的故事，反映了學生對於交通意外的恐懼，也表現出學生在青春期對於戀愛關係的矛盾心態。

奇聞七十二
移動的雕像：校園塑像喜愛夜遊

我聽到不可思議的怪談……

臺灣校園內，經常放置一些動物或人物雕像。學生們經常傳言，這些塑像會在夜晚時自由移動，宛如活物。

例如，學校內的孔子、孫文、蔣中正雕像，學生經常謠傳這些雕像會在晚上時四處走動。

探查筆記

桃園的中壢高中校園內，有一尊孔子雕像是一九八二年由校友捐獻的雕像。孔子像原本放在壢中亭前方，後來移置行政大樓中庭。校內學生經常傳說，這尊孔子雕像會在夜晚時候活動，甚至還有人說孔子會騎著校內的銅馬，半夜時分閒逛校園。

校園雕像會在夜晚活動的怪談，在臺灣的國小、國中、高中、大學校園內屢見不鮮。除了孔子雕像會移動，經常設置於校園內的孫文、蔣中正雕像，據說也會在夜晚自由活動。

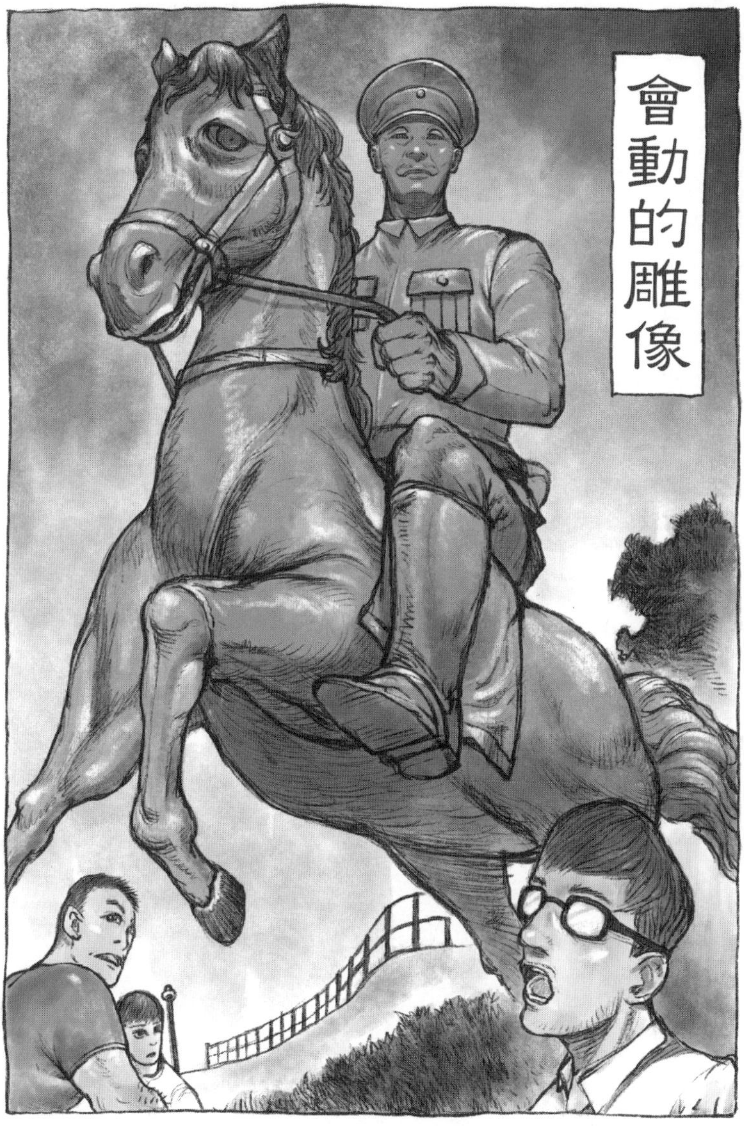
會動的雕像

關於校園雕像最可怕的故事，應該是學生傳言雕像會殺人。二〇〇九年，謝佳靜研究楠梓國民小學怪談的論文，論文之中記錄了學生講述孫文雕像會在半夜將人類心臟挖出的傳說。

在大學校園內，近年來知名的人物雕像，是政治大學的蔣中正騎馬銅像。不過，名聞遐邇的原因並非雕像傳說，而是因為轉型正義的訴求。學生質疑蔣中正銅像是威權象徵，於是在二〇一九年二月將銅馬前腳鋸斷，引發社會廣泛討論。

其實，這座蔣中正騎馬銅像是政大校園內頗負盛名的怪談主角。學生謠傳，蔣公的馬雖然是抬起左腳，但半夜時候銅馬會換腳抬高，馬換腳原因可能是腳痠。後來，傳說越來越誇張，據說雕像基座有一個投幣口，只要投錢進去，銅馬就會換腳，甚至還可以讓人親自坐上銅馬。也有人說，蔣公騎馬銅像會在半夜復活，蔣公會騎馬在校園內夜遊。

既然銅馬雕像能夠自由活動，當然校內其他動物雕像也可以半夜伸展筋骨。有一些臺灣小學會在校內設置動物塑像，學生們經常謠傳這些動物塑像會在半夜時四處走動。

我在二〇二〇年夏季擔任中正大學駐校作家，駐校期間開設妖怪工作坊，以問卷方式調查學生認識哪些校園傳說，數名學生都提到國小校園內動物塑像會活動的怪談。以下是調查紀錄：

A同學：我聽過深坑國小的怪談，據說學校沙坑底下埋藏以前士兵的屍體，另外也傳說校園的動物雕像晚上會起來走動。這是當時小學同學跟我說的故事。

國小校園內常見的獅子雕像。

B同學：我在雲林縣斗六市鎮西國小讀書的時候，聽過學長姐講學校怪談。據說晚上銅像會動，大象溜滑梯的象會動。

C同學：國小的時候聽過學校怪談，是同學所說，地點是屏東縣鹽洲國小。據說長頸鹿和斑馬雕像在晚上十二點的時候，會跑起來，會互換位子。

D同學：在新北市永和區永和國小，聽過學校怪談，是小學的時候，同學之間流傳。據說大象溜滑梯晚上會四處走動，會和獅子雕塑打架，各有受傷的地方。

國小校園內常見的大象雕像。

怪談元素：水鬼

奇聞七十三 嘉大怪談：鵝湖水怪的傳說

我聽到不可思議的怪談……

嘉義大學，流傳許多不可思議的怪談。

例如，嘉大的民雄校區，流傳「鵝湖水怪」的傳說。鵝湖位於校區西北角落，風景優美清幽，是學生散步休閒的好去處。有一些學生、社區民眾，傳言鵝湖有水怪出沒。

探查筆記

二〇二〇年夏天，我在嘉義調查鄉野怪談，經常前往劉家古厝（俗稱「民雄鬼屋」）。開車途中，總會路過嘉義大學的民雄校區，所以我常常在想，嘉大是否有什麼奇妙的學校怪談？不過，我在網路查詢相關資料，總是不得其門而入，始終不知實情如何。年底的時候，我有緣結識任職於嘉義大學中國文學系的林和君老師，藉由林老師的介紹，我才對嘉大校園怪談有了初步的認識。

目前在原住民妖怪故事研究領域，林和君老師著力深厚，他經常訪問原住民部落，採集諸多妖怪傳說。而他在二〇一九年的嘉大國際學術研討會，發表了一篇文章〈從蘭潭魚精到鵝湖水怪：嘉義大學校園傳說暨其流傳探析〉，則是國內很少見、針對學校怪談進行研究的論文。認識林老師之後，林老師就寄給我這篇文稿，我才對嘉大怪談略知一二。

目前嘉義大學共有四個校區，分別是蘭潭校區、民雄校區、新民校區、林森校區。前兩者擁有較多內容完整的學校怪談，因此林老師的探討便針對蘭潭校區與民雄校區。蘭潭校區的怪談，當然就是以蘭潭魚精的故事最為知名。至於民雄校區最經典的怪談，則是鵝湖水怪的傳說。

位於民雄校區西北角的鵝湖，湖中有養鵝，但不是因此得名，而是以宋代「鵝湖之會」作為借鑒，希望校園能培養學術論辯風氣而命名。根據林老師的調查，少數學生與在地居民，傳言此湖有水怪，而且可能是指以前附近墳墓的地基主。不過，水怪的樣貌、習性、危害程度，則沒有流傳更詳細的情節。

林老師深入探討這個傳說，藉由古地圖、文史脈絡，得知民雄校區所在的文隆村，舊稱「鴨母坔」，乃因昔日村中有很多陂池、泥濘地，養鴨戶眾多。至於民雄校區位置，以前也是沼澤濕地，周邊有墳場。藉由這些資料，林老師推測鵝湖水怪的傳聞，流傳於民雄校區建成以前（一九八七年以前），並且確實與墳墓地基主的說法相關。

除了蘭潭魚精、鵝湖水怪的故事之外，林老師也在論文中說明了嘉大的女鬼傳說、情人同坐搖椅會分手的傳說……等等不可思議的故事。

學校怪談是現代都市傳說中很重要的類型，不過一直以來，臺灣學術界在這個領域的研究卻非常稀少。早期的相關研究，以謝佳靜研究楠梓國小怪談的論文最為知名。如今得知林老師深入爬梳嘉義大學怪談的源流和脈絡，是一件非常令人欣喜的事情。

有些人可能認為，怪談荒誕不經，校園傳說只是學生胡言亂語的創作。但是如同林老師在論文中提到研究校園怪談的意義在於：「**藉此瞭解我們對於現代生活所面臨的隱微心理與認知問題，並進一步推知校園傳說母題類型化的現象及其流傳意義。**」

此外，我認為記錄與研究校園怪談的另一層意義，是因為這些故事很可能會在世代更迭之中逐漸消失。我認為，妥善保存這些學校怪談，是一件很重要的事情。

我們現在可能無法立即得知這些校園怪異故事究竟有何重要意義，但若是輕忽它們，讓它們埋沒於時間的洪流之中，我覺得十分可惜。也許這些奇怪的校園故事，能成為未來人們研究我們這個世代人們心理意識的重要材料。

嘉義大學蘭潭校區靠近蘭潭，學生傳言蘭潭岸邊的亭子會出現靈異現象。

怪談元素：水鬼、超自然

奇聞七十四 翠湖鬼怪：基隆高中怪談

我聽到不可思議的怪談……

基隆高中位於基隆市暖暖區，鄰近八堵車站。基隆高中前身乃日治時期臺北州立基隆中學校，成立於一九二七年，當時學校的畢業生經常就讀臺北帝國大學（今日臺大），是北部地區知名學府。

因為基隆高中歷史悠久，故校內有許多怪談。據說校內某些教室會發生靈異現象，也有人說學校後山的翠湖有鬼怪出沒。

探查筆記

二〇二〇年八月，我與聯經副總編輯陳逸華先生在臺北車站聚餐，當時聊起都市傳說，就讀基隆高中的陳先生就舉例「八指頭陀」的學校怪談，說明當時基隆高中的學生都很害怕看到這名怪異男子。聚餐結束之後，陳先生繼續向高中學長詢問該校流傳的怪談，於是打聽到翠湖「無頭人」的故事。

翠湖位於基隆高中的後山，雖屬於私人土地，但是昔日學生們下課後會去此處戲水，是學生休閒的祕境。有人傳言，曾經有一些學生在湖中戲水時，不幸溺死，不過此事尚無實證。

陳先生只記得當時傳聞有人翹課去翠湖，結果一去不回，不知發生何事。陳先生的學長則說，當時流傳翠湖有「無頭人」出沒，這名鬼怪手上還會拿著頭顱，看起來非常恐怖。當時學生傳言，昔日基隆高中是日治時期刑場，所以才會出現斷頭鬼。陳先生學長是在一九九一年入學，所以斷頭鬼的傳說應該是在九〇年代普遍流傳。

若探究斷頭鬼的傳說，刑場說法其實是以訛傳訛，因為日治時期的基隆中學校不可能作為犯人行刑場所。

臺灣總督府初設立時，雖可能曾以斬首方式執行死刑，但從一八九六年開始，明文規定以絞首作為死刑方式，因此「無頭人」是被日人砍頭的說法值得懷疑。

雖然「無頭人」的說法可能來自於刑場怪談的訛傳，但是這個傳說似乎也與基隆高中曾發生過的血腥案件有所關聯。

一九六九年五月，基隆高中有一名學生被導師責備，心生不滿，便以短柄斧頭砍殺導師。雖然同學等人在一旁阻止，仍然為時已晚，導師頸部被砍兩刀，傷及大動脈，最後不治死亡。人們傳言，當時砍殺力道強大，被害者頭顱幾乎斷裂，脖子只剩些微皮肉支撐。

學生流傳翠湖「無頭人」的怪談，可能也隱約包含著對於當時慘劇的恐怖印象。

奇聞七十五
墳場校園：經典的學校怪談

我聽到不可思議的怪談……

小學時，我就讀臺中市西屯區的協和國小。那時候，我聽同學說操場會出現鬼魂，因為操場以前是墳墓。

我聽到這種靈異傳聞之後，心裡有些害怕。不過，下課時間，操場畢竟是大家都會去玩耍的地方，所以也不會因此而不去操場。只不過，心中難免有些恐懼，常常幻想以前的墳墓，是否就在鞦韆下、溜滑梯旁？

探查筆記

學校以前是墳場的傳說是臺灣校園怪談的經典故事，學生喜歡繪聲繪影地說，校園某個地方以前是墳墓、亂葬崗，所以暗夜時分會出現鬼魂。這種說法，普遍出現在國小、中學、大學校園之中。例如，謝佳靜研究楠梓國小的怪談，就收集了許多相關傳聞。

我就讀臺中協和國小的時候，曾聽過這種傳言。聽過這種怪談之後，我常常覺得校內操場有些「陰森森」。

關於校園墳場的傳說，究竟是真是假？葉高華老師在網路部落格「地圖會說話」分享了一個很有用的方法，可以初步判斷這間學校是否以前是墳墓。葉老師在二〇一五年七月三十日發表部落格文章〈臺灣七大都市傳說之三：學校以前都是亂葬崗〉，在這篇文章中，葉老師斷言：「只要你的學校地形非常平坦，九成九以前不是墓仔埔。」

葉老師之所以這麼肯定，是因為以前土地是重要生產場所，若土地平坦可以耕種，人們就不會浪費這片土地。所以，昔日墳墓大多位於山坡地、沙丘、郊區。也就是說，如果學校位於山坡地、沙丘、郊區，很有可能以前就是墳場。

除了葉老師的判斷方法之外，還有一種更直接的驗證方式，就是使用中央研究院地理資訊科學研究專題中心開發的「臺灣百年歷史地圖」資料庫，查詢日治時期的老地圖。只要在地圖上面看到「⊥」標誌，這種標誌就代表當時此地是墓地。

例如，我利用資料庫來調查一八九八年的「日治二萬分之一臺灣堡圖」，研究現在協和國小的位置，得知此地舊名「下七張犁」，校園昔日區域大多是稻田，並非墓地。

雖然，經過這番查驗，協和國小以前是墓場的傳言，可能是虛構的謠言，但也無法完全肯定。因為，臺灣田地有時候還會有一種狀況，那就是田周圍可能會有祖先的墳墓，與活人一同看顧田地。所以，也不能完全確定協和國小的墳墓怪談是百分之百錯誤，但至少學校以前不可能是亂葬崗或者是一大片墓地。

校園怪談有很多不同類型的故事，例如銅像會動、教室內有靈異現象……等等。除此之外，「校園以前是墳場」的相關傳說，也經常被學生講述，而且有時候會從這個基本故事衍生出其他版本的傳說。也就是說，當學生認為這間學校曾經是墳場，就會開始傳言校內某某空間因為此事而變成靈異空間。例如，謝佳靜收集的楠梓國小怪談，有人說校園是墳場，而司令臺就是斷頭臺，半夜會有冤魂出現，被施加恐怖的刑罰。

我曾聽藏書家黃震南先生說過一則怪談，據說他就讀嘉義高中的時候，有人半夜看到牛頭馬面。在一九九六年至一九九九年之間，校園某夜發生了一件意外，綽號「白毛」的教官負責校園安全事件，所以前往處理。聽說教官處理事件的時候，遇到一個陌生人耍著鑰匙圈走過去。事後，教官說那人其實是牛頭馬面拿著腳鐐。

先不論教官說法是真是假，傳說中的牛頭馬面是地獄使者，經常往來於陰陽兩界。牛頭馬面出現在校園中，與意外事件是否相關，不得而知。不過，我調查一八九八年的「日治二萬分之一臺灣堡圖」，發現嘉義高中當時其實是墳墓區。因此，如果大膽推測，也有可能墳場曾是一個可以穿梭陰陽兩界的通道，就算現在變成學校，通道仍然存在，才讓牛頭馬面得以現身。

臺灣都市傳說中，牛頭馬面偶爾會登場。

奇聞七十六
二一詛咒：無法畢業的傳說

我聽到不可思議的怪談……

很多人認為都市傳說，一定會涉及靈異、血腥等等極為恐怖的事件，但這是不太準確的概念。畢竟恐怖傳說只是都市傳說的其中一種類型，而且對於不同的人來說，「恐怖感覺」因人而異。例如，對於讀大學的學生來說，有一件非常恐怖的事情，那就是「無法畢業」。所以，這種恐懼的心態，便幻化為大學怪談中的「二一詛咒」。

據說，如果在校園中做了某些事情，就會被「二一」，也就是當事人的學期總學分，會被當掉二分之一以上。拿不到一半的學分，就會被退學，這是臺灣許多大學施行已久的退學制度。

究竟，做了哪些禁忌事情，就會被「二一」？各個學校，擁有各種不同的傳說。例如，嘉義中正大學有「二一門」，據說如果走過去，就會被「二一」退學。

對於大學生來講，最大的希望是不被退學，最後順利參加畢業典禮。

探查筆記

大學生的學期總學分，如果有一半不及格，就會被退學，俗稱為「二一」。

二一退學制，在臺灣施行已久，是大學生最害怕的事情。不過，時代輪轉中，已經有許多臺灣大學逐漸放寬或廢除二一制度，希望讓學生有更多學習的機會。例如現今，靜宜、中原、淡江大學等學校，已經廢除二一制度。其他尚有二一退學制度的學校，也不是「單學期二一」就要退學，通常是要兩學期或三學期的學分都不及格，才會被退學。

例如，目前臺灣大學學則第二十七條說明：「**學生已有一學期修習學分總數達二分之一不及格，之後有另一學期修習學分總數逾三分之一不及格者，應令退學。**」也就是說，只要有一次學期總學分二分之一不及格，之後又有一個學期的學分總數三分之一不及格，才會被退學。

雖然制度已有改變，但是因為「二一」一詞通行已久，所以現在大學生還是會把學分不及格導致被退學的狀況稱為「二一」。

都市傳說反應了人心中的恐懼與不安，所以在各種不同場所、不同人群，恐懼就會幻化成各種不同的樣貌。對於大學生來說，如果學分不及格，結果慘遭退學，會是一件很可怕的事情。所以，在臺灣的大學怪談中，「二一詛咒」是一種很常見的故事。這種傳說，通常都是學長姐會跟學弟妹說的校園故事，並且告誡對方絕不可以觸犯禁忌。

大學中的「二一詛咒」，通常與校內的雕塑、步道等具體物件有關，而且這些物件常常會被冠以「二一」之名。以下列舉臺灣北中南各個學校的二一怪談：

1. 臺北、臺灣大學的「二一鐘」：位於行政大樓水池前的「傅鐘」，為了紀念臺大校長傅斯年而建立。此鐘又有「二一鐘」的稱呼，據說只要敲鐘時，跟著數二十一次鐘聲，就會被二一。

2. 桃園、中原大學的「二一鐘」：校園內的大草坪，有一座白色的十字架鐘塔，象徵基督精神。學生傳言，只要亂敲鐘，或者敲鐘二十一次，就會被二一。

3. 臺中、逢甲大學的「二一步道」：校園圖書館前，有一座草坪，上面有一個呈現「X」型的步道，學生只要走過去，學期成績就會很多不及格，導致被退學。在二 一二年十一月，張保隆校長為了破除這個詛咒，甚至舉辦「封印活動」，在步道中央空地發放「追分成功」的御守，希望消除學生心中的魔咒。

4. 嘉義、中正大學的「二一門」：校園禮堂前方有一座「樹人碑」，上面寫著校訓：「積極創新，修德澤人。」這座碑中間鏤空樹木的圖形，看起來就像門一樣。據說，如果穿越此門，就會被二一。還有另一種傳說，穿越的方向不同，就會得到不一樣的結果。如果穿過門到達禮堂那邊，就可以順利畢業。如果是反方向，穿過門面向圖書館的方向，就代表會被二一，要繼續讀書。

5. 臺南、成功大學的「飛撲魔咒」：在二〇〇九年，朱銘的銅雕作品「飛撲」豎立於校園中，這是兩人飛在空中、呈現太極姿勢的雕塑。這個作品有兩根柱子支撐起雕塑，兩柱之間形成類似門口的畫面。據說，如果穿越「飛撲」下方的空間，就會被二一。二〇二〇年，成功大學的畢業歌曲《成式語言》，有一句歌詞便描述這個知名傳說：「飛撲雕像前，二一傳說迴盪耳邊。」

6. 高雄、義守大學的「二一池」：校園內有一個水池，池中放置藝術家的雕塑作品「傳承」。據說如果掉進水池中，或者被水池噴灑出來的水沾到，就會被二一。

中正大學校內的「二一門」寫著校訓。

中正大學校內的「二一門」，本名「樹人碑」，碑後方是禮堂。

成功大學校內的「飛撲」雕像，據說穿越雕像下方，就會被二一。

奇聞七十七
華梵怪談：吃餅乾的小女孩

怪談元素：女鬼

我聽到不可思議的怪談……

位於新北市石碇區的華梵大學，據說宿舍內會出現奇異的吃餅乾小女孩。《自由時報》在二〇〇五年七月三十一日的報紙，介紹了這個故事。

報導文章指出，華梵大學的學生傳言，夜深人靜之時，女生宿舍「明月樓」的房間會突然出現一名吃餅乾的小女孩。如果一個人在宿舍內熬夜讀書，或者半夜起來上廁所，可能會碰見這名小女孩。據說小女孩面色青綠，會坐在宿舍房間內的上方床鋪（下方是書桌），開口詢問：「要不要吃餅乾？」問完之後，身影就會消失。

報導文章結尾，引述校方說法：「學生間流傳的驚奇故事，往往想像力豐富，不忍指責其怪力亂神。」

鬼屋怪談

奇聞七十八

民雄鬼屋：暗影幢幢的劉家古厝

怪談元素：女鬼、探險

我聽到不可思議的怪談……

小時候，經常看到電視節目介紹嘉義民雄的鬼屋。攝影機會拍攝宅院中的黑暗樹影，主持人與來賓的誇張解說之中，寥落荒涼的豪宅大院儼然成為眾鬼群聚之所，魑魅魍魎無處不在，嚇得我瞪大雙眼，心生恐懼。

民雄鬼屋是我童年時印象極深的鬼地方，雖然我當時沒有去過嘉義，也不知道民雄位於何處，但只要一講到「鬼屋」、「鬼故事」等等關鍵詞，我最先想到的名詞就是「民雄鬼屋」。對於民雄鬼屋感到莫名畏懼的心情，直到我長大，依然未曾消散。

大學時，我喜歡走踏臺灣各地，也曾環島旅行，唯獨對於嘉義民雄敬謝不敏。其實，我早已將小時候聽過的民雄鬼屋故事遺忘泰半，完全不清楚為何這間古厝會被稱為鬼屋，但是心中就是有一抹揮之不去的暗影，讓我只要想起這個地方，心中就會產生莫名奇妙的恐慌。雖然當時，我完全不認識嘉義民雄這個地方，也對於民雄鬼屋故事不熟悉——恐懼之心甚至讓我無法提起勇氣到網路搜尋民雄鬼屋相關資訊——我就是對此地有著難以言喻的忌憚情緒。

民雄鬼屋

探查筆記

嘉義民雄的劉家古厝，俗稱為「民雄鬼屋」，是全臺灣無人不知、無人不曉的著名靈異景點。這棟三層樓、紅磚砌造的古厝，融合閩、洋建築風格，外觀氣派豪華，卻因為年久失修，逐漸荒涼，成為人們口中的恐怖鬼屋。

電視節目、新聞報導、書籍雜誌、網路討論區……等等媒體，只要提到臺灣鬼屋，位於嘉義民雄的劉家古厝，始終榜上有名，討論熱度一直不減。某些網路平臺舉行的鬼屋票選活動之中，民雄鬼屋常常被票選為第一名，所以也有人稱之為「全臺鬼屋之首」。

雖然，我對於小時候曾看過介紹民雄鬼屋的電視節目已經印象模糊，但是藉由這幾年來大眾媒體持續熱議，我才會對民雄鬼屋的恐懼有增無減。影響所及，甚至讓我對於民雄此地產生了不必要的懼怕心情。

直到進入清大研究所，我開始進行臺灣妖怪、怪異文化的研究，我才仔細回想自己對於民雄鬼屋的恐懼究竟從何而來？如今回想起來，昔日我對於民雄的無端畏懼，其實是將內心的恐懼無限放大，殃及池魚。所以現今，我對於民雄，其實隱隱然有一份愧疚，非常抱歉自己在過往一段很長的時間內，因為受到鬼屋傳說的影響，而對民雄產生了錯誤的想像。

在二〇二〇年夏天，我受到中正大學江寶釵老師的邀請，在中正大學擔任駐校作家，開設一系列臺灣妖怪文化講座。中正大學位於嘉義民雄鄉，所以我藉由地利之便，經常走訪俗稱鬼屋的

劉家古厝最前面的門口，門上紅字寫著「南無阿彌陀佛」。

劉家古厝與民雄周遭，也會探訪嘉義各處宮廟以及在地民俗信仰。駐校期間，我對於嘉義和民雄有了許多新鮮、有趣的認識，深深著迷於嘉義各地人文風情，很遺憾自己這麼晚才認識嘉義。

在中正大學的駐校講座中，我除了會介紹臺灣妖怪故事，也會與同學們共同討論臺灣都市傳說的脈絡。藉此機會，我以問卷調查的方式，詢問學生對於民雄鬼屋有何印象？以下列出其中五位同學的說法：

A同學：我之所以知道嘉義民雄鬼屋，是從電視節目得知。據說這間鬼屋，以前有婢女投井自盡。

B同學：我在十多年前，聽過嘉義民雄鬼屋的故事。內容是男主人想要對婢女做不禮貌的事情，結果婢女跳井身亡。另一種說法是，女主人認為婢女和男主人之間有祕密關係，於是命人把女婢丟入井中。我個人認為，第二種說法可能性較低。

C同學：我是嘉義人，國中班上同學將民雄鬼屋的故事告訴我。鬼故事內容提到，民雄鬼屋之中有一口井，不可以往井裡看，否則魂魄會被鬼吸走。據說鬼屋之內住著女厲鬼，她以前在鬼屋內自殺，屋內遺留她的紅色衣物（可能是內褲），千萬不能去撿，否則女厲鬼會跟著你。

D同學：小時候，我就聽過鄰居口耳相傳民雄鬼屋的故事。據說民雄有一棟鬧鬼的鬼屋，光聽名稱「民雄鬼屋」就知道這是多麼可怕的地方，這四個字本身就非常可怕。

走入門後，進入荒煙蔓草的庭園。

> E同學：我在嘉義師專讀書時，就聽過民雄鬼屋的故事。據說在日治時期，有一些日軍借宿於此，結果有哨兵被鬼迷惑，結果開槍自盡。

同學們的說法，其實與鬼屋故事的民間流傳版本沒有太大的差異。

關於民雄鬼屋的傳言，若歸納新聞報導、網路流言的各種內容，大致上會有兩種說法：

第一種說法，這間古宅會變成鬼屋，因為昔日的男主人與婢女有染，之後婢女懷有身孕，不堪巨大壓力，於是投井自殺，死後陰魂作祟。

第二種說法，某軍人部隊借宿於古屋之中，在半夜時分，軍人看到屋中有鬼魅怪影，心生惶恐，於是舉槍掃射，結果死傷無數。如今古宅的牆壁上，還留有當時的彈孔。

以上兩種類型的說法，是如今民雄鬼屋最盛行的傳說版本。不過，有時候也會衍生出一些不一樣的情節流傳於民間。

例如，有人說投井自殺的女僕化身為麻雀，日夜騷擾劉家，於是男主人僱人捕殺雀鳥。或者是我在講座中調查到的E同學說法，據說日軍被鬼迷惑，結果開槍自殺。關於軍隊被鬼迷惑的傳言，除了日軍說法，另外也有人認為這個部隊其實是國軍，在戰後時期借宿於鬼屋，結果有人看到鬼影，於是開槍掃射，造成同伴死傷。

除此之外，還有一些瑣碎的流言，例如「男主人與建築師有爭執，結果被下符咒」、「男主人被徵召至南洋當軍夫，客死異鄉，屍體運回時發生怪事」……等等傳聞。

穿過一層層樹叢，來到古厝前。古厝左前方的磚屋是柴房，是以前長工居住的地方，也有守衛的功能。婢女的住處，則是在古厝裡面。

古厝右前方，有一口古井。

最恐怖的鬼屋榜首，如何選出？

在民雄鬼屋的傳言中，最讓我困惑的事情，其實是「鬼屋之首」這個稱號。

現今許多大眾媒體都會提到，民雄鬼屋是被認為驚嚇指數最高、最為恐怖的鬼屋，所以才被稱為「全臺N大鬼屋的第一名」。不過，這個說法從何而來？

若找尋網路資料，會搜索到「愛評網」網路平臺在二〇一〇年舉辦的「驚嚇指數百分百的鬼屋傳說」票選活動。根據《自由時報》在當年八月二十四日的新聞報導〈網路票選鬼地方，民雄鬼屋最恐怖〉，當時愛評網舉行票選活動，九百多名網友投票，民雄鬼屋獲得了兩百零八票，是最多人認為最恐怖的地點。

其實，歷年來在網路上徵選靈異景點的活動，一直多不勝數。只要時值農曆七月，為了營造話題，許多媒體平臺都會選擇恐怖景點作為報導主題。因此，靈異榜上有名的民雄鬼屋，便被持續大作文章。

例如，根據「yam 蕃薯藤輕旅行頻道」在二〇一三年八月一日發表的網路文章，他們在當年七月十六日至三十一日之間舉行票選活動，將近十二萬的網友投票，選出全臺十大鬼地方，而民雄鬼屋則榮獲第六名。若是只論「鬼屋」的話，在「yam 蕃薯藤」票選活動中，民雄鬼屋則是第二名。

古厝內部照片，各層樓的樓板已經拆除，據說是因為東榮國小要蓋教室，於是把樓板鋸掉，提供給東榮國小做為建材。

仔細觀察歷年來的「鬼屋票選活動」，就會發現票選活動之中，「驚嚇指數的高低」可能不是網友投票的關鍵。也就是說，獲得名次較高的地點，往往不是「最驚嚇」、「最恐怖」的地方。

事實上，決定網友投票的關鍵，往往在於「知名度」。很多網友，其實並沒有實際拜訪過靈異景點，不過卻會從親朋好友口中、大眾媒體的途徑得知這些靈異地點的傳說。因此，網路平臺舉行靈異地點票選活動之時，左右選票的關鍵因素，通常是那些靈異地點的「知名度」。

靈異地點的票選活動常常打著「全臺N大鬼屋、鬼地方」的名號，所以人們看到這種稱號的第一印象，總會誤認為這是以「恐怖程度」來排名。但其實，若要追根究柢，「N大鬼屋、鬼地方」的稱號其實與「知名程度」比較相關。而「知名程度」與「恐怖程度」，兩者有時候並無關係，反而是因為大眾媒體的過度渲染、以訛傳訛的累積，才會讓鬼屋之名越傳越遠。

因此，如今民雄鬼屋被稱為「鬼屋之首」，恐怕並不是因為「最恐怖」、「擁有最多鬼魅」，反而是因為此地點「最知名」。

鬼屋的傳述過程

根據目前調查，民雄鬼屋在七〇年代就是當地議論紛紛的地點。不過當時鬼屋名號尚未打響，當地人只會以「彼間厝」來形容這間古屋。在地人傳說，每到晚上，古屋就會出現陰風鬼火、莫名其妙的怪聲。也有人認為，古屋附近墳場的鬼魂會來此棲息。

古厝牆壁上，留有孔痕，據說是以前士兵開槍留下的彈孔。

到了八〇年代，這棟古宅的靈異故事越傳越盛，並且被恐怖片大師姚鳳磐改編為電影《鬼屋禁地》，後來甚至吸引許多電視節目來此採訪。

最著名的採訪故事，莫過於八〇年代末期有一個日本節目跨海採訪劉家古厝，並且邀請一名日本女靈媒同行。節目團隊來到古厝時，眾人還未下遊覽車，古屋邊角上的藤蔓，竟然無緣無故著火。根據日本靈媒說法，這是因為古厝中的女鬼不希望被打擾，所以提出警告。當靈媒繼續感應，女鬼也透過靈媒表達自己的冤屈。最後，節目工作人員獻花獻果祭拜一番，即將離開之時，古屋邊角的一段藤蔓，再度著火。節目拍攝時，劉家親戚許錦棟先生曾經同行，並且在「東森新聞」的節目中說出這段往事。

九〇年代之後，民雄鬼屋之名已然響亮，電視節目靈異單元「鬼話連篇」也曾以民雄鬼屋作為題材。時至今日，民雄鬼屋已經成為全臺頗負盛名的靈異景點。每逢假日，民雄鬼屋經常是年輕人躍躍欲試的探險地點。

劉家古厝的真實歷史

雖然，民間對於民雄鬼屋有著繪聲繪影的靈異幻想，但我們也必須了解「傳說」與「真實」之間可能存在著很大的距離。民雄鬼屋的怪異傳聞，其實絕大部分來自於民間的「集體創作」。

若要認識劉家古厝與其主人的真實故事，洪嘉惠在《民雄先賢小傳》書中撰寫的劉家主人「劉容如」的傳記，值得一讀。

根據洪嘉惠文章，劉容如生於一八八一年，卒於一九五一年，號允裕，人稱「阿裕舍」、「阿如舍」。劉家先祖本來是斗六人，後來遷居打貓庄義橋，經過數代人的奮鬥，一直到劉容如的父親劉耀章那一代才事業有成，富甲一方。據說劉容如個性開朗，隨和親切，曾在日治時期擔任溪口庄長，會替庄民代繳戶稅，勤政愛民。至於劉家三層樓大屋，則是興建於一九二九年，是當時鄉間少見的豪宅。

洪嘉惠文章中，提及劉容如娶妻許銀慶和李桂花，育有六子三女，後代賢良輩出。至於為何劉家古宅會有鬼屋傳聞？洪嘉惠則說，這是因為戰後，劉家為了經商便利，所以遷居他處，讓房屋空置，久而久之古屋荒涼，才產生鬼屋傳說。並且根據劉容如之子劉存養的說法，戰後曾有國軍借住古宅，有一名士兵因為思鄉情切而自殺，因此被訛傳有鬼作祟。

關於劉容如的家族故事，李滄彬在《民雄文教通訊》發表的文章〈探討劉家古厝與民雄「鬼屋」〉也有許多可信的說法。他實際訪問劉容如姪孫劉清智，劉先生說：「伯公劉容如元配許銀慶，事業有成後有二胎流產，乃婢女李桂花為妾，依族譜記載共生五男，為進添、羅生、天生、存養、澤洋，通通送往日本去深造。」

根據劉清智的說法，昔日那棟巴洛克式洋房並無水電，日常生活必須要點蠟燭或油燈，也要使用井水。因為生活不便，所以留學回來的後代，實在住不慣這種環境，於是就搬到民雄街上及嘉義市區。此後，古厝就成為空屋。

關於軍人死亡事件，劉清智的說法則與劉存養的描述有所差異。根據劉清智的回憶，戰後國軍來臺，薛岳將軍有一個營隊來到民雄，並且駐紮於興中國小，其中一個連，則借駐於劉家古宅。當時，還未上小學的劉清智，早晨時都會看到士兵在庭院中操練，官兵也會與他一起玩耍。之後，某天夜晚，兩、三名士兵因故吵架，一些同鄉好友上場助陣，結果變成打群架。營長得知騷動，連忙趕來，為了快點平息爭亂，結果開槍射殺了其中一個鬧得最兇的廣東籍熊姓班長。後來，熊班長就被安葬於古宅附近的義橋仔公墓。

民雄鬼屋的鬼故事中，經常提及軍人被鬼迷惑才開槍射擊，甚至會說當事者是日治時期的日軍。不過，我認為劉家後人劉存養與劉清智的說法，可能才是最接近真相的情況。

因為開槍事件涉及人命，國軍部隊為了隱瞞實情而不對外詳細說明，反而造成鄉民私下議論，甚至傳出古宅鬼魂作祟讓人開槍的故事。之後越來越多人道聽塗說，甚至將當事者身份張冠李戴，認為這是日軍部隊發生之事。我猜想，這可能是比較合情合理的情況。

但，劉家後代兩人說法為何不一，則不清楚原因，還需要進一步調查。

此外，關於女婢投井的傳聞，我猜測也很有可能是以訛傳訛。根據我走訪臺灣各地靈異景點的經驗，如果大戶人家的古屋周遭有古井，十之八九都會流傳女婢投井的鬼故事，這是臺灣常見的鄉野傳說。不過如果深入調查，很多故事其實只是空穴來風。

另一個方位拍攝古厝，可見樹木幾乎完全包覆住樓房。

劉家古宅，荒廢已久，庭院中還有一座古老的井口，看起來確實是容易流傳女婢投井故事的最佳場景。再加上昔日男主人確實納妾，才會讓人想入非非。但是，根據劉清智說法，男主人納妾之後，生下五男，並在族譜上有所記錄，這與傳聞中「女婢因為懷孕而遭受打壓」的情況截然不同。因此，我認為女婢投井的傳聞，恐怕只是人們憑空捏造的怪談。

當然，可能還有另一種情況，那就是昔日劉家古宅不只一名婢女，鬼故事中的女主角另有她人，只不過被劉氏家族隱瞞起來。這種推測，確實也是其中一種可能，但是根據目前調查資料，這種狀況的可能性比較低。

因此，若是一廂情願相信古屋中真有女婢投井成鬼，恐怕只是被鄉野傳聞誤導了，對於劉家也是不太尊敬的靈異想像。

劉家古厝隔壁的鬼屋咖啡

我探訪劉家古厝的時候，每次都會到隔壁的「鬼屋咖啡」稍作休息。對於來到古宅探險的人來說，這間鬼屋咖啡也是必訪的行程。

其實，民雄文教基金會在二〇〇二年曾經提出整修劉家古屋的構想，並且計劃在古宅庭院中設立咖啡座。原本文建會已經願意核准經費，不過因為劉家後人各房意見不一，於是計畫無法順利進行，鬼屋庭園咖啡的構想於是無疾而終。

鬼屋咖啡的招牌與門口。

鬼屋有名，人潮不斷，這是不錯的商機。但是數年來，想在劉家古厝附近經營的商家，卻總是草草收場。目前經營最久的店家，就是位於古厝隔壁的「鬼屋咖啡」，開設於二〇〇九年，經營者是許永宗先生。

為了更加深入認識劉家老屋與其周遭的故事，我訪問鬼屋咖啡的許老闆，向他詢問開設咖啡廳的心路歷程、劉家古宅相關故事。訪談內容，如下所述：

＊＊＊

講述者：許永宗（鬼屋咖啡老闆）

訪談時間：二〇二〇年六月十四日

訪談地點：鬼屋咖啡（嘉義縣民雄鄉興中村義橋十二號，民雄鬼屋旁）

記錄者：何敬堯

▲問題一：請問您，當初為何會開設鬼屋咖啡？

許先生：

十一年前，也就是二〇〇九年，我在這裡開店。當初要開咖啡廳的時候，我有兩個考量因素。第一，當時想要創業，又因為對於咖啡有興趣，就決定開咖啡廳。第二，則是關於地點的選擇。那時候我有兩個開店地點的選擇，一個是在大路邊，一個是在這裡，也就是民雄鬼屋隔壁。

鬼屋咖啡的特色飲品，像是「閻羅王特調咖啡」（包含咖啡、黑木耳、牛奶）、「白無常」（包含白木耳、冰糖、枸杞、紅棗汁）、「收驚茶」（包含酵素綠茶、木橘）……等飲料。

因為我住在這附近，我從小就會來鬼屋這邊玩耍，我有朋友也住在隔壁，其實這裡是我比較熟悉的地方。一直以來，常常看到有人來參觀鬼屋，所以我認為這邊會有人潮。並且，鬼屋隔壁有一間平房，我想說這間平房稍微改建一下，就可以開店了。所以最後，我就承租了這間平房，在這裡開設咖啡廳。

▲問題二：請問剛開始開店時的狀況？

許先生：

其實我一開始開店，運氣算是不錯。那個時候，臉書（Facebook）剛開始，大家都喜歡打卡，到了哪邊就打卡。所以，若有人來我的店，並且在臉書打卡，我的店就會被許多網友知道。藉由這個風潮，我的咖啡廳才慢慢有生意。一開始，新聞記者還不知道這家店，但是依靠那些來鬼屋咖啡打卡的消息，電視臺記者才知道有一家位於鬼屋旁邊的咖啡廳，並且來採訪我。藉由網路、新聞等等方式，逐漸有許多人知道我的咖啡廳。

不過，到了現在，打卡的風潮慢慢變化。大家用臉書，不太會打卡，因為不想讓人知道自己去了哪裡。現在的趨勢，則是有一些學生或者YouTuber會來這裡拍影片，在網路上分享民雄鬼屋及周遭環境。

店內提供的「黑白無常特調」（包含牛奶、黑木耳）。

▲問題三：咖啡廳如何裝潢設計？

許先生：

當初的房子，只是很簡單的小平房。目前這個樣子，其實已經改建第二次了。剛開始的時候，資金不充足，也沒有屋內這些壁畫，只是放個簡單的鬼圖、鬼屋的照片。後來，有一些電視媒體來採訪，大家才發現竟然有人在鬼屋旁邊開咖啡廳。

早期，咖啡廳的牆壁是全黑，天花板用黑布蓋住。然後放幾根蠟燭，擺一副假棺材，營造出鬼屋的感覺。不過後來，我都將這些設計全部撤除。這是因為，很多人來到這裡，雖然覺得有趣，但是他寧願去隔壁的鬼屋，也不會來這裡。原因是，我的咖啡廳太暗了，隔壁的鬼屋反而比較明亮。我發現，只要房子稍微暗一點，人們看了一眼就會走掉。而且太過恐怖，也無法吸引太多客人。

後來，有一個畫家來談合作，畫家名叫「小衰尾」，她幫咖啡廳畫了一些創意明信片。當時，我就跟畫家討論，希望改變成比較可愛、活潑一點的鬼屋咖啡。所以，咖啡廳之中就有了一些壁畫、插畫，並且偏向可愛、趣味的風格。

開始轉型的時候，大約是經營第三年的時候，客人都很喜歡這種轉變，也會有人跟鬼怪壁畫合照。

在二〇一三年八月，我們舉辦了一個活動「鬼畫連篇」，請民眾在地上、牆壁，畫上心中的

鬼屋咖啡的洗手臺，繪製殭屍圖案。

「鬼畫」，也有角色扮演的相關活動，反應很熱烈。因為辦了這個活動，我開始接觸到學生，例如嘉義大學視覺藝術系的學生。那時候他們就跟我合作，在咖啡廳的一些牆面繪製鬼怪圖畫。

▲問題四：請問鬼屋咖啡的生意狀況？

許先生：

生意最多的時候是七月，因為這個時候是暑假。臺灣人知道有鬼的地方，應該不會錯過民雄鬼屋，所以很多人都會來這裡。像是某年農曆七月，民雄鬼屋就成為YouTube搜尋的前幾名。

▲問題五：面對鬼屋的心態？

許先生：

我個人不會害怕，因為我從小就住在這附近。我是以尊敬祂們的心在做生意。我們做生意，初二、十六都會拜拜，祭拜的時候，我一定會準備另一份給隔壁。門口拜過之後，我會轉過去古宅的方向，祭拜那些先人、好兄弟。我會跟祂們說，這邊也有祢們的一份，準備這些供品給祢們，請祢們來拿，感謝祢們讓我用祢們的名字做生意。除此之外，三不五時，我也會去古宅那邊撿垃圾。

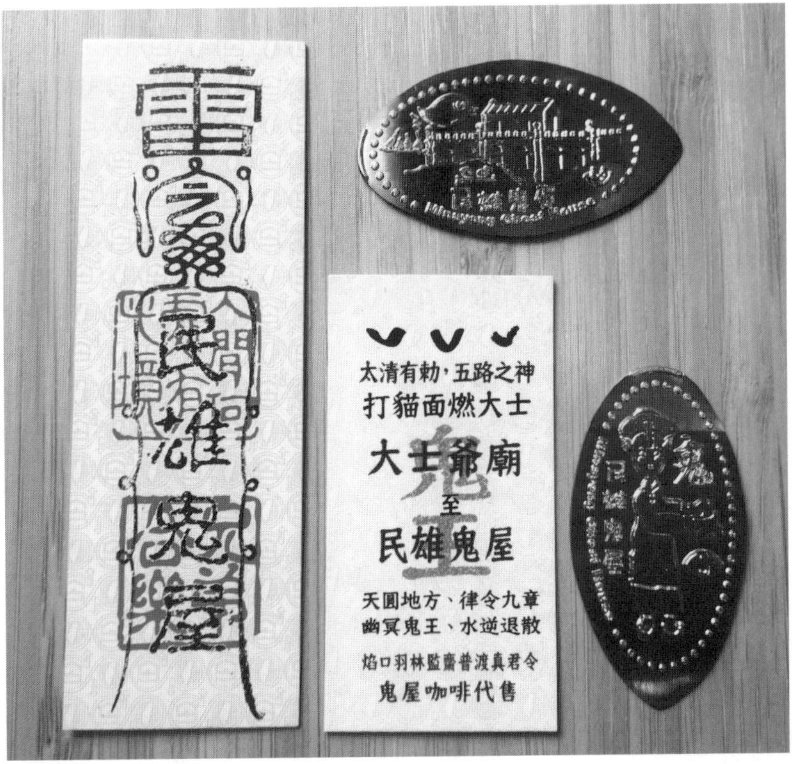

鬼屋咖啡店內販售的卡片。

▲問題六：關於劉家古厝，您聽過什麼傳說？

許先生：

我們小時候，長輩會叫我們不要進來這邊玩，說這裡不乾淨。

有一些老一輩的人會說，下午黃昏的時候，常常會看到那名已經過世的員外站在樓上。以前樹木沒有那麼多，還可以從外面清楚看到樓房。人們傳說，那名員外站在樓上，可能是在俯瞰他的田產。

▲問題七：什麼人會來這裡？

許先生：

我遇到日本的電視臺來採訪，他們請我帶路走進古厝中。他們的節目就跟臺灣的靈異節目一樣，會有藝人參與節目，也有靈媒老師同行。節目團隊進入古厝之後，那名藝人似乎開始感應到不尋常的氣息，然後靈媒老師趕緊跟向前，據說感應到日本兵的魂魄。於是最後，靈媒老師就幫忙將日本兵魂引回日本。

除此之外，常常會有宗教團體的人來這裡。

例如，學生晚上來這裡遊玩，回去可能碰到倒楣的事情，他們會害怕，最後猜測原因出自鬼屋，於是就找一些神明壇、收驚壇，請道士或法師來這邊拜拜、化解。到底有沒有用，就見仁見智。不能說沒用，至少求個安慰。

除了會有道教的人，也會有佛教的和尚來這邊辦法會，或者是密宗的人來這邊誦經超度，那時候古厝庭院就會懸吊很多五色旗。

其實我會疑問，那麼多人來這邊幫冤魂超渡，到底是哪位法師有成功？難道冤親債主這麼多？

有時候看多了，我就會懷疑，是不是在騙信徒？只要師父跟信徒說，我們來這邊辦個法會，累積功德，然後信徒就會出錢出力，讓師父來這邊辦法會。像是這樣的團體，每年至少會有三、四團。

▲問題八：經營鬼屋咖啡，有什麼挫折？

許先生：

我開咖啡廳這麼久，最挫折的事情就是我不知道臺灣的鬼的形象是什麼？我到底該如何設定這間咖啡廳的概念形象？

我曾經做一個大型的鬼怪公仔放在店門口，但是看來看去實在太偏向日本風格，於是我後來就把它收起來，不想再擺出來。

我實在不知道臺灣的鬼，該長什麼樣子？這一點，始終讓我很苦惱。

＊＊＊

今日的劉家古厝

第一次踏進劉家古厝之時，我本來以為會被「靈異磁場」壓得喘不過氣，但是穿過庭院之中一層又一層的樹叢，走到古厝前方時，不禁被紅磚古厝的氣派建築給震懾住。

這種震懾，是讚嘆老屋美輪美奐、巍峨豪華的閩洋綜合建築風格。雖然如今古樓斷垣殘壁，卻仍可見曩昔雕欄玉砌的富麗造型，充滿古典雅緻的藝術美感，並且因為悠遠時光的磨損而增添許多古樸氣息。

如果對比現今臺灣各地老房子的命運，經常因為都市開發而被拆除，劉家古厝的存在不得不讓人驚艷萬分。

昔日樗樹無用之用，得以不遭斤斧之災。如今劉家古厝也因靈異傳聞，讓人望而生畏，不敢造次，因此這棟華麗建築才能留至今日，讓人懷想昔日輝煌風情。對於古蹟本身、喜愛古蹟的人來說，鬼屋怪談反而帶來了奇妙的好福氣。

劉家古厝三樓有露臺，上方有「兄弟和樂」文字，據說是劉家的家訓。

怪談元素：女鬼、戀愛

奇聞七十九
洋樓詭影：酒吧火焚怪談？

我聽到不可思議的怪談……

日治時期，礦業富商林開郡在基隆蓋了一座洋樓，矗立港岸的建築物十分豪華氣派。房子建成之後，主人卻未久住，曾租給畫家倪蔣懷當作畫室。

人們傳言，畫家搬出房子之後，這座洋樓某段時間曾經開了一家「美琪酒吧」，專門接待美國客人。民間傳聞，當時有一名酒女愛上美國士兵，但對方不願接受女子，於是酒女在酒吧內縱火，與對方同歸於盡，在場酒客與小姐也死傷多人。據說從此之後，洋樓廢棄，窗畔常見鬼影，靈異傳說不絕於耳。

探查筆記

位於基隆鬧區的林開郡洋樓，據說曾租給人經營美琪酒吧，但酒吧停業之後，社會大眾開始對於洋樓有了另類的想像，人們盛傳鬼魅怪談。民間謠傳，某位酒女因為愛情不順遂，所以在屋中縱火與異國愛人同歸於盡，同時牽連無辜酒客與小姐，爾後火災亡魂依舊徘徊洋樓中。

洋樓今景。

根據地方耆老的說法，洋樓確實曾有美琪酒吧，招牌醒目，專門接待美國客人。不過目前調查林開郡洋樓歷史，很難百分之百確認這座洋樓曾經開設過酒吧，只能調查到基隆確實曾有一間「美琪酒吧」，但其位置是否在洋樓內、何時開始經營、何時停業，仍待進一步調查。

美援時期，臺灣與美國建立合作關係，基隆成為美軍停泊船艦的重要港口。為了提供美國士兵娛樂休閒的需求，當時基隆開設了許多酒吧。在這個特殊的時空環境下，據說曾有酒店業者承租了地理位置良好的洋樓，開設美琪酒吧。

至於民間傳聞提到洋樓曾經發生大火，此事讓人很疑惑。照理來說，這麼慘烈的火災事件，報紙應該會詳細報導，但是目前初步調查老報紙，我並未看到美琪酒吧失火的消息，也沒有新聞報導提及林家洋樓發生火災。因此，洋樓酒女縱火案，是否真有其事，有待商榷。

洋樓傳說是基隆人耳熟能詳的故事，我詢問住在基隆的聯經副總編陳逸華先生，他也略有耳聞，並且提供一張二十一年前的舊剪報給我參考。

那張剪報是《中國時報》在二〇〇〇年八月九日的新聞報導〈基市鬼屋揭密，澄清靈異傳言〉，這篇文章提及洋樓靈異故事，卻沒有說到酒吧縱火案。根據文章說法，當時人們流傳兩種版本的靈異故事。據說曾經有一名女子被情郎背棄，所以在洋樓內上吊，因此鬼魂常常漫遊屋內。另一種說法，則是說癡情男子等不到女子的愛，所以在此屋對女子痛下殺手，因此女子鬼魂停留屋中。藉由這篇報導，也許可以推測，自從洋樓荒廢之後，不同的時代會流傳情節迥異的靈異故事。到了今日，大眾盛傳的靈異故事則是說洋樓火災事件。

此外，關於洋樓荒廢的原因，其實理由很單純，就只是因為房屋產權複雜，林家後代子孫對古屋的處理意見分歧，導致房屋空閒至今。

洋樓一樓，是行人經常路過的場所。

奇聞八十

仁愛路鬼屋：建設公司的謠言？

怪談元素：女鬼

我聽到不可思議的怪談……

臺北市仁愛路是市區交通要道，而大安區的仁愛路三段位於大安森林公園北邊不遠處，地理位置不錯，而且經過多次整修，已闢建為一百公尺寬的林園大道，是臺北市少見的寬敞道路。行走於仁愛路三段，人行道綠意盎然，十分愜意。但是往昔，仁愛路三段有一間著名的荒廢鬼屋，鬧鬼傳聞不絕於耳。

探查筆記

仁愛路三段，昔日有一間名聞遐邇的鬼屋，坐落於大安分局隔壁。時過境遷，如今房屋已經拆除，難以辨認舊址何處。不過根據一九七七年的《聯合報》新聞報導，當時出現靈異傳聞的房屋可能位於仁愛路三段六號。

擁有「鬼片之王」稱號的鬼導演姚鳳磐，聽聞仁愛路鬼屋故事之後，心有靈感，便在一九七七年拍攝電影《殘月．陰風．吹古樓》，將這棟鬼屋的故事改編為恐怖電影。

一九八一年，畢婉如在《婦女綜合週刊》發表的〈仁愛路鬼屋驚魂〉文章，詳細介紹鬼屋傳聞。這篇文章提及，那棟房屋是豪華的兩層樓洋房，由一名周姓富紳興建，後來產權轉移，由仁愛醫院的某位醫師繼承房屋，曾經租給多明尼加大使和委內瑞拉公使作為公館。委內瑞拉公使回國後，醫師一家遷入此屋時，左鄰右舍竟然開始傳言此屋會發生靈異現象，據說白衣女鬼會在花園現身。因為鬼屋傳言甚囂塵上，醫師一家不堪其擾，只好搬離房屋，任其荒廢多年。

根據醫師之妹的說法，鬼屋傳聞乃無中生有，散播鬼屋怪談的有心人士可能是買屋不成的建設公司。曾有許多建設公司看中這棟樓房，卻與醫師一家無法談妥交易條件。據說建設公司出於報復心態，暗中散布靈異謠言。

仁愛路鬼屋於何時被拆除，目前難以確定時間，不過《中央日報》在一九九〇年二月八日的報紙報導這棟房屋「前年動工興建大樓後，種種傳說才稍減」，可以推知這棟古屋大約在一九八八年就已經不存，原址改建為大樓。

雖然如今古屋不存，故址也有嶄新大樓讓人耳目一新，不過昔日鬼屋怪說還依然在附近居民心中留下深刻的印象。有人回憶，以前鬼屋前方有一株高聳老樹，看起來陰氣森森，附近幸安國小的學生放學時路過，看到樹影搖晃總是心驚膽跳。

另外，也有更誇張的傳聞。人們謠傳仁愛路三段在日治時期是亂葬崗，所以才會在當地設置大安分局，希望利用警察正氣鎮壓孤魂野鬼。事實上，此說法是訛傳，調查日治時期古地圖，仁愛路三段範圍全是稻田，並無墳場，亂葬崗的說法是人們虛構幻想，與實情不符合。

怪談元素：探險

奇聞八十一

杏林醫院：被貼上鬼屋標籤？

我聽到不可思議的怪談……

臺南有一座「杏林醫院」，曾經是地方上的大型醫院，深受民眾信賴。不過後來醫院關閉，人們開始謠傳醫院出現怪異現象，繪聲繪影醫院廢棄是因為靈異事件。後來，許多電視靈異節目入內探險，鬼屋名聲也越來越響亮，引來許多好奇的年輕人跑進荒廢醫院一探究竟。

事實上，醫院之所以廢棄，最主要的原因是當時沒有配合全民健保制度，後來發生財稅問題，不得已才關門，並不是因為醫療糾紛或靈異事件影響而歇業。

探查筆記

臺南的杏林醫院，開業於一九七五年，在一九九三年關門停業。根據醫院所有者的說法，當初是因為健保實施與財稅問題才歇業。

杏林醫院棄置之後，因為無人管理，醫院建築越來越老舊，於是人們開始謠傳醫院有怪異。後來，許多電視節目開始報導這棟醫院的怪談，甚至將建築物形容為「鬼屋」，導致醫院靈異傳聞越來越興盛，引來許多好奇者進入廢棄醫院一探究竟。

我目前調查杏林醫院的歷史，並沒有調查到杏林醫院開業時曾經發生過嚴重的死亡事件或者是靈異事件。目前大眾媒體、網路上謠傳杏林醫院曾經詐領保險金、偽造醫療紀錄等狀況，應是虛假誤傳。二〇〇五年，在雲林斗六的另一家「杏林醫院」因為詐領保險金案件而被臺南地檢署偵查，此間醫院也因此停業。根據推測，這間位於雲林的杏林醫院，因為與臺南的杏林醫院同名，才會讓社會大眾誤會臺南的杏林醫院也曾發生過此類糾紛。

基本上，現在民間流傳杏林醫院的鬼故事，大多數都是探險者進入廢棄醫院時的怪異經歷，這些經歷流傳外界之後，才讓醫院鬼話更加誇張扭曲。

奇聞八十二

松園別館：日軍鬼魂顯靈？

怪談元素：軍事、政府

我聽到不可思議的怪談……

花蓮的松園別館，興建於日治末期，舊名「花蓮港兵事部」。根據在地耆老王天送的說法，此地建築最早興建於一九三九年，當時作為兵役課、徵兵單位。戰後，館舍逐漸荒廢，人們開始謠傳此處會出現幽靈，半夜會聽到日本軍歌、軍人踏步聲。會有這些傳聞產生，是因為人們傳言神風特攻隊的隊員出征前，會在此地飲酒餞別。此外，也有人傳言，曾經有一名日本軍官在此處自殺。但是這些傳聞，都欠缺有力的證據。

如今，松園別館經過整修，已經成為當地知名觀光景點，靈異傳聞暫歇。

松園別館門口。

奇聞八十三
烏日鬼屋：女子的啜泣聲？

我聽到不可思議的怪談……

臺中烏日，據說有一棟房屋是鬼屋。民間傳言，數十年前，一位富商興建此屋的過程中，曾跟酒店情人借錢，並且向她保證，房子蓋好就會讓她成為小老婆，兩人可以一起入住新宅。但是後來富商毀約，他的情人不甘心，便在新房子二樓穿著紅衣上吊自殺。據說從此之後，這棟房屋常常發生靈異現象，會聽見女子哭泣聲，窗邊也出現鬼影。

根據《自由時報》在二〇二〇年八月十八日的報導，當地里長表示，那棟房子確實發生過輕生之事，但是靈異之事都是謠傳。這篇文章中，里長也呼籲大家不要隨意去那棟房子：「**身為在地人，希望不要再有人去打擾鬼屋，除了鬼屋地主已易主，目前也有人住在該處，請大家尊重往生者，不要再去探險。**」

怪談元素：女鬼

野外怪談

怪談元素・精怪

奇聞八十四

魔神仔：山中的恐怖妖怪

我聽到不可思議的怪談……

走進臺灣的深山森林，有時候會迷路。迷路的原因，很有可能是被山中怪物「魔神仔」盯上，被它的魔力所影響，因而迷失於山中。

據說，魔神仔喜歡把泥土、牛糞、蚱蜢腿……等等穢物塞到人的嘴巴裡。人們吃這些穢物時，神智都會迷迷糊糊，以為自己正在吃雞腿美食，於是吃得津津有味。

探查筆記

天地之大，無奇不有，山精水怪，潛伏寶島。說起臺灣最鼎鼎大名的妖怪，首推「魔神仔」。也有人稱呼它為「魍神」、「芒神」、「盲神」……等等稱呼。

傳說魔神仔是一種出沒於林野之間的魔物，會誘拐人迷路，拿泥土、牛糞、蚯蚓、蚱蜢腿……等等東西給人吃。

雖然魔神仔是一種流傳民間很久的妖怪，但在現代的都市傳說中，它仍舊擁有一席之地。現

新北市山中的魔神仔洞。

代新聞媒體每次提及山中有人失蹤時，通常都會以魔神仔誘拐人的說法來做鋪陳，所以魔神仔的大名越來越聲名遠播，逐漸成為臺灣人對於山中精怪故事的經典想像。

魔神仔的紀錄與研究

魔神仔的故事在臺灣鄉野流傳久遠，究竟何時開始有相關傳聞，已經很難考究，臺灣在清國時期的文獻似乎沒有留下相關描述。不過，這並不代表臺灣清國時期並無此傳說。

目前可以考證到魔神仔作祟的早期紀錄，來自於日治時期的報紙文章。根據李家愷的研究，魔神仔最早的文字紀錄，可能是一八九九年十月四日的《臺灣日日新報》的報導〈咄咄怪事〉。這篇文章提及有人失蹤後突然現身，精神恍惚失常，懷疑是「魔神」迷惑。之後，《臺灣日日新報》也陸續有許多魔神仔的相關新聞。

雖然魔神仔的傳聞在日治時期就有相關報導，不過在學術領域，當時研究仍然不多。目前可以看到早期的探討，來自一九二一年出版的《臺灣風俗誌》，作者片岡巖描述一種怪物「毛生仔」（モオシンナア），形容這種怪物很像是光頭（或平頭髮型）的小孩，喜歡捕捉孩童。「毛生仔」一詞，就是臺語「魔神仔」另一種漢字譯名。這個紀錄，後來也收錄於一九三一年的《臺日大辭典》第九二八頁，同頁還記錄一種鬼神名叫「无神」，其實也是魔神仔的別名。

在一九三九年，作家西川滿發行的《臺灣風土記》第三卷，田大熊撰寫一篇文章〈鬼〉，也

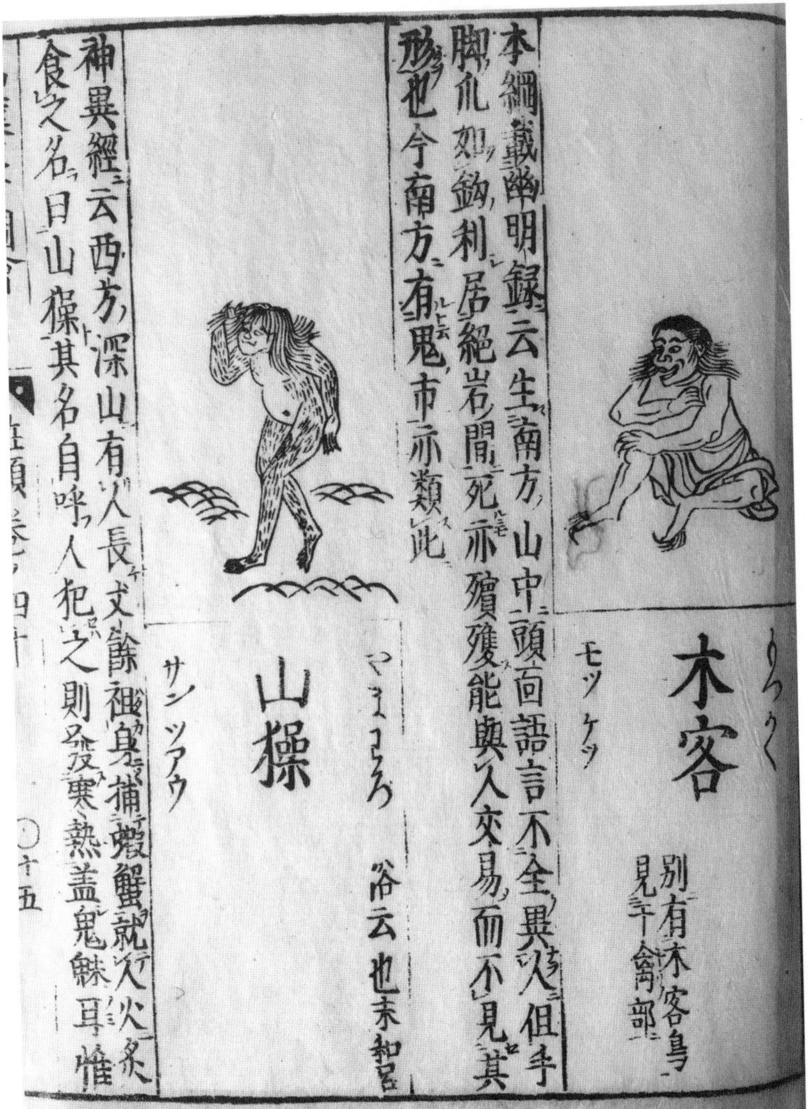

筆者收藏的十八世紀日本出版的雕版印刷古書《和漢三才圖會》，書中集結了中國與日本的各種知識，並且附有插圖。書中的第四十卷〈怪類〉，記錄了許多山中精怪。

提及這種妖怪，而且漢字就寫為「魔神仔」。田大熊描述這是一種淘氣鬼怪，喜歡惡作劇，平常會躲藏在林投叢、竹藪叢之中。

在一九四四年，「牽牛子」（池田敏雄）在民俗雜誌《民俗臺灣》的〈點心〉專欄撰寫的文章，同樣寫到「魔神仔」一詞，並且說這種怪物是戴著紅帽子的幼兒亡魂，能夠讓小孩子陷入失神狀態。

現代關於魔神仔的研究，目前以林美容、李家愷合著的《魔神仔的人類學想像》最具權威，書中許多研究則立基於李家愷的碩士論文。

根據《魔神仔的人類學想像》書中的田野調查，魔神仔的模樣可能是矮小、猴面、青膚、紅眼、紅髮，或者會戴紅帽、穿紅色衣褲。魔神仔的行動飄忽不定，也會幻化成各種事物，藉此欺騙人類。並且，魔神仔喜歡作弄人，會讓人神智不清、迷失方向，也會將泥土、牛屎等穢物塞到人類口中，讓人們以為正在吃美食大餐。

雖然魔神仔的出沒地點，大多位於深山，但我也曾聽過魔神仔現身於人類村落的故事。

我住在臺中市南屯區的文山里，旁邊是春社里，這裡是大肚山腳位置。二〇一八年，我採訪春社里耆老陳慶章先生，陳先生向我提及他在家門口遇過魔神仔的往事。大約在一九五〇、六〇年代的時候，某天晚上，他看到一隻全身灰毛、體型矮小如猴的魔神仔站在路旁紙箱上。後來，那隻魔神仔逃竄到附近街道，很快就消失不見。

當時，春社里大多是稻田、紅磚平房、三合院，並非深山密林。魔神仔為何現身於此，是一個謎題。不過，或許可以從生態的觀點來探討此事。

大肚山在百年以前，綠意盎然，擁有廣袤森林。但是，當人類在此山一步步建設，綠色山林逐漸被砍伐殆盡，或許魔神仔的棲地因此被破壞，導致它不得不來到人類的村中，找尋生存的契機。

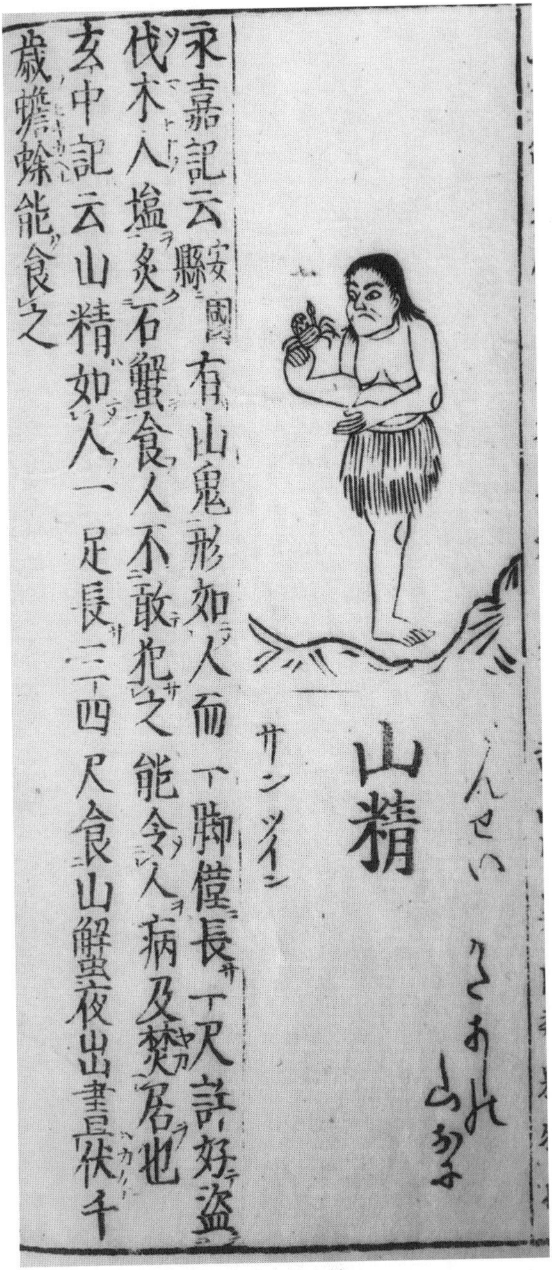

永嘉記云安國縣有山鬼形如人而一脚僅長一尺許好盜
伐木人鹽炙石蟹食人不敢犯之能令人病及焚居也
玄中記云山精如人一足長三四尺食山蟹夜出晝隱千
歲蟾蜍能食之

《和漢三才圖會》第四十卷中的山精。

當然這樣的想法，只是我的幻想。實情如何，無人知曉。

中國的山林精怪

魔神仔究竟是什麼？它有何種起源？這些問題，經常是研究魔神仔的學者想了解的問題，也有人將臺灣的魔神仔與中國傳說中的山林精怪進行比較研究。像是中國的山魈、山精、山都、木客等等傳說，都與臺灣的魔神仔故事有著類似的特點。

山魈，別名「山臊」，在《神異經》、《荊楚歲時記》、《酉陽雜俎》等等古書都有相關紀錄。據說這種怪物擁有神奇魔力，人面猴身，容貌猙獰，性格邪惡，喜歡誘騙、襲擊人類。

東晉葛洪的《抱朴子》則提及：「山中山精之形，如小兒而獨足，走向後，喜來犯人。」據說山精很像是小孩子，而且只有獨足。獨足的特徵，也經常出現在山魈身上。

此外，還有一種名為「山都」的怪物，全身都是毛，平時居住在樹上，具有變化隱形的能力。

雖然中國的山魈傳說，與臺灣魔神仔很類似，但李家愷在研究過程中認為並沒有明確的證據能將兩者等同起來，最有可能的狀況是兩者在不同時空下發展而成的兩種地方鬼怪。我認為此種說法，應是無誤。

儘管如此，臺灣確實也曾經流傳山魈的故事。例如，山魈曾被奉祀為「五通神」，並且臺灣清國時期曾有人祭祀此神。日治時期，片岡巖著作的《臺灣風俗誌》，書中的章節〈臺灣人對於鬼怪的迷信〉提到「山臊」這種怪物，認為這種山中妖精就是「魑魅」，曾在古代騷擾李畋的住家，後來因為被青竹拋入火中的爆炸聲嚇到而逃跑。到了戰後，一九六五年出版的臺灣漫畫《荒山妖怪》，則描繪出獨眼山魈作祟的恐怖劇情。

最特別的一點，莫過於原住民傳說可能也有山魈蹤影。

一八九七年，伊能嘉矩發表於《東京人類學會雜誌》的文章〈臺灣通信（第十五回）〉提及他去北投溫泉遊覽時，拜訪了北投社的老者潘有祕（Poanyupie），對方跟他講述北投社的歷史傳說。據說，他們這個族群原本住在「山西地方」，但是那個地方有一個妖怪，名叫「三消」（Sansiau），會趁人睡覺時，將人所蓋的棉被取走，然後消失空中。這種妖怪，造成人心不安定，於是眾人決定遷徙他處，避開這隻妖怪。

伊能嘉矩在《臺灣文化志》書中補記這個故事，他認為「三消」即是「山魈」，也就是中國神話中的「山精」，古籍描述這種形如小兒的怪物喜歡在夜間襲擊人。伊能嘉矩推測原住民傳說中會出現這種妖怪，可能是「漢化思想之混淆」。

至於「山西地方」，楊南郡譯註伊能嘉矩文章時，他認為山西是「Sansai」或「Sanasai」。根據宜蘭噶瑪蘭族傳說和蘭嶼達悟族的語言，推測北投社關於祖先來歷的故事，也許可以解釋為其祖先自海外漂流到綠島（Sanasai），之後才登陸臺灣。

奇聞八十五
山中鬼話：類似魔神仔的怪談

怪談元素：精怪

我聽到不可思議的怪談……

二〇二〇年五月，花蓮縣富里鄉有一名七十八歲的張姓阿嬤到山區工寮餵狗，卻失蹤三天，後來人們在「女鬼瀑布」找到阿嬤。阿嬤說，她聽見遠方傳來少女的聲音，因為好奇而去尋找，結果就茫茫然陷入一片迷惘，不知道身處何方。

當地居民說，附近常常發生長者失蹤事件，曾有一名走失長者被尋獲時，正在吃蚯蚓，但其實長者以為自己在吃雞腿。也因此，人們認為山中有魔神仔作祟。

但是魔神仔是漢人說法，如果以當地阿美族觀點來研究張姓阿嬤失蹤案，她很有可能是被「女鬼瀑布」的長髮女鬼給迷惑了。另外，也有可能是妖怪「撒烙」（Salau）讓阿嬤迷路山中。

探查筆記

當代臺灣，魔神仔名聞遐邇，很大的原因是新聞媒體的功勞。因為只要新聞報導有人在山中走失，經常會提及魔神仔之名。於是魔神仔藉由新聞傳播的方式，讓越來越多人得知它的名稱與

武界山中，據說躲藏著妖怪「卡納吉匿斯」，據說這種妖怪類似魔神仔。

特性。

根據《魔神仔的人類學想像》書中研究，戰後以來，臺灣就經常出現魔神仔相關新聞。到了一九九〇年之後，魔神仔新聞的數量開始快速增加。《魔神仔的人類學想像》書中論述，之所以會有這種狀況，可能是早期新聞受限於政府不願鼓吹迷信的狀況，故相關新聞不多，但是解嚴之後，地方新聞的管制逐漸寬鬆，所以流傳於地方上的怪異新聞，越來越容易被全國民眾看到。而且，因為大眾喜愛奇聞怪說，所以媒體也會對這種消息特別關注。

若簡略地調查二〇二〇年的新聞文章，以「魔神仔」為關鍵字，在網路上「Google搜尋引擎」找尋相關資料，這一年至少就有十幾則新聞報導，提及有人因為魔神仔的關係，因而在山中失蹤，或者發生受傷意外。

二〇二〇年，最知名的魔神仔誘拐事件，就是花蓮富里鄉的張姓老婦人在山中失蹤，結果被人發現於「女鬼瀑布」。

原住民傳說的山林精怪

張姓阿嬤失蹤事件，人們認為可能是被魔神仔拐走，才會迷失山中。不過，阿嬤被尋獲於女鬼瀑布，這個地點其實是當地阿美族人獵場範圍。如果不以漢文化的「魔神仔」說法來解釋，而是以當地原住民的觀點來看，也許阿嬤是被瀑布中的女鬼給誘惑了。

根據洪敍銘在二〇一八年發表的論文〈台灣「以女為名」之瀑布命名傳說探析〉，這篇文章記錄兩位阿美族人「騰莫言・基鬧」、「藍姆路・卡造」的說法，「女鬼瀑布」名稱的由來其實是族人傳說曾經有女子在此地自殺，因此女鬼就棲息於這座瀑布。

據說久遠以前，部落裡有一對夫婦，丈夫無緣無故失蹤於深山。雖然很多人去找尋這位失蹤的丈夫，卻一直找不到人。後來，部落舉辦了豐年祭，頭目沒有在慶典中看到那一位失去丈夫的婦女的身影，心生憂慮，於是就在慶典結束後就去拜訪女子家。沒想到，女子也失蹤了。不久之後，眾人在瀑布山壁旁的大樹發現女子上吊死亡，長長黑髮垂落於湖。此後，只要有人碰到瀑布水面，女子鬼靈就會用頭髮扯住對方，以為對方就是丈夫。因此，這座瀑布成為了禁地，也被族人稱為「女鬼瀑布」。

女鬼瀑布傳說中，「黑色長髮」是很重要的情節，不同版本的怪談都會出現相關細節。不過，根據新聞媒體報導張姓阿嬤的失蹤事件，沒有與「黑髮」有關的情節，因此阿嬤的失蹤事件是否與潭中女鬼相關，無法清楚得知。

另外，如果以原住民族的鬼靈信仰來觀察張姓阿嬤的案例，也許阿美族人會認為她可能是被「撒烙」（Salau）給迷惑了。

據說「撒烙」是一種惡靈，身形可能像是巨人或者猴子。這種怪物性格惡劣，會讓人在山中迷失方向，或者引誘人走到濃密的竹林中，或者是危險的懸崖。

同一件怪異狀況，從不同族群的角度來看，就會有各種不同的說法。魔神仔傳說，主要流傳於臺灣的漢人族群。但是對於臺灣原住民族來說，如果有人被山中精怪誘拐，導致失神迷途，各族群會有不同的說法。

類似魔神仔的怪物，臺灣山地屢見不鮮。我走訪原住民部落時，經常聽聞相關故事。例如，南投縣仁愛鄉的武界部落，屬於布農族的卓社群，族人傳言有一種名為「卡納吉匿斯」（Kanasilis）的妖怪，會讓人在山中迷途。布農人口耳相傳，卡納吉匿斯具有強大的變身能力，喜愛變幻成人們親朋好友的面目，誘惑人類走進深山叢林之中。如果被卡納吉匿斯引誘進山中，就算在山中走了兩天兩夜也渾然不覺。

我在蘭嶼田野調查時，也聽聞一種鬼靈名叫「阿尼度」（Anito）。達悟傳說中，阿尼度住在山中，如果隨意闖入它們的地盤，驚擾到它們睡覺，就會被丟石頭。

究竟魔神仔、撒烙、卡納吉匿斯、阿尼度……等等山中怪物、精靈是否存在呢？其實，人們進入山林時，最重要的態度是時時警覺，對各種事物懷抱尊敬之心。畢竟山林險地，不管是否遭遇精怪，小心方為上策。我想，這也是這一類山中妖怪傳說所隱藏的啟示。

從船上眺望蘭嶼，據說蘭嶼深山裡有鬼靈「阿尼度」。

奇聞八十六

紅衣小女孩：臺中大坑的怪談

怪談元素：活屍、女鬼、精怪

我聽到不可思議的怪談……

一九九八年三月，十幾人的家族前往臺中大坑山區踏青，走訪山上的風動石。眾人走在登山步道時，家族中的林先生以家用式V8拍攝眾人影像，無意中竟然拍攝到家族中的黃先生嘴裡似乎出現獠牙，甚至還有一位臉色鐵青的紅衣女子跟在眾人後面。眾人返家之後，過了一陣子，那一位在影片中出現獠牙的黃姓男子，竟然一睡不起，送醫後病況始終沒有好轉，最終與世長辭。

其實，林先生拍完影片後，並未發現V8影片中的怪異之處。半年後，家庭成員將V8影片進行拷貝，才發現影像很奇怪。

一九九九年十月，家族成員呂先生，始終念念不忘詭異的V8影片，於是致電八大電視臺的知名靈異節目《神出鬼沒》，請求電視節目幫忙調查影片中的紅衣怪人。呂先生希望了解，紅衣怪人是否與他的黃姓姊夫之死有關聯？

二〇〇〇年，《神出鬼沒》播出呂先生提供的V8影片，特別指出影片中的兩個怪異之處，並且正式命名影片中的紅衣怪人為「紅衣小女孩」，一時轟動社會。

紅衣小女孩

事實上，節目製作單位一開始不敢斷言影片中的紅衣人就是鬼或怪物，害怕影片中的女孩會出面駁斥製作單位胡言亂語。因此，製作單位特地到新田、大坑進行調查，訪問當地民眾與學校師生，詢問是否有人曾見過影片中的怪人。經過一番調查，製作單位一直沒有找到相關線索，於是才在電視節目中播放呂先生提供的影片，並且在節目中邀請觀眾協尋「紅衣小女孩」的行蹤。

因為觀眾反應熱烈，於是《神出鬼沒》繼續製作數集有關「紅衣小女孩」的特別節目，並且在節目中請求觀眾提供紅衣女的相關線索。因為電視節目不斷探討紅衣女的真相，造成民間熱議不歇，「紅衣小女孩」也因此成為臺灣近代首屈一指的本土都市傳說。

經過多年民間傳聞，人們對於影片中的紅衣女，產生諸多想像。有人猜測她是山精、女鬼、活屍、生靈、魔神仔……等等身份。當然，也有人認為影像是造假。另外也有人提出科學證據，說明影像中的怪異現象是自然現象，例如紅衣女臉色鐵青是因為拍到背光面。

探查筆記

二〇一九年十月，日本著名妖怪雜誌《怪與幽》為了製作臺灣妖怪專輯，雜誌編輯似田貝大介與妖怪作家村上健司特地來臺灣採訪，我有幸帶領他們到臺灣各處妖怪景點考察。當我開車帶著他們前往新北市魔神仔洞的途中，我向他們介紹臺灣最知名的都市傳說「紅衣小女孩」，隨行的翻譯人員也用手機開啟 YouTube 播放當年呂先生提供的V8影片。

大坑登山步道。

我本來預期他們會感到很驚嚇，畢竟這是臺灣數一數二的妖怪傳說，應該與日本盛傳的裂嘴女都市傳說是相同的等級。

但是對方看過影片之後，卻納悶地發問：「這不就是人嗎？」似乎不認為影片中的女孩是精怪，並且不太了解為何臺灣人會覺得這是一段恐怖靈異影片。

當時的「文化衝擊」，讓我重新思考起臺灣人如何塑造出「紅衣小女孩」的都市傳說。如今，我們已經太過習慣這個恐怖傳說，反而忽略了這個傳說被人們塑造成形的過程。

其實，我小學的時候很常到大坑爬山。有一陣子，我爸媽幾乎每個禮拜都會帶我們家到大坑踏青。那時候我每週寫作文，都會寫爬山經驗，次數過於頻繁，小學老師感覺很奇怪，還特地問我：「難道你又去大坑爬山了？」

在一九九八年之前，也就是我讀小學的時候，我經常走訪大坑。後來國中課業壓力重，為了讓我專心應付考試，我爸媽就很少帶我去大坑爬山。而我小學時走訪大坑的過程，從來沒有看過類似影片中的「紅衣小女孩」。

二〇〇〇年，靈異節目《神出鬼沒》介紹「紅衣小女孩」，當時我沒有觀看這個節目。節目播出之後，雖然引發社會大眾熱烈討論，但是似乎在我讀書的臺中學校沒有造成話題。我讀國中、高中時，班上同學最熱烈探討的臺中靈異故事，其實是中區幽靈船的怪談。

根據模糊的記憶，我應該是高三或者上大學的時候，才聽說臺中大坑會出現「紅衣小女孩」。

大坑山區的風動石告示牌。

從大坑山上眺望臺中市區。

因為我從小經常走訪大坑，我對於大坑山區秀麗風景有著良好印象，所以很懷疑這個傳說的真實性。後來，我在網路上看到當初的V8影片，第一時間的反應，其實就像是日本妖怪雜誌編輯與作家的想法，我認為這個影片就只是拍到路人而已。

但是不知從何時開始，我常常在網路上看到有關「紅衣小女孩」的文章，或者是在書中讀到相關故事。這些經驗累積起來，讓我原先對於V8影片的「不以為意」，慢慢轉變成「有些在意」。後來，二〇一五年，程偉豪導演的《紅衣小女孩》上映，造成大轟動，這時我對於V8影片的態度，竟然轉變成「半信半疑」的想法。

回顧自己歷年來面對「紅衣小女孩」的態度轉變，我開始對於「V8影片與紅衣小女孩是真是假」這些問題覺得無足輕重，我反而對於「人們如何形塑紅衣小女孩的怪異傳說」這個問題有了非常大的好奇心。

為了理解這個知名都市傳說如何形成，有必要確認當時V8拍攝的情況、電視節目如何傳播這個影片，以及後來觀眾與這個節目互動的情況。

V8影片與靈異節目

一九九八年三月一日，十幾人的家族到臺中大坑山區踏青，走訪當地著名的風動石風景區，爬山時間大約是上午十一點至下午一點的時間。登山途中，家族的一位成員林友忠先生使用非專

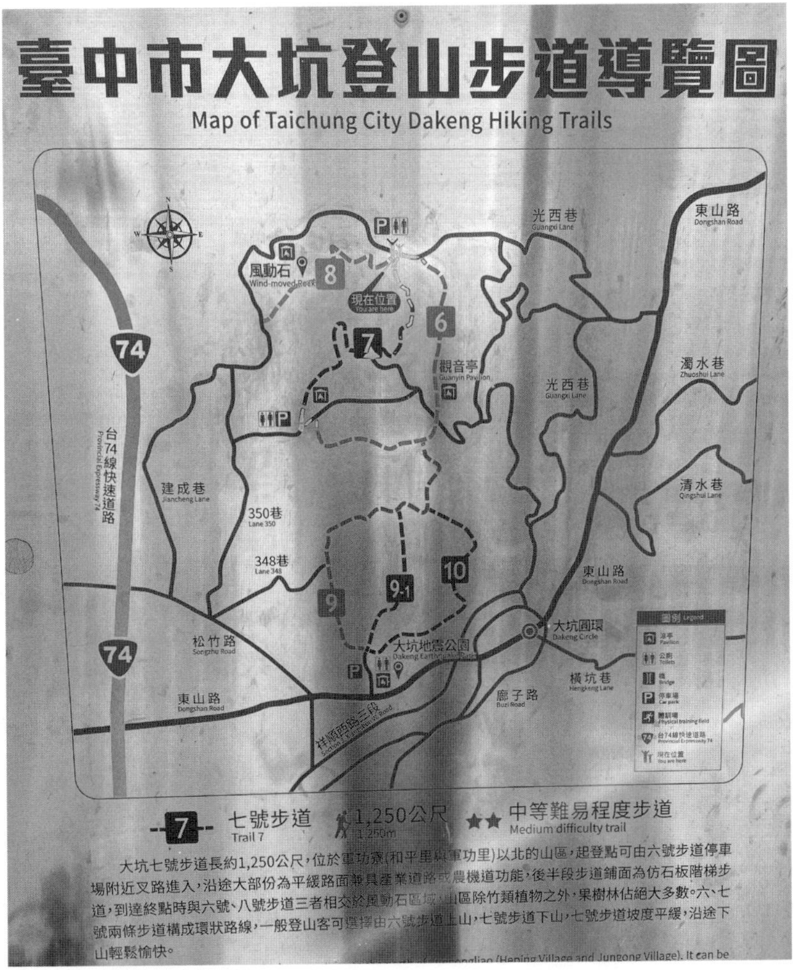

大坑登山步道的路線告示牌。

業的家庭Ｖ８攝影機來記錄家庭遊訪過程。在十二點三十八分的時候，他無意中拍攝到家族中的黃先生（他妻子的姊姊的丈夫）嘴裡出現獠牙，以及在十二點四十六分的時候，拍攝到一位臉色鐵青的紅衣女子跟在眾人後面。林先生拍攝影片時，並未察覺異狀。眾人返家之後，也沒有留意到影片中的怪異之處。

登山之後，過了一陣子，那位在影片中出現獠牙的黃姓男子，某天睡覺，竟然一睡不醒，家人趕緊將他送往臺中省立醫院，後來轉診至臺大醫院。但是黃先生狀況一直不樂觀，最終與世長辭。根據黃先生的小舅子（妻弟）呂明保先生的說法，黃先生是因為心臟血管堵塞而去世。

半年後，也就是一九九八年秋天時，呂明保先生想起當初眾人曾一同出遊爬山，當時他的妹婿林先生曾以Ｖ８拍攝出遊情形。呂先生心血來潮，請弟弟拷貝影片。弟弟觀看影片時，驚訝發現影片中的怪異情況，於是趕緊通知其兄。這時，呂先生才發現，影片之中竟然拍攝到一名奇怪的紅衣人。呂先生詢問妹婿當時拍攝情況，妹婿則說不知道為何會拍攝到那名紅衣人。

呂先生一直對於怪異的Ｖ８影片耿耿於懷，很希望能夠得知這個影片是不是拍攝到靈異現象。於是在一九九九年十月，呂先生致電當時很熱門的八大電視臺靈異節目《神出鬼沒》製作單位，提及這個怪異影片。

《神出鬼沒》的節目製作人凌志文，聽聞呂先生有靈異Ｖ８，凌製作人以為只是拍到路人而已，不以為意，沒有特別去追蹤，也未看過影片內容。但是後來，呂先生說影片攸關人命，堅持要拿影片給製作單位看，希望製作單位可以研究他家人的過世是否與影片中出現的紅衣怪人有關。

因此，製作人便召集團隊，將呂先生提供的Ｖ８轉成ＶＨＳ帶子，用電視錄影機觀看。觀看過程，眾人發現影片有兩個怪異狀況，也就是呂先生姊夫嘴裡似乎長出「獠牙」，而且眾人後方跟了一位穿著紅色毛衣的矮小女子。

一開始，製作人看到影片時，懷疑跟在後面的女孩是活生生的人。他認為若在節目中公然說女孩是鬼，也許會有爸媽帶著「正港女孩」出面譴責製作單位胡言亂語。因此，製作單位特地到新田、大坑進行調查，訪問當地民眾與學校師生，找尋是否有人看過影片中的怪人。經過一番調查，製作單位一直沒有找到相關線索，於是終於在電視節目中播放Ｖ８影片。

影片中的怪人是一個穿著紅色衣服的小女孩，所以節目製作人凌志文就與團隊成員共同將這個怪人命名為「紅衣小女孩」。

二〇〇〇年，八大電視臺的《神出鬼沒》播放探討「紅衣小女孩」的節目，引起熱烈迴響。於是一個月後，《神出鬼沒》再度製作一集特別報導，邀請呂先生與他的姊姊上節目，想要藉由民俗「觀落陰」、「牽亡魂」的方式與陰間的黃先生進行交流。因為當初黃先生去世非常突然，沒有交代任何事情，他躺在床上睡了一覺就從沒醒來，因此呂大姊很思念亡夫，盼望能夠藉由觀靈儀式，再度與亡夫溝通說話。

《神出鬼沒》製作「紅衣小女孩」節目，最特別的地方，就是希望能夠幫忙解答呂先生的疑問，也就是為何他的姊夫會突然去世？另外更重要的一點，就是想要藉由電視節目的力量，懇請觀眾協尋影片中的怪異女孩。

例如，第一集的節目旁白便呼籲：「製作單位仍然秉持著實事求是的精神，不放棄任何找尋的管道。因此電視機前的觀眾朋友，如果你對靈異Ｖ８當中的鬼牙，能夠提出合理的解釋，或者是您看過靈異Ｖ８中的小女孩，請您與製作單位聯絡，讓我們一起揭開事實的真相。」在第二集，女主持人則說：「我們也很希望可以解開這個靈異Ｖ８，超世紀之謎。」

《神出鬼沒》電視節目中，訪問了很多民俗專家，想要了解「紅衣小女孩」究竟是何方神聖。例如，有人說男子疑似出現獠牙是因為卡到陰，也有人說紅衣小女孩是魔神仔，甚至還有民俗研究者說紅衣小女孩是類似海地巫術所製作的「活屍」、「活死人」。

其實，《神出鬼沒》對於這些「老師們」的看法沒有肯定也沒有否定，反而對於「紅衣怪人也許活生生存在」這個想法抱有一絲絲希望，所以才會在節目中不斷呼籲民眾幫忙協尋「紅衣小女孩」。

觀眾對於「紅衣小女孩」的迴響

自從《神出鬼沒》首次播出「紅衣小女孩」節目，一直有許多民眾跟電視臺製作單位聯繫，聲稱自己有「紅衣小女孩」的線索。

於是同樣在二〇〇〇年，《神出鬼沒》再度製作一集有關「紅衣小女孩」的特別節目，焦點集中於觀眾陳先生的靈異體驗。

陳先生在節目中說，自己去年（一九九九年）在高雄燕巢鄉的山上看過「紅衣小女孩」。當時是下雨天，大約是中午，陳先生開車時轉一個彎，看到前方有一部黑色的車（類似發財車），車中坐著一個類似「紅衣小女孩」的人。那人轉頭，並伸出手，向後方車中的陳先生招手。陳先生看到那人膚色怪異，五官模糊不清，但是陳先生不疑有他，茫茫然就跟著前方車子開過去。後來他一直開車，車子突然卡在山坡上，差點就要掉下去。這時，陳先生猛然驚醒，回想起剛才前方的車子，那車子駛過水坑竟然沒有濺起水花，果然很奇怪，也許就是要「牽」他過去。

陳先生自從遇到這件怪事之後，做任何事情都不順利，不只工作沒了，也跟老婆離婚。後來，他看了《神出鬼沒》電視節目之後，認為V8影片中的「紅衣小女孩」，就是當初他看到前方車中的招手怪人。陳先生認為自己被詛咒了，很害怕自己成為「紅衣小女孩」下一個犧牲品，於是才跟製作單位聯絡。

不只是陳先生說自己看過「紅衣小女孩」，呂先生提供的靈異影片在電視臺播放之後，數年之間，另外還有數名觀眾回報自己看過「紅衣小女孩」。

第二位觀眾是宜蘭乩童阿剛，他訓練道法的訓乩期間，某夜與朋友夜遊，曾經看到一位老人臉、孩童身的紅衣人走在橋上，眨眼之間就消失不見。後來他看了電視節目，驚覺那晚就是看到「紅衣小女孩」，於是他聯絡製作單位，還帶節目團隊重返現場。

第三位觀眾張先生，則是與他的朋友一起看到「紅衣小女孩」。張先生說，當時他與朋友在高雄的美濃溪釣魚，看到溪上小橋出現一個女孩子身影。傍晚時，他與朋友換地方釣魚，走在路上時，意外遇到那位奇怪的小女孩。他觀察那名女孩身上的紅衣，衣服正面是用毛線織成的米老鼠圖案。他估算小女孩約一百二十公分高，膚色是青灰色偏綠，嘴有點凸，眼神看起來像是沒睡飽，走路同手同腳，後面頭髮有兩個辮子紮起來。後來他們回家，張先生朋友晚上背部痛到睡不著。張先生雖然身體無恙，但半夜一點至三點，竟然有人每隔十幾分鐘就敲扣一次他的家門，他嚇得不敢開門。

許多觀眾，分別在不同時候向靈異電視節目說明自己看過紅衣小女孩。正常情況下，如果觀眾目睹了電視節目中特定人事物，可能不會積極聯絡節目製作單位。但是因為《神出鬼沒》不斷在「紅衣小女孩」節目中提醒觀眾幫忙協尋紅衣人的下落，因此觀眾若曾經有類似經驗，可能會更加樂意聯繫製作單位。製作單位過濾相關訊息之後，若發現觀眾情報有基本的可信度，就會再度製作「紅衣小女孩」續集報導，重返觀眾目擊地點，進一步深入探討「紅衣小女孩」是真是假的問題。

社會集體塑造「紅衣小女孩」

爬梳《神出鬼沒》電視節目介紹「紅衣小女孩」的過程，我們可以清楚發現，「紅衣小女孩」原本只是V8影片中的怪異身影，但是經過越來越多人的指認，三人成虎，關於「紅衣小女孩」的故事漸漸引發越來越多的議論。例如歷年來，不少人會以各種科學觀點證明影片無關靈異，也有許多人認為影片中的怪人只是普通路人。

其實，社會上不斷出現討論「紅衣小女孩」的言論，應該源自於《神出鬼沒》節目呼籲觀眾協尋、探討「紅衣小女孩」的真假之謎。

靈異影片是真是假，我認為自己身為一名普通人類，無法百分之百肯定世界上有超自然的靈異現象。但是，若觀察《神出鬼沒》節目中陳姓觀眾等人的言談，會發現他們潛意識裡將不幸事件歸罪於「紅衣小女孩」的現身，這名紅衣怪客如同煞神，引發了一連串災難。電視節目播出之後，「紅衣小女孩」藉由電視媒體的力量，讓更多人得知這位紅衣怪客的存在。而且很有可能，越來越多人會抱持同樣的心理意識，將生命中的一些不幸遭遇怪罪於「紅衣小女孩」。就算自己遇到只是類似「紅衣小女孩」的怪人（或者是其他種類的煞神妖鬼），也會因為「紅衣小女孩」比較有名，就將自己遇到的怪人（或煞神妖鬼）指稱是「紅衣小女孩」。

久而久之，「一個紅衣小女孩，各自表述」的怪談現象逐漸成形。

電視媒體的傳播力量，讓「紅衣小女孩」獲得了難以想像的龐大法力，得以突破空間限制，出現在臺灣各地。我聽過許多人談論紅衣怪談，不同人口中的紅衣小女孩出現的地點遍及臺灣東南西北，例如臺北陽明山、北宜公路、臺中大坑、花蓮林田山……等地。而且「紅衣小女孩」的故事盛傳之後，她不只是現身於山林之間，近年來學校怪談也會說某間教室躲藏著「紅衣小女孩」。例如，我就曾聽過學生說她會出現於嘉義高工校內的地下室。

另一種助長「紅衣小女孩」傳說盛行的原因，則是名字。

不得不說，《神出鬼沒》製作團隊找到了一個非常厲害的名稱，也就是「紅衣小女孩」這個名號，讓紅衣怪人的傳說有了一個容易貼近人心想像的稱呼。

試著想像，如果改換成「紅衣怪人」、「紅衣小鬼」、「紅衣鬼」、「紅衣靈」……其他稱呼，這些名號帶來的感受會與「紅衣小女孩」截然不同。

若太偏向怪力亂神的稱呼，可能讓觀眾覺得虛假。若是採取「小女孩」的中性稱呼，反而如同實際影像一樣，給予人較為真實的感受，同時又對「明明是小女孩卻有詭異長相」的影像畫面產生極大的恐懼感。

此外，臺灣民間對於「紅衣女鬼」的想像，通常認為這是想要復仇的成人女性鬼魅（尤其是對負心漢復仇），但是「紅衣小女孩」卻是「小女孩」，她與鄉野怪談常講的「紅衣女鬼」有著非常不一樣的年齡差距。這種反差，促使人們疑惑小女孩會何會穿紅衣，並且不斷試圖為這位身份不明的小女孩找尋一個合理的身世解釋。

「紅衣小女孩」能夠名聞遐邇，除了因為有影片為證，另一個主要原因是她擁有一個易於流通、方便想像的好名字。

另一種關於「紅衣小女孩」的形象塑造，則是衣服。仔細想一想，大家印象中的「紅衣小女孩」是什麼形象？對於曾看過《神出鬼沒》原始節目的忠實觀眾而言，應該會自然而然想到一位矮小紅衣女的形像，她穿著類似運動衣褲的服裝，衣服正面圖案類似米老鼠的卡通圖形。

但是對於從未看過《神出鬼沒》原始節目、V8靈異影片的年輕人來說，一開始聽聞「紅衣小女孩」的名號，應該十之八九都不會想像出紅色運動衣褲的形像，而是很有可能幻想小女孩穿著鮮血般的紅色連身裙。我當初未曾親眼觀看V8影片之前，就是幻想「紅衣小女孩」穿著紅色連身裙。這種形像，尤其在二〇一五年的《紅衣小女孩》電影中獲得了極大的發揮。時至今日，大眾討論起「紅衣小女孩」，很多人都會將她想像成穿著紅色連身衣裙的形像，紅衣裙可能像是染血，可能破破舊舊。如果在萬聖節扮裝活動，有人打扮成原始靈異影片中紅衣怪人穿著運動衣褲的形象，可能會被他人質疑扮裝失敗。

持續加油添醋的過程，讓「紅衣小女孩」的形像與傳說越來越具體，越來越真實，眾人也越來越喜歡猜想她是山精、女鬼、活屍、生靈、魔神仔……等等身份。當人們不斷討論V8影片是真是假、紅衣怪客是否存在，這些討論就能讓「紅衣小女孩」更加立體成形。

追捕虛幻怪物之路，往往是塑造出怪物真身的朝聖之旅。

我凝望，故妖怪在。

「紅衣小女孩」系列電影

從二〇〇〇年開始，紅衣旋風席捲臺灣。「紅衣小女孩」故事盛傳的原因，一部分是因為有憑有據的靈異影片，一部分是因為她有一個刺激人們想像的好名字，另一部分則是靈異節目不斷呼籲協尋紅衣怪客的下落，猶如向社會大眾遞交一份「誰能解謎」的挑戰書，導致人們不斷瘋狂討論。

「紅衣小女孩」另一波議論熱潮，則是紅衣電影的誕生。目前「紅衣小女孩」電影系列作品共有三部，前兩部電影由程偉豪擔任導演。

第一部電影《紅衣小女孩》在二〇一五年上映，由許瑋甯、黃河主演，劇情以老婦人失蹤事件起始，男女主角找尋失蹤奶奶的過程中，遭遇各種靈異事件。

第二部電影《紅衣小女孩2》在二〇一七年上映，由楊丞琳主演，劇情試圖解謎「紅衣小女孩」的身世，並添加虎爺乩身角色，讓故事具備正邪對立的架構。這部電影認為紅衣小女孩是活屍，這個概念最早是風水命理師謝沅瑾在二〇〇〇年《神出鬼沒》靈異節目所提出來的活屍解釋。

第三部電影《人面魚：紅衣小女孩外傳》則由莊絢維擔任導演，在二〇一八年上映。這部電影的主題是臺灣都市傳說中的「人面魚」，試圖進一步擴大紅衣系列電影所架構的「魔神仔宇宙」。

「紅衣小女孩」跨國旅行

「紅衣小女孩」的故事，其實不只流傳於臺灣。《神出鬼沒》播放靈異V8影片之後，相關訊息就流傳至中國，許多中國網路文章會介紹臺灣盛傳的「紅衣小女孩」靈異故事。前幾年，我也詢問來自廈門的朋友，他說《紅衣小女孩》電影上映之前，臺灣的紅衣傳說就已經在中國很流行。

「紅衣小女孩」另一個比較特別的旅行經驗，則是前往日本。二〇一九年，日本漫畫家「ぬじま」（Nujima）發表連載漫畫作品《怪異、少女、神隱》（怪異と乙女と神隠し），其中第十八回的漫畫開始以臺灣都市傳說「紅衣小女孩」作為主題，讓讀者十分驚奇。

「ぬじま」漫畫之中，提及一九九八年的靈異影片，以及二〇一四年有一位老婦人在花蓮山區失蹤的事件，可見作者對於「紅衣小女孩」相關傳說有基本的理解。

比較特別的是，漫畫故事甚至將「紅衣小女孩」引發的怪異事件連結了臺灣另一種知名怪談「水鬼捉交替」，讓人頗感訝異。會有這種情節，也許是受到《紅衣小女孩》電影中「呼喊他人名字就讓人成為替死鬼」劇情設定的影響？

對於臺灣人而言，「紅衣小女孩」的故事很少出現「替死鬼」的情節。不過漫畫中也有解釋，怪談若被太多人講述，怪談內容就會融合不同的靈異故事，因此漫畫中的「紅衣小女孩」才產生變質的情況。

漫畫中的說明，我認為很合理。臺灣流傳「紅衣小女孩」相關傳說，常常添加各種新奇的靈異情節，例如二〇〇八年臺中卡多里樂園怪談興盛，當時就有人說紅衣小女孩住在這座廢棄樂園之中，而這個傳言也被應用於電影《紅衣小女孩2》的劇情之中。

「紅衣小女孩」遠渡重洋的過程中，嫁接了不同種類的臺灣怪談，似乎無不可。

爬梳「紅衣小女孩」在不同的時代、不同地點、不同講述者、不同創作者的說法，她的形象與故事可說是五花八門，充滿各種可能性。時間不停轉動，人們的好奇心與想像力永無止歇，或許未來「紅衣小女孩」還會擁有更多不可思議的面貌與情節。

臺中大坑山區的風動石，曾有遊客到此遊覽，行程中卻被紅衣小女孩跟蹤。

臺中大坑登山步道，據說曾經出現紅衣小女孩。

怪談元素：探險

奇聞八十七
東海碉堡：大肚山怪談

我聽到不可思議的怪談……

大肚山上有數座碉堡，這些碉堡底下有互相連接的通道，當地人習慣將這些碉堡群稱為「東海古堡」、「東海碉堡」。

大肚山的碉堡、地下通道，一直以來是人們探險試膽量的場所。根據許多探險者的說法，碉堡下的地底道路有時候會出現靈異現象，久而久之，東海古堡漸漸成為臺中熱門的都市傳說場所。

探查筆記

我家住在大肚山的山腳，小時候就常常聽母親聊她年輕時跑到大肚山碉堡坑道探險的故事。我母親大約是在十五歲左右到碉堡探險，當時大約是一九七〇年代。母親說，他們會一大群人騎機車到大肚山上夜遊，然後一起走進碉堡內的密道冒險。母親說，當時似乎沒聽過有關坑道的靈異故事，眾人只認為摸黑走地底通道很刺激。

大肚山十三號碉堡，現今更名「日軍見晴臺機槍堡」。

雖然一開始大肚山碉堡可能沒有太多靈異故事，但是時至今日，因為探險者越來越多，加上大肚山望高寮偏僻路徑曾發生殺人案件，相關故事經由網路發酵，山中碉堡地道有鬼的故事逐漸增多。

大肚山上的碉堡，當地人俗稱「東海古堡」。這是因為早期大肚山東海大學的學生常常在學長帶領之下，夜遊碉堡與地下坑道，所以此名才逐漸流傳。

雖然碉堡有「古堡」之名，但是與我們想像中的歐洲古堡截然不同，而是日治時期日本人為了戰爭緣故而興建的防禦型反空降碉堡，碉堡下的地底坑道四通八達，猶如地下迷宮。當初日人在大肚山建築碉堡，目標是為了防止美軍部隊由大肚溪岸進攻臺中盆地。根據軍事遺跡研究者蔡金鼎的說法，這些反空降碉堡群北起臺中大雅區忠義村與沙鹿區的交界，南至臺中南屯區與大肚區的望高寮交界處。

根據《中國時報》在一九九七年十一月二十一日的報導〈大肚東海古堡地道，一片謎〉，當時有一名蘇姓學生和兩名好友慕名而來，他們在地道內發現一條腐爛多日的死豬，另一邊的洞口出現冥紙和蠟油。蘇姓學生認為，若在地道迷路或發生意外，很難求救，地道也有可能成為罪犯躲藏之處。蘇姓學生在報導中呼籲民眾不要貿然前往，希望警方能夠加強巡邏。

二〇〇五年，立法院國防委員會決議大肚山碉堡不再屬於國防部，地方政府應要拆除，民間也可自行拆除。消息公布之後，當年十二月，民間業主花費二十多萬元請怪手拆除了十一號與

公　告
本「日軍見晴臺機槍堡」為
歷史建築，周邊嚴禁煙火、
禁止清倒廢棄物、禁止攀爬
等危險行為。如有毀損將依
文化資產保存規定，處以新
臺幣 30 萬元以上 200 萬元
以下罰金。
大肚山碉堡旁的警告標語。

十二號兩座大肚山碉堡（碉堡編號是國防部原定拆除計畫內的拆除編號），想要出租、轉賣碉堡所在的土地。

地方文史團體察覺兩座碉堡被拆除，趕緊請求政府妥善保存歷史古蹟。之後文化局經過評估，便將臺中市境內十二處碉堡登錄為歷史建築，總算讓碉堡群擁有法定的文化地位，不可隨意損毀破壞。

如今大肚山留存的知名碉堡是十三號碉堡，二〇一三年經過臺中市古蹟歷史建築聚落及文化景觀審議委員會決議，這座碉堡更名為「日軍見晴臺機槍堡」。因為日軍佈防大肚臺地時，稱此處為見晴臺陣地。臺中市文化資產處的官網，簡介這座碉堡：「**此機槍堡屬圓錐型碉堡，地下兩層有坑道，地面三層高七點八五公尺，每一樓層開窗設置機槍射擊口，具觀測及空防作用，碉堡內部坑道連通戰鬥指揮所。**」

近年來，有一些民眾慕名碉堡地底坑道，時常入內探險，並且將冒險過程發表於網路討論區，這些網路文章時常提及探險時遭遇靈異事件，還有人目睹白衣鬼影。最知名的事件是二〇一六年有數名年輕人進入探險，結果有人在碉堡內部聽見詭異的女聲說下去陪她玩，女聲還問：「**你們叫什麼名字？**」探險者在網路論壇發表歷險文章之後，民間更加盛傳東海古堡靈異故事。

韓戰爆發之後，國軍為了防範中共空軍，因此在大肚山上興建火炮掩體。

奇聞八十八

清水鬼洞：臺中海線的傳說

怪談元素：探險

我聽到不可思議的怪談……

臺中市西部的清水區，位處大肚山西北麓，西臨臺灣海峽，屬於臺中海線區域。清水的鰲峰山公園是當地知名景點，公園北側的橫山有一個靈異坑洞，名喚「清水鬼洞」。

鬼洞原本是軍事戰備地道，不過因為年代久遠，地道老舊陰森，於是開始流傳靈異故事。

探查筆記

第二次世界大戰期間，日人為了戰事需求，一九四一年開始在清水鰲峰山北側的橫山開鑿軍備地道，地道以鵝卵石、鋼筋、混凝土興建，這是日軍作為長期抗戰的防空戰壕，內部有床鋪、洗手間、倉庫、崗哨、機槍堡……等等設施。不過一九四三年完工之後，日軍並沒有實際使用此地道。

戰後，橫山地道一度成為國軍戰備重地、彈藥庫，但是後來閒置多年。坑道荒廢之後，成為當地人探險之地。當地人傳說洞內會有鬼怪出現，所以人們就以臺語稱呼此處為「鬼仔洞」。

清水鬼洞外的「橫山戰備道鬼洞」石碑。

鬼洞附近，清水區公所彩繪的壁畫，描繪鬼怪出沒的畫面。

根據現今鬼洞門口發放的文史導覽紙，撰寫導覽文章的吳長錕先生提及，昔日清水孩童很喜歡拿著手電筒、蠟燭或火把，在元宵月夜入洞探險。

我曾訪問一名蔡姓女士，她在一九六〇年出生於清水南邊的沙鹿，讀國小的時候經常去清水鬼洞遊玩冒險。根據她的說法，大家除了繪聲繪影說鬼洞有鬼，也會說鬼洞內的道路可以通往大甲溪南岸。

鬼洞坑道四通八達，路線十分複雜。因為坑道年久失修，為了安全因素，某些道路已經封閉，所以關於地道可以通向大甲溪岸邊的傳言，目前難以證實。

歷年來，人們也傳說地道某處藏有日軍留下來的黃金寶藏，不過這個說法也尚未被證實。除此之外，蔡女士也跟我說，鬼洞雖然名字恐怖，但鬼洞以前其實是當地情侶幽會場所。她小時候走訪當地，常常看到熱戀情人在鬼洞周圍樹林約會。

清水鬼洞比較特別的傳聞，則是昔日人們謠傳此洞藏有殭屍。有一位署名「克里斯托福」的網友，在《痞客邦》部落格撰寫文章〈每一個站都有一個故事（二）清水站〉，便提及此事。

根據「克里斯托福」的文章，據說在五十多年前，曾有一名清水孩童返家時，被大人發現脖子有兩個洞，眾人懷疑是殭屍咬傷小孩，一時人心惶惶，甚至有人聘請道士在鎮內抓殭屍。某日，警察找到殭屍躲藏處，原來就是鬼洞。結果警察與道士入內查探，才知道是一名通緝犯躲在洞中。那人為了躲避查緝，所以才在洞內扮殭屍嚇人。

清水鬼洞入口。

鬼洞的主坑道。

雖然清水鬼洞以「鬼」為名，但是與鬼怪相關的具體靈異經驗故事並不多。如今，經由建設局修繕，鬼洞已經增設照明、消防、通風、監視器等設備，開放民眾自由參觀，已是當地知名的戰地遺跡觀光景點。

鬼洞的副支坑道，看起來毫無盡頭，十分狹窄，僅容一人通過。

照片右方的階梯可以通往機艙堡，左方則是狙擊區。

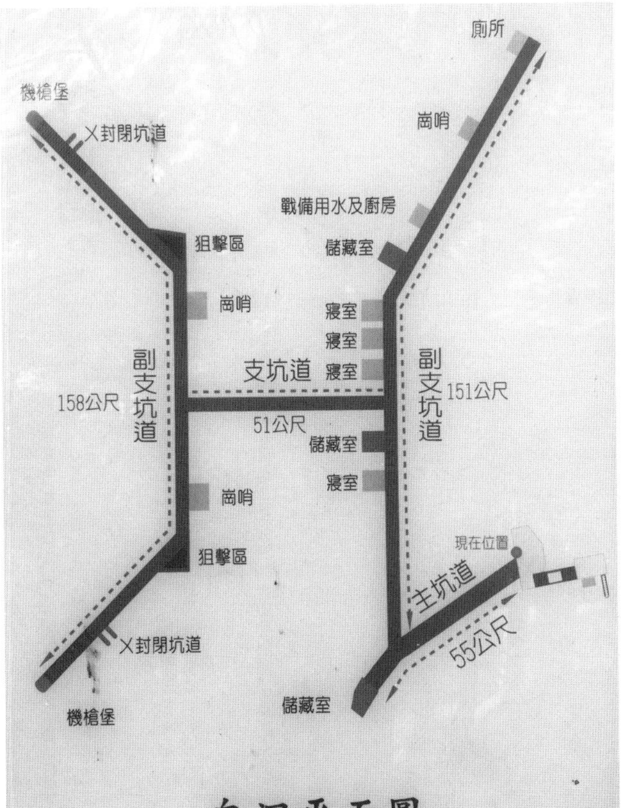

鬼洞牆上的坑道地圖。

奇聞八十九

八卦山怪談：彰化靈異景點？

怪談元素：軍事、政府、探險

我聽到不可思議的怪談……

八卦山是彰化知名觀光地點，山上有大佛風景區、天空步道、賞鷹平臺、抗日烈士紀念碑公園、史蹟館……等等景點。除此之外，八卦山周邊也有賴和紀念館、彰化美術館、扇形車庫等等特色景點，適合一日旅遊行程。

不過，八卦山除了是觀光名勝景點，也是民間盛傳靈異故事的地點，當地年輕人經常夜遊八卦山試膽。

探查筆記

八卦山位於彰化市東側、大肚溪左岸，是八卦臺地最北端的山丘。八卦山地勢雖然不高，但因為位處彰化平原，擁有可以俯望中彰投的極佳視野。

八卦臺地北起大肚溪南岸，南至濁水溪北岸，形狀狹長猶如蜈蚣，所以民間傳言此座山脈乃「睏地蜈蚣」的風水寶地，而八卦山則是蜈蚣的頭部。受到蜈蚣靈氣滋養，八卦山腳的彰化市因

一八九五年出版的《風俗畫報》第百三號《臺灣征討圖繪》第三編書刊封面，描繪山根少將於大肚溪右岸視察敵情，對岸可見義勇軍營隊與八卦山。

此人文薈萃，而蜈蚣吐出的珠子則掉落於鹿港，所以鹿港才會繁榮昌盛。

八卦山是中部名聞遐邇的旅遊勝地，不過民間盛傳此山時常發生靈異現象，有時候人們會在山間目擊鬼魂、鬼火、詭異白光。或者，人們入山容易遭遇「鬼打牆」迷路失蹤，傳言這是魔神仔或孤魂野鬼的惡作劇。在一九九〇年代，中部學生盛傳八卦山有殭屍出沒，恐怖的殭屍會在半夜下山將人咬死。

關於八卦山靈異怪談，傳聞紛雜，版本眾多，難以一語道盡。八卦山之所以會有這麼多怪異傳說，其實是因為山上埋葬了許多戰士的骨骸。

英勇戰士埋骨八卦山

八卦山具有良好的戰略地位，從古至今是兵家必爭之地，所以兵災戰禍不斷發生。每次八卦山發生戰爭，總是死傷無數，屍骨遍地，久而久之，靈異故事不脛而走。

十八世紀時，八卦山初名「望寮山」（或為「寮望山」），此乃漢人命名。當時，中部原住民因為無法忍受漢人長期強制徵召勞役，於是在一七三一年起義反清。率先起兵的部落是道卡斯族大甲西社，後來南大肚、水里、沙轆、牛罵頭……各地平埔族部落也群起響應，戰線延伸至彰化縣城。之後，清國政府派兵鎮壓，將為首的部落頭目斬首示眾。當時的主戰場望寮山，則興築一座「鎮番亭」，銘記此次戰功。

一七八六年，林爽文事件發生，清軍曾與林爽文軍隊在八卦山大戰，最後林爽文軍隊敗陣，棄守八卦山。到了一八六二年，發生戴潮春事件，戴潮春結合天地會分支八卦會起義抗清，會黨佔據八卦山，利用山上的砲臺轟擊彰化城，之後戴潮春雖被清軍斬殺，但戴軍餘黨仍再度佔領八卦山，與清軍在山中決一死戰。

接下來，八卦山最慘烈的戰爭，莫過於乙未抗日之役。一八九五年，清廷割讓臺灣給日本，北白川宮能久親王率領近衛師團從澳底登陸，一路南下掃蕩抗日義勇軍。當時，義勇軍首領吳彭年、吳湯興、吳光亮等人，先後退入彰化，八卦山成為反抗據點之一。八月底，日軍涉過大肚溪，與義勇軍決戰八卦山，雙方死傷慘重，最終日軍戰勝。

我曾從日本古書店購得一八九五年到一八九六年出版的《風俗畫報》的增刊專號《臺灣征討圖繪》、《臺灣土匪掃攘圖繪》、《臺灣蕃俗圖繪》……等等百年古書。這一系列由日本東陽堂出版的月刊畫報，由戰地記者主筆，專門報導乙未戰爭情況、臺灣風土民俗，並附上寫實生動的戰爭情景石版畫。

第百三號《臺灣征討圖繪》第三編書刊，詳細介紹日軍攻佔彰化八卦山之戰事始末。書中提及八月二十五日，日軍山根少將抵達大肚街，從大肚溪右岸視察敵情：「**（漢人）敵兵在河左岸搭建十幾頂帳篷，各色旗幟在天空飄揚，並築有專門的防禦工事，加上彰化市街東方八卦山建有堅固的砲臺，高掛著大紅旗幟，形勢頗盛。**」之後，日軍在凌晨渡過大肚溪，趁義勇軍睡夢之際展開偷襲，不久之後就佔領了八卦山砲臺。

如今走訪八卦山，遊客來來去去，風景滄海桑田，歷史曾發生過的血腥戰事猶如夢幻雲煙。儘管如此，血戰記憶也許還深藏於臺灣人的心中，原住民勇士、起義漢人、抗日義勇軍的骨骸也許還埋葬於八卦山無名之處。

現今社會大眾談論八卦山靈異故事，經常恐懼山中陰魂害人。如果換一個角度思考，這些野鬼精靈，其實生前皆是為了保護鄉土、捍衛公平正義而殺身成仁的義勇之士，若只是將祂們視為作祟詭物，未免太過輕慢失禮。

若我們能更加認識八卦山曾經的歷史，或許我們也能夠對於八卦山流傳的靈異怪談，產生更多的尊敬之心。

《風俗畫報》第百三號《臺灣征討圖繪》第三編內頁石版畫，畫家是尾形月耕，主圖標題是「砲兵啣枚夜闖八卦山圖」，右上角的小圖標題是「騎兵大隊於彰化附近追擊敗逃敵兵」。

奇聞九十

大佛傳說：機器人基地？情侶禁地？

我聽到不可思議的怪談……

彰化八卦山上的大佛風景區，是當地著名觀光勝地。因為大佛雕像十分醒目，知名度高，所以這座雕像時常引起人們議論紛紛，產生了一些奇特的都市傳說。

有一些年輕人喜歡開玩笑，會說大佛其實是鋼彈（Gundam）、變形金剛，一旦戰事發生，大佛就會立刻變成戰鬥機器人。

除此之外，也有人說大佛景點是情侶禁地。據說曾有戀人在此處自殺往生，若有人在大佛前相親相愛，亡靈就會心生不滿，暗中破壞情侶戀情。不過，曾有情人在此地自殺之事，其實是民間傳聞虛構，此事從未發生。

怪談元素：軍事、政府、笑話、戀愛

八卦山大佛

探查筆記

彰化八卦山的大佛風景區，是當地很有名的觀光景點。風景區包含大佛雕像、大佛寺，周邊有天空步道、八卦山脈生態遊客中心，是散步休閒的好去處。至於大佛風景區最知名的特點，就是大佛雕像，也就是巨大的釋迦牟尼佛坐蓮雕像。

一九五四年，善化堂發起籌建黑色大佛，人稱「阿堯師」的林慶堯負責設計建造，最後在一九六一年完工。大佛包含蓮花座高約二十四公尺，以鋼筋水泥塑像，蓮花座兩側有出入口，民眾可以入內禮佛。佛像內部共有六層，除了供奉釋迦牟尼佛祖，也有塑像介紹佛陀典故。至於大佛塑像前方兩側的巨大石獅，則是民間企業所捐贈。

關於大佛的傳說，彰化與臺中的年輕人經常流傳一種戲談，年輕人會說大佛風景區其實是偽裝成觀光景點的祕密軍事基地，而大佛雕像則是大型的鋼彈機器人、變形金剛。一旦戰事發生，巨大佛像就會立即變形為戰鬥模式，勇猛抵禦外敵。

大佛機器人的傳說究竟從何時開始流傳，如今已經難以考據。不過這個看似胡說八道的都市傳說，其實也有歷史脈絡可以追尋。

東陽堂發行《風俗畫報》第百三號《臺灣征討圖繪》第三編，出版於一八九五年，書中有跨頁石版畫，由遠藤耕溪繪製，左上方圖為「八卦山砲臺」，右上方圖為「內藤大佐率左翼隊強渡大肚溪」，下方之圖為「由大肚溪右岸砲擊對岸敵營之圖」。

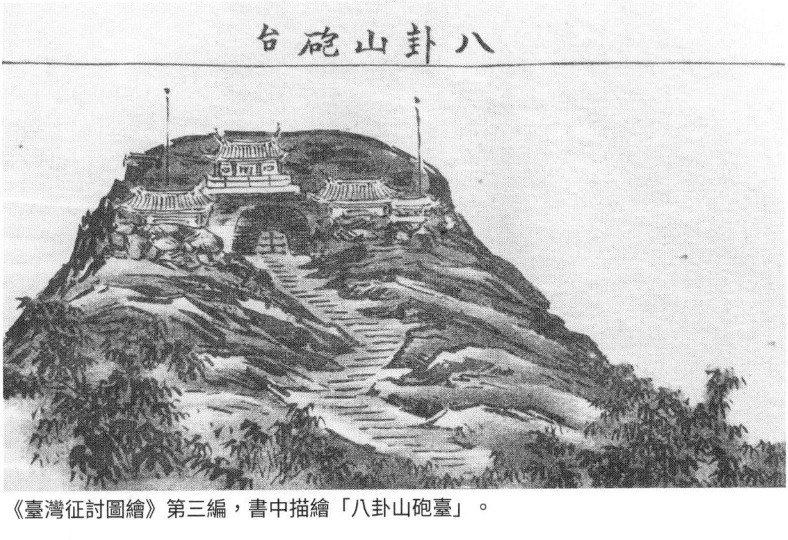

《臺灣征討圖繪》第三編，書中描繪「八卦山砲臺」。

大佛機器人的守護心願？

自古以來，位處南北交通要道的彰化就是頻繁發生戰事的場所，而八卦山正好位於大肚溪左岸平原位置，故成為軍事要塞重地。嘉慶年間，山上設置了一座磚寨，名為定軍山寨，內設城樓與砲臺。

清國時期，林爽文、戴潮春事件發生的時候，彰化八卦山都是重要戰場。一八九五年乙未抗日戰爭，北白川宮能久親王率軍南下，跨越大肚溪，與黑旗軍在八卦山展開激烈對戰。義勇軍遭受日軍猛烈攻擊，最終不敵，八卦山失守，無數義士陣亡於山中。

日治時期，八卦山上的定軍寨被拆除泰半，改建為北白川宮能久親王紀念碑、展望臺。後世尊稱「臺灣新文學之父」的賴和是彰化人，他經常走訪八卦山，登高望遠，懷想定軍寨血戰歷史，於是在一九二四年寫下詠古詩〈定寨崗〉感慨世局無常。以下節錄賴和詩句：

> 壘廢蔓草長，興亡剩遺跡。山河瀝瀝新，世代悠悠易。
> 先民流血處，千載土猶赤。蒼茫俯仰中，禾油漫阡陌。

清大臺文所陳建忠老師編輯的《賴和集》收錄此詩，陳老師分析此詩：「登臨八卦山後所見莫不是先民流血抗日的遺跡，吾人自應在這迫仄的世間，為生存破除各種障礙而『努力披荊

日治時期，八卦山上的北白川宮能久親王紀念碑，現已不存。

今日彰化八卦山風景區門樓。

棘』。」

歷史悠悠更替，戰後再度物換星移，北白川宮能久親王紀念碑被拆除，其址興建八卦山大佛，乃成今日風景名勝。

雖然時過境遷，但是八卦山作為軍事重地、征戰沙場的血腥曩昔，似乎依然在當地人們的記憶深處迴盪。渴望家園平安的心願，是否經由都市傳說的轉變之後，誇張幻化為大佛機器人守護鄉土的奇妙想像？

雖然臺灣廟宇或地方上的巨大神像，經常會被年輕人戲稱是隱藏版機器人，但是八卦山大佛傳說與其他地方神像傳說相比，似乎與土地歷史更加連結。大佛機器人的傳說，彷彿象徵著人們祈禱此處不再有人流血、土丘不再赤紅的和平心願。

大佛機器人的都市傳說，乍聽之下只是年輕人天花亂墜的誑語，不過若是深入了解八卦山歷史情境，或許反而能夠理解這則怪談並非毫無根據。

情侶害怕的禁地？

除了大佛機器人的傳說之外，人們最常講大佛風景區的怪談，則是「分手禁地」的傳說。據說情侶來到此處，雙方的戀情會被暗中破壞。

為何大佛景點會成為情侶害怕的禁地？傳說起源，可能是因為大佛後方的廟殿祀奉呂洞賓，

八卦山大佛雕像。

大佛前，遊客絡繹不絕。

而人們認為祂喜歡拆散有情人，所以此處便成為情侶不敢同來的地點。

另外，大佛景點還有一種非常驚悚的靈異傳聞。據說，有一對情侶因為得不到家人祝福，於是相約來大佛殉情。他們走進大佛雕像底下的蓮花座入口，進入大佛內部，然後爬到大佛的肩膀上，接著利用大佛兩邊的耳垂上吊自殺。此後，他們成為陰靈，徘徊此處，一旦看到恩愛情侶，就會想暗中破壞對方的戀情。

情侶曾在大佛耳垂自殺的傳說，其實是無中生有的故事，大佛雕像從未發生過這種輕生憾事。但是人們以訛傳訛，導致這個故事越傳越有名，也讓大佛風景區成為中部極為知名的「分手禁地」。

不過，信者恆信，不信者一笑置之。根據我經常走訪彰化八卦山的經驗，分手傳說並未讓此地遊客稀少，就算平日也經常人潮洶湧。而彰化市公所為了澄清謠言，這幾年來也經常在此地舉辦活動，例如在二〇一七年舉行情人節音樂會，在二〇二〇年舉行全國最大規模的未婚聯誼活動，希望能夠打破情侶禁地魔咒。

廟殿內供奉的呂洞賓神像。

大佛後方的廟殿。

怪談元素：犯罪

奇聞九十一
野人蹤跡：離群索居的奇人

我聽到不可思議的怪談……

野人，也就是在山林野外獨居之人，長期遠離社會文明。野人有時候會來到城鎮，讓人們嚇一跳。

今日，臺灣文明社會難以想像山中會有野人存在，不過在過往的新聞報導中，經常看到山中有野人的傳聞。此外，人們有時候也會認為野人可能是人獸雜交之後產生的後代。

探查筆記

現今，很難想像臺灣山中會有野人存在。不過，昔日的報紙新聞中，有時候會報導山中野人的目擊情況。

例如，一九五六年六月五日的《中國日報》，有一則報導〈岡山人猿再度出現，傳說是女性，渾身金黃羽〉，這篇文章提及那幾年臺灣流傳山中有人猿的傳說，並且有人在大崗山麓看到人猿的身影，目擊者是十七歲少年。居住在岡山的人推測，那名人猿很可能是昔日到山中撿柴的女子被猿奪去而後生下的猿子。

當年岡山人猿傳說是真是假，現在已經無法判斷。不過藉由這個報導可以得知，臺灣在五〇年代確實流傳過山中人猿或野人的傳聞。

在一九七三年十月，有人在花蓮秀林鄉看到「人熊」的蹤影。丁姓工人說在三池山看見一個「人熊」，描述此獸長髮披肩，雙乳垂胸，渾身黑毛，兩手巨大，一手握香菇，一手生撕一頭白兔，正在啃食。《中國時報》的記者為了尋求答案，訪問了臺大動物系的系主任梁潤生先生。梁主任認為，最可靠的答案，其實這頭「怪獸」是隻熊，也就是臺灣黑熊，熊前胸的「V」字形白毛，很可能在光線陰暗時，被誤認為「雙乳垂胸」。於是記者報導此事時，就將標題寫為〈工人目睹怪獸，描述奇形，專家析論來源，覺得離譜，不可能是人猿，因為本省從未見過，也許由於幻覺，把熊看得像個野人〉。

花蓮「人熊」報導過後，報紙就少見臺灣野人的文章，反而開始轉載中國野人的新聞。在一九八〇年代，經常會見到臺灣報紙介紹中國湖北出現野人的新聞。據說湖北神農架的野人，身高兩公尺，全身紅棕色毛髮，會直立行走。除此之外，報紙也會提及喜馬拉雅山的雪中野人。藉由當時經常出現的中國野人新聞，可以了解當時臺灣人對於此類野人新聞，仍舊有著濃厚的好奇心。

到了一九九〇年，又開始流傳臺灣山中野人的傳聞。當年三月二十一日，《中國時報》的新聞〈中央山脈，野人現跡，山胞指證歷歷，似乎真有其事〉，這篇文章敘述新竹縣關西鎮民劉代槐聽原住民朋友說在南投深山見過三、四人一夥的野人群體，全身赤裸，下身披著類似獸皮的遮掩物。劉代槐猜測那是未開化的原住民，或者是日治時期被日軍趕到山中躲藏的人。

關於這個消息，《中國時報》連續三天追蹤報導，在三月二十三日的報導文章〈疑是山胞，布農人舉證歷歷，可能是真的〉說明訪查結果，初步推測劉代槐聽到的野人可能就是布農族人李乾源的家族。日治時期，布農族只有少數人家居住在八通關一帶，戰後就搬至山下，只有李家仍留在山上。李乾源在一九七九年去世之後，其妻就帶孩子搬到山下的卓溪鄉居住。劉代槐從原住民朋友口中聽聞的野人，可能是以前還未搬家到山下的李乾源家族。

現代野人

近年來，臺灣報紙新聞經常提及的「現代野人」，則是臺東人林金寶。他年輕時曾在遠洋漁船工作，後來就離群索居，獨自生活在山林中，有時候會潛入民宅偷竊，造成人們很大的困擾。

林金寶最早登上報紙，很有可能是在一九九八年。當年，臺南楠西鄉、東山鄉出現怪人，會到民宅偷吃食物，造成居民很大的恐慌。目擊者描述怪人上身赤裸、長髮黑膚，於是報紙文章就稱之為「野人」。當時警方初步推測，這名怪人可能是中國偷渡客或是逃逸外勞。

野人會闖入民家的傳聞，在當地流傳一段時間。直到二〇〇三年，這名野人在南化村竹圍部落工寮被警民合力逮捕。根據警方調查，這位「現代野人」名為林金寶，他是臺東鹿野人，已獨居南部山區十多年，因為不想工作，才會四處為家，並且闖入民宅行竊。同年十一月，臺南地院依竊盜、毀損等罪名判處他有期徒刑一年十月，並強制工作三年，希望他以後能有一技之長，自食其力，莫再犯案。

不過，林金寶出獄之後，依然不改其行，他在二〇〇九年又在臺東、鹿野一帶竊取工寮食物，警方多次圍捕都徒勞無功。《自由時報》在二〇〇九年四月二十一日的報導〈野人矯健如藍波，流竄百公里警抓不到〉，這篇文章描述其人身手極為矯健，讓人束手無策：「今年春節前，鹿野鄉長林金真曾動員上百人圍捕，還燒掉他居住的山洞，但該野人卻能在眾目睽睽下，輕易地闖入長滿荊棘的樹林，並躍過約三米寬的山溝。」

後來，林金寶翻山越嶺，在屏東、墾丁等地持續犯案，竊取民宅、工寮中的食物，直到二〇〇九年九月才又被警察逮捕。

根據《自由時報》在二〇一〇年四月九日的新聞報導〈流竄偷食，野人判五年半〉，這篇文章提到：「流竄山區一年，有如藍波的臺東野人林金寶，落網後坦承犯下十多件竊案，侵入民宅都偷白米、饅頭、西瓜、冷凍蝦等食物填肚，屏東地院判處五年六月有期徒刑。」

後來林金寶出獄，依舊我行我素。二〇一九年，「臺灣野人」林金寶再度出現新聞版面，他出沒於屏東恆春山區，時常闖入滿洲鄉多處民宿與工寮。為了逮捕他，恆春警方甚至組成「野人專案小組」，直到當年八月六日才逮捕他。被捕後，林金寶笑說，他很享受被追捕的刺激感。

雖然大家對於這名「現代野人」感到很不安，但其實也有人反面思考。例如，林金寶曾潛入滿州鄉小墾丁度假村的員工餐廳偷吃員工宵夜餐，小墾丁度家村業者接受報紙訪問，認為不該把林金寶「汙名化」，並願意對他伸出援手，認為他可以成為生態旅遊的「山林老師」。

臺灣多高山，神奇的野人可能隱藏於山中？

奇聞九十二

日月潭怪談：水中的怪影

怪談元素：精怪、意外災難

我聽到不可思議的怪談……

日月潭位於南投，波光瀲灩，風景秀媚，是邵族居住之地，也是南投著名觀光景點。

一九九〇年夏季，日月潭發生嚴重船難事件，「興業號」遊艇被夜晚強風吹襲，因為重心不穩而在湖中翻船，導致五十多人溺斃。觀光船翻覆，原因是船隻超載客人。

雖然遊艇翻船事出有因，但是船難死亡人數很多，所以造成民間議論紛紛，甚至開始謠傳靈異故事。有人說，船隻出航之前，有人目擊到水中出現無數蒼白的手。也有人說，後來遊艇廢棄湖邊，常常發生靈異現象，半夜廢船會出現哭聲，船窗戶會出現拍打聲，還有人聽見船內出現莫名其妙的腳步聲，彷彿罹難者的冤魂仍徘徊於廢船中。

探查筆記

一九九〇年八月二十五日，日月潭發生「興業號」觀光休閒遊艇翻覆事件。當天，亞聯遊覽公司承辦殼牌公司旅遊活動，安排晚間八點到九點三十分夜間遊湖。

日月潭幻影

事實上，當時日月潭禁止船隻夜間遊湖，而且「興業號」遊艇只有四十二人座位，但遊艇卻違規超載九十二人。船隻啟航之後，大約在晚間九點二十分之時，船隻來到距離德化社大約五百公尺處的潭心，遭受強風吹襲，船身傾斜翻覆，眾多遊客掉落水中。這個意外事件，最後造成五十七人溺斃死亡。

這件船難，引發社會輿論譁然。雖然相關單位已經查明原因，船隻翻覆是因為此船未檢驗合格、超載遊客等等人為因素，但因為死亡人數太多，民間開始流傳靈異故事。

新聞媒體報導，據說當年遊艇出航前，曾有人看到水中冒出無數隻手，彷彿正在推船，因而出聲警告，可惜沒人當一回事，結果遊艇果真出事。劉川裕著作《台灣旅遊地區靈異實錄》則描述有年輕人在遊艇出事時看到湖面有無數之手將遊艇推翻。

翻船意外發生之後，從水中打撈起來的遊艇，廢棄在日月潭附近荒僻小路，廢船也時常出現靈異現象，讓人們驚恐萬分。

遊艇的靈異傳聞，連政治人物也很好奇。《中國時報》在一九九三年六月二十四日的報導〈日月潭船難「鬼話」連篇〉，這篇文章記錄了南投縣長林源朗的說法。據說船難發生之後，當時擔任行政院長的郝柏村曾向他詢問翻船事件是否有鬼?當時林源朗也順著回答說有鬼，他說：「如果沒有鬼的牽引，平常只能上三、四十個人的遊艇，如何會擠上九十幾個人，況且當天還是鬼月，大人在這個時候多會告誡小孩，鬼月不要下水。」

日月潭風光。

廢棄的靈異遊艇，被大眾稱為「幽靈船」、「鬼船」，雖然人們避而遠之，卻成為年輕人試膽探險的好去處。根據《三立新聞網》的採訪報導，曾有遊客到廢棄船隻夜遊之後，遇到靈異現象，報導也引述導遊陳小胖的說法：「通常去試膽回來後都會有狀況，不是生病就是發高燒……好像有人會拍打你的窗戶，好像類似拍打窗戶，就是希望你打開窗戶救他。」根據報導說法，半夜聽到拍窗怪聲，可能是當年罹難者的求救聲。

因為廢棄遊艇常常出現靈異現象，造成人心惶惶，所以該船曾被搬移數次，最後移置臺二十一線山明橋側的產業道路旁邊。二〇〇七年三月二十四日凌晨四時，十多名青少年來到此處探險，並且縱火燒船。根據警方調查，涉案人大多未成年，就讀高中或技術學院。這些年輕人坦承，他們在網路上看到靈異廢船的故事，充滿好奇心，於是決定來此探險。他們在日月潭周遭找了很多次，才終於找到這艘廢船，凌晨時抵達廢船之後，他們就開始比試膽量，較量誰敢上船。但是登船之後，大家發現廢船不如傳聞般恐怖，於是有人開玩笑說：「如果船被燒了，不知道會發生什麼事情？」眾人一時起鬨，竟然就燒了這艘廢船。

現今，靈異之船雖然燒毀了，不過因為船難事件太過恐怖，有時候新聞媒體還會繼續在電視節目介紹日月潭「興業號」船難事件，提醒社會大眾出外遊玩需要注意安全。

日月潭燈塔。

水中的神祕怪影？

我搜尋老報紙，發現日月潭有時候會發生死亡事件。例如，一九五九年十二月，基督教會傳教士與教徒數人夜遊泛舟日月潭，結果發生翻舟意外，導致三人死亡。除此之外，曾經有情侶在日月潭殉情自殺，也曾經有遊覽車翻落日月潭，導致乘客傷亡。一九九九年的「潘阿愛母女分屍命案」，日月潭雖然不是行兇現場，但也成為兇手丟棄被害者屍塊的場所。

雖然日月潭有時候會發生死亡事件，或者成為棄屍場所，不過這些事件似乎沒有讓日月潭衍生出特別的靈異傳說。近年來，民間流傳的日月潭怪談，大多數還是會連結「興業號」船難事件。

日月潭「興業號」船難事件，相關的靈異傳聞大致上可以分為兩類。第一類是說船難發生之前可能出現水中怪影，第二類則是說罹難亡靈依然徘徊當地或廢棄遊艇之中。

關於第一類的靈異傳聞，有人認為這是「水鬼作祟」。其實，當地原住民族邵族也流傳日月潭有水鬼的傳說。根據《日月潭邵族調查報告》書中的調查紀錄，邵族耆老高武老認為溺死者會變成「水鬼」（Salu · ma），並且會翻舟溺人。不過，書中也記錄另一名耆老袁阿送的說法，他則認為翻舟溺人的是「水精」（Daqrahaz）。

耆老口中的「水精」，其實就是現今知名的日月潭水中精怪「達克拉哈」。據說達克拉哈生活於日月潭，一旦人們破壞自然生態，就會出面捍衛生態平衡。根據簡史朗在《邵族：日月潭的長髮精怪》書中記述的故事，據說邵族曾經過度捕撈潭中生物，導致達克拉哈挺身守護日月潭水族生命。

根據洪英聖《臺灣先住民腳印》書中紀錄，與邵人結婚的漢人劉秋香小時候就住在部落，她每次要去潭邊撿蛤仔，都不敢到石印，因為那邊有一塊平坦方正的大石頭，長輩說人面魚會坐在石頭上曬太陽。據說人魚的頭髮很長，身體是魚，頭卻是女子模樣。

南投文史學者鄧相揚撰寫的《逐鹿水沙連：日月潭的傳說故事》，書中則稱呼達克拉哈為「魚姬」，描述她上半身與人相似，頭上長著一對彎彎的角，烏黑長髮垂至胸前、背後，下半身則是魚的尾巴。根據鄧相揚的文章，達克哈拉喜歡將花朵編成花環，梳髮時會唱歌讚詠日月潭美麗風光。

二〇〇一年，陳莉環採錄了邵族耆老石阿松講述水中長髮精怪的故事。據說日月潭有一個會吃魚和鰻的長髮水鬼，喜用長髮綑住人類，並且和一位叫做拉魯曼（Laluman）的捕鰻人發生戰鬥，爭執理由是雙方都要抓鰻，交手過程互有勝負，後來水鬼從潭中洞穴通道游到埔里的鯉魚潭，與鯉魚潭的鬼母聯合擊敗拉魯曼。

東森財經新聞製作的電視節目《現代啟示錄》有一個報導〈人魚傳說，日月潭的長髮精怪〉，這個報導詳細介紹了邵族族人舞不寺目睹水怪的情況。

二〇一二年，舞不寺偕同堂哥、弟弟，半夜到日月潭燈塔附近打獵，看到水中有動靜，以為是大魚，於是向水中射箭。但是水中生物沒被射中，反而以高超泳技四處游動。水中生物消失前，舞不寺看見水面上出現一雙像人類的眼睛，以及人頭魚身的奇異身形。當時，舞不寺三人驚魂未定，面面相覷，霎時想起老人家說過日月潭有人形水怪的故事。長輩曾說，日月潭水裡有祕密通道，可以通到埔里的鯉魚潭，據說達克拉哈的家庭就在那邊。舞不寺認為，達克拉哈有分男女，也有家庭，牠們是一群人魚，有時候喜歡惡作劇，會將船弄翻，造成人命傷亡，而且他的爺爺也曾經在五、六歲的時候目睹過人魚。根據他爺爺的說法，水怪像是女人，身上有鱗片，這隻人魚會躺在石頭上曬頭髮，長髮甚至比身體還要長。

三立新聞在二〇一五年的報導節目〈日月潭水怪代代傳，邵族親睹人魚生物〉，訪問邵族長老奇拉斯，他說日月潭有水鬼，邵族稱為達克拉哈。長老奇拉斯回憶，他小時候看族人划獨木舟夜渡日月潭，總要隨身攜帶小刀、魚叉，防止水怪攻擊。

日月潭的水中精靈是否存在，目前無法證實。不過根據傳說，達克拉哈之所以會對人類造成危害，很有可能是人類破壞了當地的自然生態，導致水中精靈心生不滿。今日，人們不斷開發日月潭，越來越多的遊客帶來了垃圾，而且水中還出現外來種魚虎、紅魔鬼，導致原生魚類常常被咬死，這些狀況都讓日月潭生態環境受到了很大的影響。

雖然日月潭是臺灣非常知名的觀光景點，但是如果我們不珍惜日月潭，繼續漠視人類與自然之間的平衡，或許未來某日水中精靈將會再度反撲。

據說燈塔旁的水域，曾出現達克拉哈。

從纜車眺望日月潭。

奇聞九十三

烏來鬼洞：神祕的山中洞穴

怪談元素・探險

我聽到不可思議的怪談……

新北市的烏來，以溫泉著稱，是遊客喜愛拜訪的觀光區。

烏來多山多峽谷，也有一座知名的烏來瀑布。據說瀑布對岸的山上，有一座神祕的山中洞穴。洞穴深不見底，通道十分複雜，人們傳言洞中居住著山神鬼靈，故稱此洞為「鬼洞」。

探查筆記

烏來是泰雅族居住之地，山中有一座神祕的洞穴。早年泰雅族獵人曾追逐獵物到此處，獵物逃入洞中之後就無聲無息，獵人進入查看，卻一去不返。據說天氣變化的夜晚，此洞經常出現鬼哭神號，讓部落的人們感到很驚慌，眾人相信此洞居住著山神鬼靈，故稱此洞為「bling utux」。

泰雅語的「bling」是洞穴的意思，「utux」則是祖靈、惡鬼、神的意思，發音類似漢語「巫督呼」。後來漢人來到烏來，延續泰雅族人的說法，稱呼此洞為「鬼洞」。

二戰期間，據說日軍曾在烏來瀑布附近建築倉庫，所以戰後人們也傳說鬼洞可能有日軍遺留下來的寶藏。

烏來鬼洞之中，究竟有沒有鬼神或寶藏？根據《中國時報》在一九六四年一月十七日的報導文章〈烏來鬼洞無鬼，蛇蟒蝙蝠與水，洞深氣薄蛛網密結，十二山胞中途折返〉，這篇文章敘述當時有十二名泰雅族青年探險進入山洞，只在洞中看到成群蝙蝠與十餘公尺長的大蛇。探險青年推測，部落耆老傳說洞中有鬼怪異聲，可能是蝙蝠飛翔的聲音。

鬼洞引人好奇，於是在一九六〇年代，鬼洞成為烏來遊客的尋幽去處。民間業者窺見商機，於是在洞外出租手電筒，販售飲食。當時人們走訪烏來觀光區，鬼洞是必訪的冒險景點。

事實上，鬼洞區域屬於農林廳土地，並非民間業者的所有地。因為鬼洞有安全疑慮，當地政府便在一九七七年以水泥封閉洞口。從此之後，鬼洞傳說只留存於人們的記憶之中。

奇聞九十四 九彎十八拐：山中的迷魂路

怪談元素：交通、女鬼、意外災難

我聽到不可思議的怪談……

北宜公路是連接臺北與宜蘭的重要通道，其中某段山路曲折彎繞，行車不易，常常發生車禍，傷亡事件時有所聞，俗稱「九彎十八拐」。人們認為，這些意外事件會發生，除了因為路線太過曲折，其實也因為車子行駛這段山路會遇到恐怖的靈異現象。

據說，行駛於這條山路時，會出現「鬼打牆」的狀態，也就是迷失於異度空間之內，無法順利離開。

有時候，山路會突然被大霧籠罩，前方突然出現左右兩條岔路，或者是一條非常筆直的道路。其實，這些路都是錯誤的道路，一旦輕率開車過去，很有可能會撞上山壁，或者翻落懸崖，非死即傷。

另外，也有人認為，這條道路因為車禍頻傳，故有陰靈停留此地。晚上行車時，經常在路邊看到白色的鬼影，或者會有詭異女子揮手請求搭便車，其實那些身影都是鬼魅的化身。若是與這些鬼魅有所接觸，據說將會發生恐怖的意外事故。

九彎十八拐

於是，人們開車行經此路，為了求心安，總是習慣沿路撒冥紙，提供「過路費」來安撫當地的孤魂野鬼，祈求行車過程一切平安順利。

探查筆記

搜查老報紙資料，在一九五〇年代，北宜公路就經常有車禍事故。在一九六〇年四月二十七日，在金面山路段，有一輛客車翻落懸崖，造成三十多人受輕重傷。在一九六六年，也有一輛滿載香蕉的貨運卡車，因為天雨路滑，剎車失靈，導致卡車翻落山崖，造成五死一重傷的慘劇。

繼續簡略地搜索一下舊報紙，我發現從一九六六年至一九七三年，這八年之間，北宜公路每一年必定會發生或大或小、或死或傷的車禍事故。

這條道路會發生這麼多的車禍事件，原因在於這條道路在山中有很多彎道，而且早期的路是坑坑洞洞的石頭路，若是車輛駕駛不穩，很容易墜落山谷。

因為北宜公路的九彎十八拐發生過太多死亡事件，所以人們逐漸認為此路不祥，會有邪祟躲在路旁，對著路過的車子虎視眈眈。

有人說，這些邪祟是橫死於此地的亡靈。也有人認為，當初開路時，有很多工人死於此地，才會造成這個路段「不乾淨」。

九彎十八拐的怪異傳聞

歷年來，人們對於九彎十八拐的靈異故事，有著許多想像。例如，人們認為此地有奇妙的異空間，若是不小心闖入，就會走不出去。

曾有人開車途經九彎十八拐，突然出現濃霧，霧中依稀可見前方有左右兩條岔路。事實上，那段道路並無岔路。據說這兩條岔路都不是正確的路，若是隨便選一條路走，很有可能會發生意外。若是遇到這種狀況，必須沉心靜氣，慢慢開車，重新仔細觀察眼前的道路。這時，前方的道路就會恢復成正常的一條路。

昔日臺灣知名靈異節目「鬼話連篇」，曾經出版一些鬼故事書籍，而在一九九六年出版的《玫瑰之夜鬼話連篇Ⅱ》書中，有一篇〈九彎十八拐成直路？〉的文章，觀眾朋友蔡汶翰先生分享了親身經歷的靈異故事。

根據蔡先生文章描述，在一九七〇年代，某年農曆七月底，蔡先生與三名朋友去海邊玩，然後從九彎十八拐的道路回去。開車到一半的時候，突然濃霧瀰漫整個山區，完全看不到前方，只能緩緩貼著右邊的山壁往前開。過了一段時間，霧慢慢散開，前方是一條筆直的路，大約可以看到一百多公尺的距離。蔡先生本來想直接開過去，可是轉念一想，這裡是九彎十八拐，怎麼可能有這種直線道路？於是他慢慢停下車，等了幾秒鐘，霧氣總算全部散開，前方的路也變成了原本的彎路。後來，總算開車到了新店，他們下車到一間檳榔攤，敲門想買東西，沒想到距離兩、三公尺的老闆，竟然像是沒聽見聲音的表情。等到他們四人全部去敲門，這時候老闆才願意回應。老闆道歉說，以前常常被「那種東西」捉弄，所以總是確認再三才敢回應。據說老闆遇過很多次靈異經驗，有人來買東西，結果隔天發現抽屜裡的錢都變成了冥紙。

東森新聞的《台灣啟示錄》電視節目，有一集是介紹臺灣民間鬧鬼傳說，節目中播放了在地居民王淑華女士的訪問片段。王女士的爸爸在北宜公路賣茶葉蛋，已有五十年以上的時間，她說有一個客人曾跟她講過一個真實體驗。據說，那人在北宜公路開車時，看到有一名小姐在路旁招手，想要搭便車，希望坐到坪林。那人不疑有他，好心讓小姐上車。但是到了目的地，後座的小姐說可以停車的時候，那人轉頭看去，卻沒看到後座有人。

在北宜公路遇到詭異女子想搭便車，結果後來發現對方是鬼魅，這種怪談是九彎十八拐的經典故事。至於女鬼是什麼身份？為何想搭便車？傳說故事中，通常沒有詳細說明這些細節，一切任君想像。

恐怖公路的影視創作

九彎十八拐的靈異故事很多，自然成為創作者汲取靈感的寶地。臺灣鬼片大師姚鳳磐，在一九八二年推出恐怖片《九彎十八轉》，就是第一部取材北宜公路靈異怪談的電影作品。

當時，臺灣電影業環境不佳，姚大師對於拍攝電影逐漸有了倦意。不過，收山之前，他依然想再試試看最拿手的靈異題材，於是就選擇了九彎十八拐的故事來拍電影。

現今，姚鳳磐許多電影已經絕版亡佚，這部電影《九彎十八轉》也難以一窺其面目。根據姚鳳磐之妻劉冠倫女士的描述，這部電影劇情大綱是：「朱寶意飾演的女主角在北宜公路上發生車禍，當場死亡，她的魂魄回家，家人最初以為她逃過一劫，沒想到這才是恐怖故事的開頭。女主角之死，牽涉到她父親年輕時和朋友闖下的禍事，他們把一位新嫁娘撞死之後逃逸，事隔三十多年之後，亡魂要讓當初的涉案人，一一償還。」

根據這段描述，這部電影依然展現了姚導演擅長轉化民間傳說的特色，以及借用鬼怪來描述世間情仇、家族祕史的姚式鬼片觀點。

這部電影上映時，票房反應不錯，但也招來一些批評。根據劉冠倫女士的回憶，當時某位宜蘭人投書報紙，批評這部鬼片醜化了宜蘭建設。姚鳳磐夫妻頗感無奈，因為這部電影講述的題材，確實是當地流傳已久的鬼魅傳說，而且電影畫面中滿地紙錢的鏡頭，也是取自北宜公路上的實景。

雖然昔日有些宜蘭人不太願意北宜公路被「妖魔化」，但也無可否認九彎十八拐怪談已經成為現今臺灣非常知名的都市傳說。

時代不停轉變，有時候怪談也會延伸出不同面貌。到了二〇〇一年，和信電訊推出了一個「北宜公路篇」電視廣告，描述在九彎十八拐的道路上，原本以為鬼會出現，沒想到竟然是響起手機鈴聲。電視廣告的宣傳詞「這種鬼地方都收得到訊號」，讓當時觀眾印象十分深刻。

現今的九彎十八拐

關於九彎十八拐怪談，我在小學時候就已經聽聞。我已經忘記究竟是從電視節目得知，或者是從身邊大人口中聽到，我只記得這條詭異道路在我心中有著恐怖的形象，有關它的怪談讓我感到很懼怕。

在我的想像中，深山中的九彎十八拐被一大片樹叢包圍，無論白天或黑夜都非常陰森。這條道路是恐怖萬分的鬼域，死靈無處不在，一旦進入此地，將是有去無回。道路上，不斷飛舞著黃澄澄的紙錢，女鬼的啜泣聲迴盪四周……

小時候，我對於九彎十八拐，有著非常恐怖的想像。但那時候，我從未親眼看過北宜公路，所以那些恐怖想像其實都是從「聽說」慢慢演變成龐大的黑色畫面。

長大之後，某次跟朋友旅行，開車從臺北前往宜蘭。當時，為了走捷徑，我決定走某條公路。不久之後，看到路上指標，我赫然發現，原來自己正行駛於兒時記憶中的恐怖道路，也就是北宜公路的九彎十八拐。

開車當時，是風光明媚的早晨，一路行車很順利。我很驚訝，小時候讓我一想到就怕的恐怖公路，並不如想像中那樣陰氣森森，沿路也沒有看到漫天飛舞的黃色紙錢。雖然道路左彎右拐，但是只要小心注意前方路況，開車過程大致上是順行無礙。

我回憶小時候對於九彎十八拐的莫名恐懼，以及實際開車於這條道路的體驗，我才發現想像與真實有著極大的差距。

會有這樣的差距，我覺得最主要的原因是現今北宜公路的許多路段已經拓寬、整修，不再是以往的石頭泥巴路。如今行車過程，並不會覺得這是一條很難駕駛的道路。於是，安心行駛之際，對於靈異怪談的幻想，也減少了很多。

九彎十八拐是否真的存在靈異現象？是否會有鬼魂在暗夜徘徊此路？這些疑問，我覺得開車於北宜公路的時候，還是少想為妙。畢竟專心開車，注意行車安全，仍然是駕駛人最重要的心態。

奇聞九十五
神祕猴怪：大崗山的怪談

我聽到不可思議的怪談……

大崗山位於高雄，人們傳說山中有猴怪或人猿。

根據《中國時報》在一九五六年六月五日的報導文章，曾有一名黃姓少年在山中目睹奇異的黃毛女人猿。

探查筆記

《中國日報》在一九五六年六月五日，有一篇新聞報導〈崗山人猿再度出現：傳說是女性，渾身金黃羽〉，這篇文章描述高雄的大崗山出現奇異的女性人猿。

報導文章提及：「數年前一時轟動各地的趣聞，『人猿』，於昨日再度出現岡山大崗山麓。聞名全省的，『人猿』，是日被一個十七歲的少年黃文和發現。」

這篇文章引述黃文和的說法，據說「人猿」是女性，全身生有黃金色的毛，身高三臺尺，在大崗山的山麓徘徊。女人猿被黃姓少年發現後，她微微一笑，立即跑進深山中。除此之外，這篇文章也引述岡山某人士的說法，某人士認為女人猿可能是昔日往該山撿拾木柴的女性被猿奪去之後產生的猿子。當時黃毛女人猿現身的傳聞，引來許多好奇人士到該山搜索，但是人猿已經杳無蹤影。

當時的人猿傳說，究竟是真是假，如今已經很難證實。不過，高雄的大崗山，確實流傳許多怪談。

二〇二〇年五月，我參加嘉義故宮南院的導覽活動。行程中，我結識作家劉兆恩老師，當時劉老師便跟我分享一些關於大崗山的奇異事件。

劉老師來自高雄阿蓮，住在大崗山附近。他父親以前在大崗山上務農，挖地的時候，常常會挖到一些古老的骨頭，或者是乾隆時代的古幣。此外，還有一件怪事讓他父親耿耿於懷。

據說某日，天空突然降下傾盆大雨。大雨結束之後，雖然天氣不好，他父親還是必須上山巡田。他父親走路的過程中，途中見到一個因為落雨而產生的小水窪。這個水窪積水處很奇怪，因為水中竟然有一隻非常巨大的魚。他父親感覺很怪異，附近沒有溪水，這個水窪也是因為落雨而臨時形成，為什麼水坑中會有一條大魚呢？

雖然他父親感覺很奇怪，但因為趕著要去田地，於是轉身就走，繼續趕路。後來，他父親結束工作要下山時，又到了那個水窪附近。水中的那隻大魚竟然已經消失不見，而且旁邊還出現一個大得不像話的巨大腳印，印在泥地之上。他父親對於這件怪事，一直困惑不解。

聽聞劉老師講述這個故事，我也覺得非常神奇。大魚為何會憑空出現？難道是龍捲風把魚捲過來嗎？最後大魚消失，是被巨人拿走了？或者，大魚變成巨人之後，悠哉踏步離去？大崗山的怪談，始終讓人嘖嘖稱奇。

奇聞九十六

墳地怪談：不可褻瀆前人埋葬處

我聽到不可思議的怪談……

如果對於前人墳墓不敬，或者褻瀆前人遺骨，據說會受到懲罰。受到懲罰的方式，最常見的狀況是罹患怪異的疾病，甚至會一命嗚呼。

探查筆記

前人墳地是神聖的場所，人們若隨意褻瀆，據說會遭受嚴重的懲罰。例如，專門訪查靈異故事的電視臺記者賴正鎧撰寫的《鬼獨家》書中，提到了年輕人對墓園不敬而受懲罰的故事。賴記者有一位友人是三太子的乩童，這名友人的堂弟跟朋友參加大學社團迎新活動，跑去嘉義一座墓園玩試膽遊戲，他們不只跟墓碑合照，友人的堂弟還對墓碑做出不雅動作，導致後來怪病纏身，必須仰賴這名能跟鬼神溝通的友人向墓碑主人致歉，才讓堂弟恢復健康。

面對前人墳墓，需要懷抱尊敬之心。不過如果對於鬼神致病之說太過相信，有時候反而無法對症下藥。

例如日治時期，花蓮的阿美族七腳川社與日本警察發生衝突，引發暴動。日人平亂之後，強占七腳川社土地，將阿美族歸順者遷移他處，之後便在七腳川土地開闢「吉野移民村」。村中的日本移民在開墾時，曾經挖到阿美族墳墓，結果之後罹患怪異疾病，渾身高燒不退，據說病人在半昏迷的狀況下見到亡者靈魂。不過後來人們發現，此病可能是恙蟲病。

恙蟲病是由帶有立克次體之恙蟲叮咬而感染的急性發熱性疾病，會讓人發燒、頭痛、結膜充血，若未妥善治療，產生嚴重併發症，死亡率高達六成，不可不防。根據衛生署疾病管制局統計，臺灣在二〇〇六年就有三百八十四例確診病例，金門與花蓮最多病例。恙蟲喜歡停留於雜草中，所以人們行走於荒野，或者是偏僻墓區，最好穿著長袖長褲防護，一旦身體肌膚不適，需要趕緊就醫治療。

關於冒犯亡者而受懲罰的故事，我在二〇一八年十月走訪蘭嶼的行程中，也聽聞相關故事。當時我正在東清部落海岸觀賞日出，遇到兩名女子遊客，便和對方聊起蘭嶼旅行經驗。對方說投宿於椰油部落某間民宿，民宿老闆曾跟她們講一個親身經歷的鬼故事。

據說民宿老闆讀國中的時候，當時學校內有一個櫃子，他某天打開櫃子，突然從櫃子裡跑出一個人頭，人頭是老人的臉龐，他嚇得趕緊跑回家。隔天上課時，他發現一個同學發高燒請假，好幾天都沒來上課。他後來得知，那位同學之所以會患病，是因為他從荒郊野外撿了一個頭骨回家，並將頭骨當成菸灰缸，結果觸犯神靈，導致身體患病。不知何種原因，那個頭骨的主人亡魂竟然在學校櫃子中顯靈，結果讓民宿老闆看到。

後來，我拜訪了蘭嶼的派出所，與派出所員警聊起此事。警局所長推測，那位同學可能是在海邊亂撿前人遺骨。

為何海邊會有亡者骨骸？蘭嶼達悟族傳統喪葬習俗，會將死者遺體葬於海濱。像是蘭嶼椰油部落岸邊的饅頭山礁岸洞窟，昔日是放置夭折嬰兒屍骨的場所。

對於鬼神之說，人可信，也可不信，皆無傷大雅。不過若是對於前人墓地與遺骨不尊敬，甚至以戲謔的態度對待祂們，難保不會發生一些意外之事。對於世間萬事萬物，若人們能時常懷抱敬畏之心，災厄就不會無端降臨，行止坐臥一切平安順心。

吉野移民村有一座寺廟，戰後改名為慶修院，此圖是院內佛堂前的百度石。

我在蘭嶼海岸欣賞日出的時候，與其他遊客聊起蘭嶼鬼故事。

怪談元素：精怪、意外災難

奇聞九十七

玉山小飛俠：黃雨衣的高山怪客

我聽到不可思議的怪談……

登山客口耳相傳，臺灣高山有時候會出現神祕的「黃衣小飛俠」，或稱「黃色小飛俠」，因為小飛俠怪談最早流傳於玉山，所以也有「玉山小飛俠」的稱呼。

小飛俠一身黃色雨衣，頭戴斗笠，神出鬼沒，有時候結伴出現，通常三位一組。如果登山客在山中看到小飛俠，不可跟隨對方，也不能聽信對方指引的路途，否則可能會迷路，或者掉落於懸崖。

探查筆記

人們認為玉山小飛俠喜歡穿著黃色雨衣，曩昔這種輕便雨衣會印上日本動畫《科學小飛俠》的圖案（例如新格牌的「小飛俠雨衣」），所以穿著這種衣服的山中怪客才有了「小飛俠」名號。

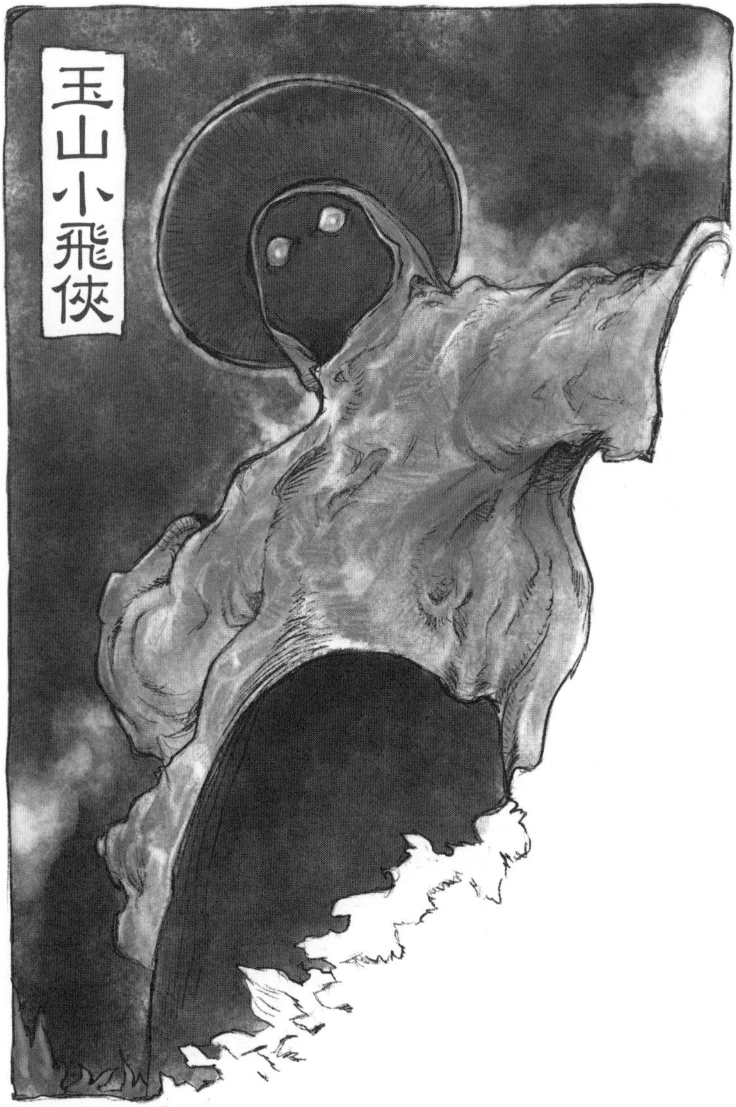
玉山小飛俠

另一種說法則是，據說怪人身上的黃色雨衣很像是《科學小飛俠》主角們的披風，故有此名。除此之外，這種高山怪人通常也會戴著一頂寬大斗笠，斗笠遮住臉龐讓人看不清。

小飛俠故事最早流傳於玉山，所以也有「玉山小飛俠」之稱呼。玉山國家公園有一間住宿山屋「排雲山莊」，這是攀登玉山時的重要休息站，據說山莊管理人胡良武、朱克禮是最早與小飛俠有過接觸的人。他們的遭遇，也被記錄於劉川裕的著作《台灣旅遊地區靈異實錄》。

排雲山莊的黃衣小飛俠故事，讓人感覺不可思議，不過這些神祕客除了「半夜敲門」、「憑空消失」之外，並不會做出危害人類的事情。相比之下，如果在登山途中遇到黃衣小飛俠，可能就會遇到危險。

人們傳言，玉山南峰的岔路口，會出現三位戴斗笠、穿黃雨衣的小飛俠，如果跟著對方走，就會迷路，甚至走到危險的懸崖邊。只要天候不佳，霧氣濃厚，或者是下雨、下雪的日子，黃衣小飛俠就會現身。如果有人被這些黃衣小飛俠帶走，山中就會傳出刺耳又尖銳的嗡嗡聲，彷彿宣告某位登山客即將在山中遇難。

臺灣各處高山常有詭異怪談。此圖是合歡山風景，我有時候走訪此山會遇到濃密大霧，無法看清四處，總讓我心中浮現各種奇異想像。

怪談元素：精怪

奇聞九十八

鯉魚精：小金門的怪談

我聽到不可思議的怪談……

戰後初期，據說大擔島的海岸，曾經出現神奇的「鯉魚精」。魚妖精對某戰士情有獨鍾，卻因為受到驚嚇而逃離，不再現身。

這個怪談在小金門與金門本島流傳多年。是否真有此事，尚未被證實。

探查筆記

根據《徵信新聞》在一九五六年十二月十八日的文章〈美人魚——金門雜談〉，作者龔燮介紹一則流傳多年的人魚怪談。這篇文章講述從一九五四年開始，小金門盛傳「大擔島有美人魚」的傳說，金門本島亦有傳聞。關於神奇的「海精」的故事，以下簡述報導內容。

據說在一九四九年冬日，大擔島的某戰士在黃昏時漫步沙灘，突然發現海邊岩石上坐著一名黑色時裝少婦。最初某戰士疑謂：「**此一荒島上既無居民，又何來女子？**」當他目擊少婦艷如桃李之真面目後，頓時消弭胸中疑竇，立即上前搭話。那名少婦既美且大方，與某戰士初見面就大肆傾談。翌日，某戰士再獨往沙灘，又遇該少婦，雙方日久滋長情愫，某戰士精神逐漸恍惚。班長發覺怪異，向連長報告，連長令班長勿驚動，先去探聽該少婦來歷。於是班長常常跟蹤那位戰士，隱藏在沙灘岩石後，偷聽雙方講話內容。某日，少婦向某戰士吐實自己是「鯉魚精」，聲言沒有加害意圖，只是想要了卻夙緣。班長見狀暗忖：「凡妖精皆對人不利！」他害怕某戰士受到詭異的「美人魚」的迷惑，於是趕緊出面提醒某戰士。那名少婦見到第三者突然現身，心情慌張，立即奔向海邊，投身入水。只見一條巨魚尾露出水面，頃刻魚尾隨波而逝，之後該少婦亦不復見。

海精傳說流傳多年，當地人經常談論，不過這篇報導文章也引述顧守大擔島燈塔多年的老者之話，老者認為這個傳說是無稽之談。

大擔島，屬於金門縣烈嶼鄉（俗稱「小金門」）。一九五〇年，解放軍攻擊大擔島，島上國軍與共軍展開激戰，成功守衛該島。之後蔣經國巡視該島，感念守軍奮戰精神，便將島嶼名稱改為「大膽島」，藉由新名寓意：「大膽擔大擔，島孤人不孤。」

怪談元素：水鬼

奇聞九十九

仁義潭怪談：水中的怪異身影？

我聽到不可思議的怪談……

嘉義的仁義潭水庫，風景秀麗，是民眾假日休閒好去處。不過，這裡有時候會傳出靈異故事。根據《中國時報》在二〇一三年十月十六日的新聞報導，當地一個月內出現五起自殺案件，幸好未遂居多。其中一名二十歲女子被救上岸後，聲稱水中有怪影，她說：「有人一直招手要我過去。」獲報前來的員警，想起同一地點先前曾有一名男子跳水，讓人懷疑是否「鬼魂抓交替」？

仁義潭水庫，潭邊有公告，禁止人們進入石頭坡面。此外，也有嘉義縣生命線協會的關懷告示牌。

奇聞一百

八寶公主：山中的女魔神？

我聽到不可思議的怪談……

二〇〇八年七月，屏東恆春有一位八十二歲老婦人上山採菇失蹤，數天後被找到。老婦人說：「我碰到凶狠的女魔神，搶走我的內褲，帶著我在山中繞。」據說女魔神身材高大，有著紅色長髮，赤身裸體，並且教導老婦人割月桃葉的嫩芽食用。

之後，有些人認為，女魔神可能是數百年前被當地居民殺害的「八寶公主」，也有人說還會有更多人遇害。人們為了化消仇恨，於是舉辦和解祈福法會。不過，也有人反駁這個說法，認為八寶公主已經在墾丁落地生根，成為墾丁的守護女神，不可能隨意害人。

八寶公主神像。

墾丁的萬應公祠內，有八寶宮祭祀八寶公主。

怪談元素簡易索引

【水鬼】

【女鬼】

【男鬼】

【精怪】

【意外災難】

【軍事、政府】

【地獄】

【紅包】

【食物】

【家屋】

【探險】

【傳播媒體】

【音樂】

【笑話】

【特定族群】

【超自然】

【戀愛】

【通靈】

參考資料

奇聞一

何敬堯，《妖怪臺灣：三百年山海述異記・怪談奇夢卷》，聯經出版社，二〇二〇年。

奇聞二

竹中信子，《日治台灣生活史：日本女人在台灣（明治篇）》，時報文化，二〇〇七年。

奇聞三

《臺灣探偵實話》，一九四三年。

奇聞四

洪麗完，《二林鎮志》下冊，彰化縣二林鎮公所，二〇〇〇年。

奇聞五

《臺灣日日新報》。

奇聞六

〈鬼機鬼車鬼船奇談〉，《聯合報》，一九六三年五月十一日。

陸珍年，〈黑潮究竟是什麼？它如海中蛇，令人驚異，它是海中海，深奧莫測〉，《中國時報》，一九六五年三月十七日。

林瀅，〈林叔叔講故事：鬼船〉，《聯合報》，一九六六年二月四日。

玉蕾，〈鬼船〉，《經濟日報》，一九六七年六月三日。

琪，〈「鬼船」之謎〉，《經濟日報》，一九七三年十月十九日。

辛普森・柏格著作、王海濱翻譯的《神秘海域－鬼船》，四季出版公司，一九七六年。

〈電視卡通天地，華視，小偵探，下午六時播出幽靈船〉，《民生報》，一九七九年六月二日。

李立國，〈幽靈船，十餘艘不明漁船〉，《聯合晚報》，一九八九年八月二十二日。

黃易，〈幽靈船〉，《聯合報》，一九九一年二月八日。

〈濃煙四起，再也沒看見人逃出來〉，《中國時報》，一九九五年二月十六日。
〈「幽靈船」續航？〉，《中國時報》，一九九六年二月二十八日。
每日一冷編輯部，〈【冷知識週刊】第二十七號：飛行荷蘭人的無盡旅程〉，《故事：寫給所有人的歷史》網站，二〇一五年八月十五日。網址：https://storystudio.tw/article/gushi/cold27/

奇聞七

陳為民，《無聊男子的軍中鬼話》，希代，一九九一年。

奇聞八

〈八仙樂園傳意外，十餘學生輕重傷，園方及傷者對肇事原因說法不一，兩名學生傷勢較重住院觀察〉，《中國時報》，一九九三年三月二十四日。
臺灣電視公司，〈臺中一教師溺斃水上樂園裡〉，一九九四年六月九日。
網址：http://dava.ncl.edu.tw/MetadataInfo.aspx?funtype=0 & id=383178
〈遊六福村受傷，女子陳情縣長：頸部受創卻不見理賠，園方：有誠意解決〉，《中國時報》，一九九八年十二月十九日。
〈檢方勘驗六福村事故現場：了解工讀生之死，朝業者有無違法偵辦〉，《中國時報》，一九九九年二月十三日。
〈六福村受傷遊客，獲判賠一三八萬元，男子乘坐驚險遊樂設施「大怒神」後頸椎損傷，六福村刑事獲不起訴，民事判賠〉，《聯合報》，二〇〇〇年一月十四日。
〈坐夢幻飛車，女童休克不治，竹南低收入戶在香格里拉樂園出意外，園方將助善後〉，《聯合報》，二〇〇一年七月十六日。

奇聞九

唐在馨、蔡淑媛，〈猛鬼遊樂園？卡多里拆空出售〉，《自由時報》，二〇〇八年一月二十一日。

奇聞十

奧野修司著、張秀慧譯，《如果能撫平悲傷》，一起來出版，二〇一九年。

奇聞十一

〈活活的傳奇片・姑姑山掘寶記〉，《中國時報》，一九七一年十一月十五日。
范姜豪，〈冤魂當線民，說的真不假！死者託夢指出目擊者，循線查出肇事人〉，《中國時報》，一九九〇年一月十八日。

奇聞十四

王杰文，〈乘車出行的幽靈——關於「現代都市傳說」與「反傳說」〉，《民俗研究》，二〇〇五年第四期。
〈現役ヤクザが解説「死体処理、ドラム缶詰めは素人の仕事」〉，《日刊 SPA！》，二〇一三年二月二日。
網址：https://nikkan-spa.jp/370446
張軒哲，〈顏寬恒推廣消波塊精神，消波塊抱枕送網友〉，《自由時報》，二〇一六年八月十一日。
網址：https://news.ltn.com.tw/news/politics/breakingnews/1792185
吳念達，〈顏寬恒帥氣站消波塊上，朱立倫：海景第一排〉，《華視新聞網》，二〇一九年十一月三日。
網址：https://news.cts.com.tw/cts/politics/201911/201911031979932.html

奇聞十五

涂麗生、洪桂己編著，《臺灣民間故事（第二集）》，今日醫藥新聞社，一九六〇年。
臺灣慣習研究會原著、臺灣省文獻委員會譯編，《臺灣慣習記事（第壹卷上）》，發行人江慶林，一九八四年。
殷憲力，〈「丹書不祥」的文化內涵及其成因〉，《淄博師專學報》，二〇一三年第二期。

奇聞十六

黃驛淵，〈十八王公廟，流傳中情人禁地，中山大學外側眺望西子灣海景好地點〉，《民生報》，二〇〇四年九月十三日。
中正鳳梨知，〈【中正大學不為人知系列】寧靜湖小故事&分手橋為什麼叫分手橋？〉，YouTube 網路平臺，二〇一九年六月十八日。網址：https://www.youtube.com/watch?v=GUbjsFK-dII
〈情侶出遊免驚！分手禁地有法破解，旅行社推一日遊超夯〉，《三立新聞網》，二〇二〇年九月十一日。
網址：https://www.setn.com/News.aspx?NewsID=813027

奇聞十七

謝佳靜，《學校怪談的台日比較》，南台科技大學應用日語系碩士論文，二〇〇九年。
松原田螺，《凶宅怪談：人可怕還是鬼可怕？》，三采出版社，二〇一九年。

奇聞十八

宋耀光，〈挖寶傳奇／屏東縣來義鄉，寶藏可買三個台灣？〉，《聯合報》，二〇〇〇年十月十六日。
黃文鍠，〈台南秋茂園，傳藏寶千億〉，《自由時報》，二〇〇五年七月七日。
網址：https://news.ltn.com.tw/news/society/paper/24234

汪榮林總編輯，《咱的故鄉：中埔》，嘉義縣中埔鄉立圖書館，二〇〇五年。
〈大武崙砲台埋五千斤黃金攏係假！基市府：嘜擱來挖〉，《ETtoday 新聞雲》，二〇一二年十一月二十五日。
網址：https://www.ettoday.net/news/20121125/131655.htm
尤聰光，〈隱藏機槍碉堡……鯉魚山添神祕〉，《聯合報》，二〇一六年一月九日。
蘇瑤崇，〈論戰後（1945-1947）中美共同軍事佔領臺灣的事實與問題〉，《臺灣史研究》二十三卷三期，二〇一六年九月。
王榮祥，〈大雨意外導致壽山挖寶計畫曝光，高市議員要求停挖〉，《自由時報》，二〇一八年七月十一日。
Will Lu，〈尋找失落的日軍寶藏〉，《想想副刊》，二〇一九年三月十四日。
網址：https://www.thinkingtaiwan.com/content/7501

奇聞十九

夏念慈，〈不肖電玩業者做「毒」生意，傳以冷氣機吹散毒粉提高業績，警方嚴加取締〉，《中國時報》，一九九二年十二月二十二日。
〈電玩店通風口，暗噴安毒，基隆市長接獲檢舉，促警方嚴加取締〉，《中國時報》，一九九三年三月二十四日。
劉金清，〈在蚊香中冷氣口放安毒提神，遊藝場做業績使毒招〉，《聯合報》，一九九三年八月十一日。

奇聞二十

林奎章《台語片的魔力：從故事、明星、導演到類型與行銷的電影關鍵詞》，游擊文化，二〇二〇年。

奇聞二十一

陳慕君，《從生活風格觀點探討公益彩券消費者的彩券消費與新聞解讀》，政治大學新聞研究所碩士論文，二〇〇三年。

奇聞二十二

玫瑰之夜創意小組策畫，《玫瑰之夜鬼話連篇》，平氏出版有限公司，一九九五年。
高逸松，〈辛亥隧道，午夜驚魂傳說，緊鄰殯儀館、亂葬崗的辛亥隧道，午夜十二點，陰陽交替，運氣不好的就會碰上異象……〉，《聯合報》，一九九二年十一月十六日。
祁止戈、劉永嘉，〈車行隧道 天天出車禍?〉，《中國時報》，一九九六年七月二十八日。
胡瑞玲，〈擺脫靈異詭譎印象，辛亥隧道明年換裝Q版牆面彩繪〉，《聯合報》，二〇二〇年九月九日。
網址：https://udn.com/news/story/7323/4846435

奇聞二十四

林鴻忠、李文綾主編，《太平山的故事》，行政院農業委員會林務局編印，二〇〇七年。

〈頭皮發麻，噓！旅館有幽靈〉，《中國時報》，二〇〇四年八月二十六日。

錯別字（賴正鎧），《鬼獨家》，遊讀世界，二〇二〇年。

奇聞二十五

〈有話要說「熱線」等著你，「玫瑰之夜」客觀探討人頭魚傳聞〉，《民生報》，一九九五年九月十四日。

〈人頭魚，嚇跑釣客，釣場生意一落千丈，業者喊苦〉，《中國時報》，一九九五年九月二十四日。

奇聞二十八

楊羽雯，〈惡意的玩笑？西門町傳單！愛滋患者，持針筒亂戳路人，聳人聽聞，請警方儘快查明，輔大貼出驚人告示，校方提醒學生注意〉，《聯合報》，一九九二年四月十三日。

簡東源，〈針筒餵毒，路人遭殃，「恐怖」毒蟲，報復警方〉，《中國時報》，二〇〇五年八月十八日。

張弘昌、胡宗鳳，〈針筒怪客出沒？警：謠言可怕〉，《聯合報》，二〇〇九年一月一日。

張祐齊，〈潑水節怪客出沒，女童遭插針〉，《聯合報》，二〇一〇年四月十二日。

張印佳、詹維耕，〈針筒怪客「行刺」，一個都沒抓到〉，《華視新聞網》，二〇一〇年四月十二日。

網址：https://news.cts.com.tw/cts/society/201004/201004120448800.html

夜貓館咖啡屋製作，《現代怪奇新聞畫報》，銘顯文化事業有限公司，二〇一〇年。

奇聞二十九

陳期裕，〈娶神主〉，《民俗臺灣》三卷五號，一九四三年。

李佩倫，〈蘭陽地區冥婚習俗之調查研究〉，《臺灣文獻》第六十三卷，二〇一二年。

焦大衛（David K. Jordan），《神・鬼・祖先：一個台灣鄉村的民間信仰》，聯經出版社，二〇一二年。

馬伊超，〈屍體新娘——一則中國都市傳說〉，《非物質文化遺產研究集刊》，二〇一三年。

許世融翻譯、孟祥瀚編輯，《南屯鄉土調查：日治時期史料編譯》，臺中市文化資產管理中心，二〇一五年。

〈結婚照變冥婚照片，家屬怒批「太扯了」〉，《TVBS 新聞》，二〇一五年六月二十二日。

新聞網址：https://www.youtube.com/watch?v=hX6hGTszHD8

奇聞三十

魏嘉良，〈紅絲巾綁兩百元丟地，「轉運說」沒人敢撿〉，《TVBS 新聞網》，二〇一五年十月六日。

網址：https://news.tvbs.com.tw/life/620231

奇聞三十一

劉冠倫口述、姚芝華撰文，《姚鳳磐的鬼魅世界》，禾田科技，二〇〇五年。

奇聞三十二

馮謙岳，〈做膽、拜床公母，撞倒屎缸伯母〉，《客家雜誌》第十八期，一九九一年。

劉冠倫口述、姚芝華撰文，《姚鳳磐的鬼魅世界》，禾田科技，二〇〇五年。

管仁健，〈1970 年代的全台大「鬧鬼」〉，管仁健在「PChome 個人新聞台」的個人部落格，二〇〇九年十月十三日。

網址：https://mypaper.pchome.com.tw/kuan0416/post/1320097547

奇聞三十三

羊曉東，〈進入鬼月，捷運工地忙拜拜，原本就格外注重祭祀祈福，這會兒更是擴大普渡，以求心安〉，《中國時報》，一九九三年八月二十日。

施燕飛，〈鬼月禁忌多，捷運工地不敢不信邪：駭人傳聞不少，各工地忙焚香祭拜，以誠心與善意，求個心安〉，《中國時報》，一九九六年八月十五日。

李雅淳、方起年，〈古亭站有鬼？停擺十八分鐘追無人〉，《華視新聞網》，二〇〇三年八月二十六日。

網址：https://news.cts.com.tw/cts/general/200308/200308260117052.html

陳函謙，〈捷運信義線潛盾機鑽地，鬼月祈福開挖〉，《中國時報》，二〇〇七年八月二十三日。

洪敏隆，〈阿飄夜半來敲門，捷運員工嚇壞請調〉，《自由時報》，二〇〇九年二月二十六日。

綜口味娛樂，〈哪個捷運站最陰森？半夜 12 點空車載滿好兄弟！feat. 馬西屏｜綜口味開陰間 EP.202〉，YouTube 網路頻道，二〇二〇年九月四日。網址：https://www.youtube.com/watch?v=4m6cACUEtY4

奇聞三十四

〈衙門儘有碟仙迷，不問蒼生問鬼神，神棍斂財公務人員也迷信，專屬荒唐治安機關正取締〉，《中國時報》，一九六〇年一月十四日。

《信不信由你》，《臺灣民聲日報》，一九六〇年一月十四日。
〈「碟仙」用處〉，《中國時報》，一九六〇年一月十五日。
寒爵，〈春節話「碟仙」〉，《中國時報》，一九六四年二月十六日。
陳梅芬，〈國中女生玩碟仙，跳起來，同學嚇得腿軟，學生送醫打鎮定劑，學校下令禁送到廟裡燒毀〉，《聯合報》，一九九六年二月三日。
〈碟仙，錢仙，筆仙，文具店有賣，校園有人玩，家長不贊成，有人說邪門〉，《聯合報》，一九九六年二月三日。
〈校園怪譚：國中女生玩碟仙，男鬼附身？行為異常，學男生吹口哨，自稱姓羅遭橫死；老師家長陪往三清宮驅邪，情況稍有改善〉，《中國時報》，一九九六年三月十六日。
毛瑜，〈問仙：鬼神之說，逾五成青少年深信不疑〉，《中國時報》，一九九六年十月二十五日。

奇聞三十五

吳明倫，〈玩筆仙，被附身，真有這碼事？漳和國中有男女學生疑是「起乩」繪聲繪影〉，《中國時報》，一九九〇年五月五日。
簡余晏〈探人事？知無常？現在的小孩流行…算命？筆仙、錢仙、碟仙，一到下課，教室處處都在請仙，運氣、考試、婚姻，什麼都問，人小鬼大讓人憂心〉，《聯合晚報》，一九九四年二月二日。
〈失蹤二十三天，國中女生陳逸群被尋獲，神智已不清，多日未進食，疑為玩筆仙著魔離家出走〉，《中國時報》，一九九四年六月十日。
〈筆仙風波，傳有女夫子指點，漳和國中校長否認，指其純為善為〉，《中國時報》，一九九六年五月八日。
林凱盈，〈靈異第六感，校園禁玩筆仙，民代質詢教育局長獲允諾，教師甄試方式亦建議分兩階段進行〉，《中國時報》，一九九九年十月二十二日。
曹敏吉，〈學童玩筆仙生病？議員關切小港區桂林國小否認，表示僅開會討論，並未實際發現學生玩〉，《聯合報》，一九九九年十月二十二日。
謝梅芬，〈筆仙遊戲，學生偷玩〉，《聯合報》，一九九九年十月二十二日。
謝梅芬、許正雄，〈高一女生上吊自殺，遺書指為生理期困擾，玩錢仙時預料「大難」〉，《聯合報》，一九九六年十一月八日。
陳鳳麗，〈玩錢仙，三高職女昏倒送醫〉，《自由時報》，二〇一〇年八月三十一日。

奇聞三十六

白錫鏗，〈大學女生跳樓死，媽媽心碎〉，《聯合晚報》，二〇〇〇年二月二十五日。

〈信不信由你！台中某大學「魔王盤據」…教學大樓「自殺」頻傳…—《經典好節目》神出鬼沒_精選版（回顧系列）〉，《GTV八大電視》，二〇〇〇年。網址：https://www.youtube.com/watch?v=rYNVXnwkKNo
陳于嫣，〈興大校友，從母校墜樓身亡，營造公司工程師輕生，憾事重演，師生要求校方採取對策〉，《聯合報》，二〇〇〇年四月二十一日。
張子銘，〈年年有人跳樓，校園謠傳「住鬼王」〉，《TVBS 新聞網》，二〇〇七年三月五日。
網址：https://news.tvbs.com.tw/life/332535
陳湘儀，〈文化大仁館，神秘傳說：據云處於陰陽交界，傳聞鬼電梯怪事多，多數認為純屬巧合，僅供茶餘飯後閒聊〉，《中央日報》，二〇〇〇年十一月十五日。

奇聞三十七

Rooster0420，〈又有這種白癡的鬼東西了〉，《Mobile01》網路論壇，二〇〇九年二月六日。
網址：https://www.mobile01.com/topicdetail.php?f=37 & t=928211
黃文鍠，〈LINE 連鎖信詛咒媽，學生害怕狂傳〉，《自由時報》，二〇一三年九月二十六日。
網址：https://news.ltn.com.tw/news/local/paper/717124
〈不轉發，媽媽就被撞死！LINE 詛咒信瘋傳，學生收到崩潰〉，《ETtoday 新聞雲》，二〇一三年九月二十六日。
網址：https://www.ettoday.net/news/20130926/274670.htm
王介村、許政俊，〈高市議員收詛咒信，向警報案擬提告〉，《公視新聞網》，二〇一四年九月二十四日。

奇聞四十

Can You Catch Leptospirosis from Rat Urine on Soda Cans？（Snopes Staff, 1998）
網址：https://www.snopes.com/fact-check/rat-urine-soda-cans/

奇聞四十一

玫瑰之夜創意小組策畫，《玫瑰之夜鬼話連篇II》，平氏出版有限公司，一九九六年。
夜貓館咖啡屋製作，《現代怪奇新聞畫報》，銘顯文化事業有限公司，二〇一〇年。

奇聞四十二

夜貓館咖啡屋製作，《現代怪奇新聞畫報》，銘顯文化事業有限公司，二〇一〇年。

奇聞四十三
蔡致仁，〈煽動自殺，別傳播，藍鯨、Momo 挑戰，恐怖的死亡遊戲〉，《中國時報》，二〇一八年九月二十三日。
〈「安心吧！Momo 已死」原創者：詛咒也解除了〉，《自由時報》網路新聞，二〇一九年三月四日。
網址：https://news.ltn.com.tw/news/world/breakingnews/2716282

奇聞四十四
〈問 Siri 何處藏屍，截圖成醋殺案焦點〉，《蘋果日報》，二〇一四年八月十五日。
〈蘋果手機 SIRI 立大功！帶警破大麻案〉，《聯合報》，二〇一七年十二月二十八日。

奇聞四十五
周政賢，《台灣民間「地基主」信仰之研究》，國立臺南大學台灣文化研究所碩士論文，二〇〇五年。
〈砰砰！熱水器「水錘聲」，噪音擾鄰遭判賠〉，《TVBS 新聞網》，二〇一五年十一月四日。
網址：https://news.tvbs.com.tw/local/624385

奇聞四十六
鄭毅，〈清水安寧派出所，傳說多，日據時代古建物，中元普渡是盛事，依習俗祭拜好兄弟求平安〉，《聯合報》，二〇〇三年八月十三日。
姜炫煥，〈警察辦案靈異實錄，女鬼報恩?窗前言謝，回饋績效〉，《聯合報》，二〇〇七年八月八日。
吳明良，〈半夜警所開門，隔天就鬧命案，八八、八九年間，安平派出所頻傳靈異事件，員警也怕怕，請來神像坐鎮、超渡亡靈，才終於「平靜」〉，《聯合報》，二〇〇八年一月十九日。
苗君平，〈改建前靈異傳說不斷，安寧所新居，闢蓮花池不種樹〉，《聯合報》，二〇〇九年十一月十五日。
楊正海，〈古老建築，警政史縮影靈異傳聞，飄來又飄去〉，《聯合晚報》，二〇一二年十二月八日。
陳傳霆、邱君萍、陳信仁，〈警局有正氣！女坐門前「避邪」〉，《華視新聞網》，二〇一五年九月十五日。
網址：https://news.cts.com.tw/cts/general/201509/201509151660314.html
曾能汀主編，《研選集》，臺中市政府研究發展考核委員會，二〇一八年。
蔡佩旻，〈豪宅級派出所蓋亂葬崗上！正氣難敵陰煞，菜鳥警半夜「詭醒」喊上班〉，《ETtoday 新聞雲》，二〇二〇年九月三日。
網址：https://www.ettoday.net/news/20200903/1800442.htm

奇聞四十七

蕭翔鴻，〈怕當機？來，放一包乖乖，降伏電腦之神秘儀式須知〉，《中國時報》，二〇〇三年八月十九日。
〈求 ETC 順暢，遠通拜乖乖〉，《蘋果新聞網》，二〇〇八年八月十一日。
〈福衛五號 25 日在美升空，「乖乖」越洋祈福〉，《自由時報》，二〇一七年八月十九日。
網址：https://news.ltn.com.tw/news/life/breakingnews/2168197
劉曉霞，〈乖乖冷知識一：乖乖的 DNA 來自哪？〉，《鏡週刊》，二〇一九年一月八日。
網址：https://www.mirrormedia.mg/story/20190107fin006/

奇聞四十八

吳僑生，〈殭屍出沒觀音山，無稽之談〉，《中國時報》，一九九三年五月二十六日。
〈蘭陽校園，謠傳殭屍現形，子虛烏有，不同版本一樣荒謬，影響國中小學生心理〉，《中國時報》，一九九三年六月十七日。
〈殭屍雖不可能存在，有害學生心理健康，消除謠言，教局責無旁貸〉，《中國時報》，一九九三年六月十七日。
〈殭屍吃人，校園怪譚流行，鬼話連篇，全省各地均有，宜蘭謠傳尤甚，嚇得學生帶糯米驅魔〉，《聯合報》，一九九三年六月十八日。
〈破除殭屍謠言，宜縣教局付諸行動〉，《中國時報》，一九九三年六月十八日。
〈情治單位疑係歹徒作怪〉，《中國時報》，一九九三年六月十八日。
〈自己兒子也受謠言影響，上下學都怕怕，殭屍傳聞，議員促追查來源〉，《中國時報》，一九九三年六月十八日。
廖洪勝，〈殭屍傳聞，疑為私梟搞的「鬼」，為了方便走私，嚇退閒雜人等，散佈鬧鬼謠言，這種伎倆已非新招〉，《聯合報》，一九九三年六月十九日。
田德財，〈〔另一種說法〕花蓮先傳怪譚 宜蘭後被傳染，薑絲，殭屍，錯誤的聯想！〉，《聯合報》，一九九三年六月十九日。
戴永華，〈殭屍傳聞，源於中小學，電影看多，學生黑白講〉，《聯合報》，一九九三年七月三日。
〈何事想不開，小女孩上吊，模仿殭屍片，枉作斷魂人〉，《中國時報》，一九八六年七月二十五日。
pittkinu，〈那些年，我們一起追的女孩，劇裡中部的殭屍傳說？〉，《Mobile01》網路論壇，二〇一一年八月十八日。
網址：https://m.mobile01.com/topicdetail.php?f=37 & t=2307159
許書維、朱淑君，〈偷渡客淹死、日軍屠殺……八卦山陰森傳聞「殭屍」出沒〉，《三立新聞網》，二〇一七年五月十一日。
網址：https://www.setn.com/News.aspx?NewsID=251817

奇聞四十九

劉添財、曹競元，〈鬼節目嚇人，兒童夜驚魂：電視臺怪力亂神，三立、八大被點名，新聞局籲自制，災區心靈難重建，老師家長含淚痛批亂象〉，《中國時報》，二〇〇〇年八月十一日。

凌志文，《探究電視靈異節目的產製過程——以八大第一台頻道《暗光鳥新聞》節目為例》，世新大學廣播電視電影學研究所碩士論文，二〇〇七年。

奇聞五十

玫瑰之夜創意小組策畫，《玫瑰之夜鬼話連篇》，平氏出版有限公司，一九九五年。

玫瑰之夜創意小組策畫，《玫瑰之夜鬼話連篇II》，平氏出版有限公司，一九九六年。

奇聞五十一

蕭方綺，〈本土劇女星爆都市傳說！扮屍體忘拿「這個」……當晚車禍亡〉，《自由時報》，二〇一九年九月十八日。

奇聞五十三

潘罡，〈台灣囡仔歌，童年伴唱遊〉，《中國時報》，一九九九年十二月二日。

羅際鴻，〈「妹妹背著洋娃娃」搞鬼？訛傳！〉，《中國時報》，二〇〇七年五月十四日。

奇聞五十五

何高祿，〈新竹動物園，鬼話連篇：傳說當地上吊人不少，值夜室陰氣逼人，唯小偷特多〉，《中國時報》，一九九八年九月二日。

奇聞五十七

吳貞瑩，〈詐騙為何找上老人？〉，《聯合報》，二〇二〇年八月十五日。

奇聞五十八

〈奇哉？水裡坑發現妖怪〉，《民聲日報》，一九四八年四月二十八日。

奇聞五十九

顏聆羽、王東山，〈另類祈雨！霸氣洗車場老闆，發文下雨贈雞排〉，《台視新聞》，二〇二一年四月十七日。

網址：https://youtu.be/SHIAzBIKkXc

奇聞六十二

蘇元良，〈臺大醉月湖名考〉，《臺大校友雙月刊》第六十三期，國立臺灣大學，二〇〇九年五月。

奇聞六十三

〈宮燈道〉，《淡江時報》第五七九期，淡江時報社，二〇〇四年八月九日。

奇聞六十四

特刊編輯委員會，《東海風：東海大學創校四十週年特刊》，東海大學出版社，一九九五年。

奇聞六十五

特刊編輯委員會，《東海風：東海大學創校四十週年特刊》，東海大學出版社，一九九五年。

奇聞六十七

王慧瑛，〈三室友魂斷奇萊，清大所長追憶三十四年前，廖學輝、許榮通、魏國良登奇萊，行前「約好誰也不救誰」，但發現時屍體在一起「守護彼此」〉，《聯合報》，二〇一四年四月二十八日。

奇聞六十八

政大新聞報，〈【校園傳說專題】清大遊樂園，兒童不宜〉，PeoPo 公民新聞平臺，二〇〇七年十一月二十日。

奇聞六十九

徐婉翊，《臺南市文昌帝君信仰之研究》，國立臺南大學臺灣文化研究所碩士論文，二〇〇八年。

奇聞七十

〈壢中鬼話〉，《壢中青年》第一二〇期，二〇〇五年六月。

奇聞七十一

〈壢中鬼話〉，《壢中青年》第一二〇期，二〇〇五年六月。

奇聞七十二

謝佳靜，《學校怪談的台日比較》，南台科技大學應用日語系碩士論文，二〇〇九年。

奇聞七十三

林和君，〈從蘭潭魚精到鵝湖水怪：嘉義大學校園傳說暨其流傳探析〉，《嘉義研究》第二十四期，二〇二〇年九月。

奇聞七十四

〈血濺杏壇桃泛雨，斧劈絳帳徒弑師，基中高二七班教室慘劇，周振隆行兇江新同不治〉，《聯合報》，一九六九年五月八日。

奇聞七十五

謝佳靜，《學校怪談的台日比較》，南台科技大學應用日語系碩士論文，二〇〇九年。

葉高華，〈臺灣七大都市傳說之三：學校以前都是亂葬崗〉，《地圖會說話》網路部落格，二〇一五年七月三十日。

網址：https://mapstalk.blogspot.com/2015/07/blog-post_30.html

奇聞七十六

〈義守大學「二一池」、「三二球」，校園另類景點〉，《義守大學新聞》，二〇〇六年八月十七日。

〈逢甲大學封印「二一步道」，破死當魔咒後依然冷清清〉，《ETtoday 新聞雲》，二〇一二年十一月二十一日。

網址：https://www.ettoday.net/news/20121121/130236.htm#ixzz6ZnLL7QZv

成大畢聯會，成功大學一〇九級畢業歌曲 MV《成式語言》，二〇二〇年五月二十九日。

網址：https://www.youtube.com/watch?v=WQarxjeqKfA & feature=emb_title

奇聞七十七

黃立翔，〈要吃餅嗎？學生撞鬼啦！華梵大學靈異傳奇，臉泛青光的小女孩來無影去無蹤，校方指無厘頭傳說，想像力太豐富〉，《自由時報》，二〇〇五年七月三十一日。

奇聞七十八

洪嘉惠主編，《民雄先賢小傳》，民雄文教基金會，一九九八年。

〈網路票選鬼地方，民雄鬼屋最恐怖〉，《自由時報》電子報，二〇一〇年八月二十四日。

網址：https://news.ltn.com.tw/news/life/paper/421739

李滄彬，〈探討劉家古厝與民雄「鬼屋」〉，《民雄文教通訊》第一六七期，民雄文教通訊雜誌社，二〇一二年四月。

〈恐怖喔！！這是什麼鬼地方？！全台十大鬼地方大公開！！〉，《yam 蕃薯藤網（yam 蕃薯藤輕旅行頻道）》，二〇一三年八月一日。網址：https://travel.yam.com/Article.aspx?sn=45409

〈台灣民間鬧鬼傳說〉，《東森新聞》「台灣啟示錄」節目，二〇二〇年四月四月二十九日。

網址：https://youtu.be/scuuFDD_jwo

奇聞七十九

簡麗春，〈基市鬼屋揭密，澄清靈異傳言〉，《中國時報》，二〇〇〇年八月九日。

奇聞八十

胡英牧，〈仁愛路三段六號，盛傳是一幢鬼屋，繪聲繪影，邱醫師深受困擾，迷信害人，竟任其荒廢十年〉，《聯合報》，一九七七年十月十五日。

畢婉如，〈仁愛路鬼屋驚魂〉，《婦女綜合週刊》第一三五期，一九八一年。

〈仁愛路「鬼屋」改建出事了，外籍勞工墜樓不治〉，《中央日報》，一九九〇年二月八日。

〈風水鎮不住鬼？大安分局議論多〉，《聯合報》，二〇一〇年四月四日。

奇聞八十一

〈壹號專題，看見廢墟（二之二）〉，《壹週刊》第三九九期，二〇〇九年一月三日。

奇聞八十二

王翠菱，《閒置空間再利用與都市連接關係轉變—以松園別館為例》，國立東華大學環境政策研究所碩士論文，二〇〇四年。

奇聞八十三

蘇金鳳，〈烏日鬼屋再盛傳，里長：有人住了！別再打擾陽界的人〉，《自由時報》，二〇二〇年八月十八日。

奇聞八十四

片岡巖，《臺灣風俗誌》，臺灣日日新報社，一九二一年。

伊能嘉矩著、楊南郡譯註，《平埔族調查旅行：伊能嘉矩〈台灣通信〉選集》，遠流出版，二〇一二年。

林美容、李家愷，《魔神仔的人類學想像》，五南出版，二〇一四年。

伊能嘉矩著、國史館臺灣文獻館編譯，《臺灣文化志（下）》，大家出版，二〇一七年，第四七四頁。

奇聞八十五

洪敍銘，〈台灣「以女為名」之瀑布命名傳說探析—以南投乙女瀑布、嘉義裸女瀑布、花蓮女鬼瀑布為例〉，《奇萊論衡：東華文哲研究集刊》六期，二〇一八年九月。

林和君，〈臺灣泛族群民俗傳說暨儀俗信仰比較析論〉，《臺灣民俗學青年論集（二）》，豐饒文化社，二〇一八年。

黃雅琪，〈少女聲音引阿嬤失蹤三天，放鞭炮驅魔「女鬼瀑布」找到人〉，《鏡週刊》，二〇二〇年五月十二日。網址：https://www.mirrormedia.mg/story/20200512edi024/

奇聞八十六

黃文犀、蕭玫玲、林佳宏，〈過鬼節，演藝圈曾有的恐怖事件大綜合之臺灣版〉，《新浪網》，二〇〇一年九月九日。網址：http://ent.sina.com.cn/s/h/2001-09-09/56639.html

〈【挑戰新聞】是人還是靈？紅衣小女孩靈異傳說，當年節目製作人首曝真相！〉，《民視讚夯 Formosa TV Thumbs Up》，二〇一九年一月十九日。網址：https://www.youtube.com/watch?v=XQ2piZ-l0DM & t=1574s

〈【挑戰精華】又見紅衣小女孩，觀落陰找往生者無解？〉，《民視讚夯 Formosa TV Thumbs Up》，二〇一九年一月二十五日。網址：https://www.youtube.com/watch?v=ulu451giYlw

〈信不信由你！真實事件簿，重返「台中新田風動石」！靈異V8！協尋紅衣小女孩—《經典好節目》神出鬼沒_精選版〉，《GTV八大電視》，二〇一九年八月三日。網址：https://www.youtube.com/watch?v=JjHTVpNzZdA

〈尋訪「紅衣小女孩」！—《經典好節目》神出鬼沒_精選版〉，《GTV 八大電視》，二〇二〇年八月一日。網址：https://www.youtube.com/watch?v=am8nHGT6yOc

〈信不信由你！真實事件簿，家人思念「牽亡魂」！「鬼牙」姊夫附身解迷！—《經典好節目》神出鬼沒_精選版〉，《GTV 八大電視》，二〇二〇年九月十八日。網址：https://www.youtube.com/watch?v=LHaXQ2Asp2w

奇聞八十七

鄧木卿，〈大肚東海古堡地道，一片謎：大學生壯膽探險，發現死豬、冥紙，陰森森令人害怕〉，《中國時報》，一九九七年十一月二十一日。

蔡金鼎，〈古炮口睥睨下的大肚溪，大肚山歷史碉堡群探秘〉，《大墩文化雙周刊》第六三期，臺中市政府文化局，二〇一一年。

奇聞八十八

克里斯托福，〈每一個站都有一個故事（二）清水站〉，《痞客邦》部落格，二〇一二年四月二十九日。網址：https://tim03094.pixnet.net/blog/post/24963183

奇聞八十九

《風俗畫報》第百三號《臺灣征討圖繪》第三編，東陽堂，一八九五年。

許佩賢譯，《攻台見聞：風俗畫報・台灣征討圖繪》，遠流出版社，一九九五年。

奇聞九十

《風俗畫報》第百三號《臺灣征討圖繪》第三編，東陽堂，一八九五年。
許佩賢譯，《攻台見聞：風俗畫報 • 台灣征討圖繪》，遠流出版社，一九九五年。
陳建忠選注，《賴和集》，臺灣文學館，二〇一二年。
湯世名，〈八卦山情侶禁地？全國最大未婚聯誼八月二十二日要破魔咒！〉，《自由時報》，二〇二〇年八月十二日。

奇聞九十一

劉永寧，〈工人目睹怪獸，描述奇形，專家析論來源，覺得離譜，不可能是人猿，因為本省從未見過，也許由於幻覺，把熊看得像個野人〉，《中國時報》，一九七三年十月十八日。
羅際鴻，〈中央山脈，野人現跡，山胞指證歷歷，似乎真有其事〉，《中國時報》，一九九〇年三月二十一日。
張廣實，〈深山「野人」名叫李乾輝，陳進山十五年前見過，狩獵高明，身體強健〉，《中國時報》，一九九〇年三月二十二日。
羅際鴻，〈野人現象，目睹者言之鑿鑿，好像是真的〉，《中國時報》，一九九〇年三月二十三日。
溫富振，〈疑是山胞，布農人舉證歷歷，可能是真的〉，《中國時報》，一九九〇年三月二十三日。
方瑞洋，〈警方圍捕野人無功：楠西密枝寸民宅遭入侵，研判可能是逃逸外勞〉，《中國時報》，一九九八年五月十二日。
方瑞洋，〈楠西野人出沒？搜捕無功：上身赤裸，趁夜潛入民宅偷食，警判係大陸偷渡客或外勞〉，《中國時報》，一九九八年八月十四日。
周曉婷，〈傳野人出沒，東山人怕怕：青山村民曾目睹攻擊車輛，砸破玻璃，警方判係遊民或外勞〉，《中國時報》，一九九八年十一月二十七日。
林孟婷，〈嘉南山區野人，捉到了，林金寶說不想工作，才四處流竄為家，夜闖民宅行竊〉，《自由時報》，二〇〇三年八月二十一日。
辛啟松，〈南化野人，偷竊維生，強制工作三年，法官判處林金寶一年十月徒刑，讓他有一技之長自食其力，不再犯案〉，《聯合報》，二〇〇三年十一月十四日。
陳賢義，〈野人矯健如藍波，流竄百公里警抓不到〉，《自由時報》，二〇〇九年四月二十一日。
蔡宗憲，〈四警智擒，臺東野人落網〉，《自由時報》，二〇〇九年九月二十四日。
黃良傑，〈流竄偷食，野人判五年半〉，《自由時報》，二〇一〇年四月九日。
潘欣中，〈他是最棒山林老師，飯店惜才，想聘臺灣野人為師〉，《聯合晚報》，二〇一九年七月二十四日。

奇聞九十二

〈夜遊日月潭，覆舟演悲劇，朗誦聖詩祈主賜福，教士教徒枉死三人〉，《中國時報》，一九五九年十二月十五日。
洪英聖，《臺灣先住民腳印》，時報文化，一九九三年。
劉川裕，《台灣旅遊地區靈異實錄》，詠聖文化，一九九五年。
唐美君，〈日月潭邵族的宗教〉，《日月潭邵族調查報告》，南天，一九九六年。
簡史朗（故事採集）、孫大川（總策劃），《邵族：日月潭的長髮精怪》，新自然主義，二〇〇二年。
陳莉環，《邵族口傳文學研究》，中正大學中國文學研究所碩士論文，二〇〇四年。
鄧相揚，《逐鹿水沙連：日月潭的傳說故事》，日月潭國家風景區管理處，二〇〇六年。
葉明憲、楊樹煌，〈惡少一把火，焚日月潭「幽靈船」〉，《中國時報》，二〇〇七年三月二十五日。
鄧相揚，〈逐鹿，水沙連：日月潭百年回顧〉，《明道文藝》四一〇期，明道文藝社，二〇一〇年四月。
〈台灣大搜索／翻船出事前…「陰陽眼」見「抓交替」？醫師：幻覺〉，《中天電視》，二〇一三年九月八日。
網址：https://www.youtube.com/watch?v=c80mtXIDiJ0
王韻筑、孟國華，〈是誰在拍窗？日月潭興業號葬五十七魂，鬼船試膽就卡陰〉，《三立新聞網》，二〇一五年四月十四日。
網址：https://www.setn.com/News.aspx?NewsID=70236
〈日月潭水怪代代傳，邵族親睹人魚生物〉，《三立新聞》，二〇一五年十月十三日。
網址：https://www.youtube.com/watch?v=qa9q4W2DPdw
陳鵲蓮、鍾武均、王前忠，〈人魚傳說，日月潭的長髮精怪〉，《現代啟示錄》，二〇一九年九月九日。
網址：https://www.youtube.com/watch?v=SJjAPUsGMxk

奇聞九十三

〈烏來鬼洞無鬼，蛇蟒蝙蝠與水，洞深氣薄蛛網密結，十二山胞中途折返〉，《中國時報》，一九六四年一月十七日。
〈絕巖千尋探鬼洞，但見萬頭蝙蝠飛，三隊青年，履險搜奇，深山怪聲，找到謎底〉，《中國時報》，一九六四年二月二日。
〈在有關單位強制執行下，烏來風景區「鬼洞」，僅持七年昨予封閉〉，《中央日報》，一九七七年四月三十日。

奇聞九十四

玫瑰之夜創意小組策畫，《玫瑰之夜鬼話連篇Ⅱ》，平氏出版有限公司，一九九六年。
劉冠倫口述、姚芝華撰文，《姚鳳磐的鬼魅世界》，禾田科技，二〇〇五年。

〈嘉義民雄試膽大探險／陰森北宜公路／鬼話連篇 嚇！魚肉好吃嗎？／台灣民間鬧鬼傳說【台灣啟示錄】復刻版 第 814 集｜洪培翔〉，《東森新聞》，二〇二〇年四月二十九日。網址：https://youtu.be/scuuFDD_jwo

奇聞九十五

〈崗山人猿再度出現：傳說是女性，渾身金黃羽〉，《中國日報》，一九五六年六月五日。

奇聞九十六

錯別字（賴正鎧），《鬼獨家：找鬼記者的靈異事件簿》，台灣遊讀會，二〇二〇年。

奇聞九十七

劉川裕，《台灣旅遊地區靈異實錄》，詠聖文化，一九九五年。

劉川裕，《山魅：揭開臺灣登山神秘檔案》，地球書房文化出版，二〇〇四年。

曾吉松，〈玉山鬼壓床，女孩要紙錢和花〉，《聯合報》，二〇〇七年八月十四日。

施靜茹，〈醫學觀點，高山缺氧，出現幻覺錯覺〉，《聯合報》，二〇〇七年八月十四日。

鄭朝陽，〈真的見鬼？編鬼故事，免得隊員亂跑〉，《聯合報》，二〇〇七年八月十四日。

邱德祥，〈高山上有鬼，靈異傳說繞山頭〉，《聯合報》，二〇〇七年八月十四日。

陳宛茜，〈老玉山人的三度奇遇〉，《聯合報》，二〇一三年五月三十一日。

〈登玉山夜宿排雲山莊，小心夜半敲門聲〉，《壹週刊》，二〇一八年九月八日。網址：https://tw.nextmgz.com/realtimenews/news/445442

奇聞九十八

龔燮，〈美人魚——金門雜談〉，《徵信新聞》，一九五六年十二月十八日。

奇聞九十九

王瑄琪，〈仁義潭抓交替？「湖中有人招手」，女投水獲救〉，《中國時報》，二〇一三年十月十六日。

奇聞一百

宋耀光，〈「山裡遇魔神」，八十二歲婦迷走五天，採菇失蹤，百人遍尋不著，衣衫襤褸自己走出森林，老婦：魔神頭髮很長，沒有穿衣服〉，《聯合報》，二〇〇八年七月二十三日。

▲【圖片出處】書中的卡多里樂園照片、育達學校宿舍照片經過友人同意刊登，特此感謝。書中其他實景照片皆是本書作者走訪該地攝影，書中拍攝的古書、古物、民俗物品……等物件也是作者個人收藏。

聖典 051
都市傳說事典：臺灣百怪談（精裝）

作　　者／何敬堯
繪　　者／小 G 瑋
企畫選書人／張世國
責任編輯／張世國
發 行 人／何飛鵬
總 編 輯／王雪莉
業務經理／李振東
行銷企劃／陳姿億
資深版權專員／許儀盈
版權行政暨數位業務專員／陳玉鈴
法律顧問／元禾法律事務所　王子文律師
出　　版／奇幻基地出版
台北市 104 民生東路二段 141 號 8 樓
電話：(02)2500-7008 傳真：(02)2502-7676
網址：www.ffoundation.com.tw
email：ffoundation@cite.com.tw
發　　行／英屬蓋曼群島商家庭傳媒股份有限公司城邦分公司
台北市民生東路二段 141 號 11 樓
書虫客服服務專線：02-25007718．02-25007719
24 小時傳真服務：02-25170999．02-25001991
服務時間：週一至週五 09:30-12:00．13:30-17:00
郵撥帳號：19863813 戶名：書虫股份有限公司
讀者服務信箱 E-mail：service@readingclub.com.tw
歡迎光臨城邦讀書花園網址：www.cite.com.tw
香港發行所／城邦（香港）出版集團有限公司
香港灣仔駱克道 193 號 1 東超商業中心 1 樓
電話：(852)25086231 傳真：(852)25789337
馬新發行所／城邦（馬新）出版集團【Cite(M)Sdn. Bhd.(458372U)】
11, Jalan 30D/146, Desa Tasik,
Sungai Besi, 57000 Kuala Lumpur, Malaysia.
電話：603-9056-3833 傳真：603-9056-2833

國家圖書館出版品預行編目資料
都市傳說事典：臺灣百怪談 / 何敬堯著；小 G 瑋繪
一初版 .一台北市：奇幻基地出版；家庭傳媒城邦分公司發行；2022.1（民 111.1）
面：14.8X21 公分 . – (聖典：051)
ISBN 978-626-7094-16-7 (精裝)
1. 傳說　2. 通俗作品　3. 臺灣
539.533　110021541

封面插畫設計／小 G 瑋
內頁設計排版／櫻兔
印　　刷／高典印刷有限公司

■ 2022 年 (民 111)1 月 25 日初版一刷 Printed in Taiwan.

售價／ 750 元

本書中文繁體字版由作者何敬堯授權奇幻基地在全球獨家出版、發行。
Copyright © 2022 by 何敬堯（都市傳說事典：臺灣百怪談）
ALL RIGHTS RESERVED
著作權所有．翻印必究
ISBN 978-626-7094-16-7
Printed in Taiwan

城邦讀書花園
www.cite.com.tw

廣　告　回　函
北區郵政管理登記證
台北廣字第000791號
郵資已付，免貼郵票

104台北市民生東路二段141號11樓

英屬蓋曼群島商家庭傳媒股份有限公司城邦分公司 收

請沿虛線對摺，謝謝

奇幻基地

每個人都有一本奇幻文學的啟蒙書

奇幻基地官網：http://www.ffoundation.com.tw
奇幻基地粉絲團：http://www.facebook.com/ffoundation

書號：1HR051C　　書名：都市傳說事典：臺灣百怪談（精裝）

請於此處用膠水黏貼

奇幻基地

讀者回函卡

謝謝您購買我們出版的書籍！請費心填寫此回函卡，我們將不定期寄上城邦集團最新的出版訊息。

姓名：＿＿＿＿＿＿＿＿＿＿＿＿　性別：□男　□女

生日：西元＿＿＿＿年＿＿＿＿月＿＿＿＿日

地址：＿＿＿＿＿＿＿＿＿＿＿＿

聯絡電話：＿＿＿＿＿＿＿＿傳真：＿＿＿＿＿＿＿＿

E-mail ：＿＿＿＿＿＿＿＿＿＿＿＿

學歷：□1.小學　□2.國中　□3.高中　□4.大專　□5.研究所以上

職業：□1.學生　□2.軍公教　□3.服務　□4.金融　□5.製造　□6.資訊

□7.傳播　□8.自由業　□9.農漁牧　□10.家管　□11.退休

□12.其他＿＿＿＿＿＿＿＿

您從何種方式得知本書消息？

□1.書店　□2.網路　□3.報紙　□4.雜誌　□5.廣播　□6.電視

□7.親友推薦　□8.其他＿＿＿＿＿＿＿＿

您通常以何種方式購書？

□1.書店　□2.網路　□3.傳真訂購　□4.郵局劃撥　□5.其他

您購買本書的原因是（單選）

□1.封面吸引人　□2.內容豐富　□3.價格合理

您喜歡以下哪一種類型的書籍？（可複選）

□1.科幻　□2.魔法奇幻　□3.恐怖　□4.偵探推理

□5.實用類型工具書籍

對我們的建議：＿＿＿＿＿＿＿＿＿＿＿＿

＿＿＿＿＿＿＿＿＿＿＿＿

＿＿＿＿＿＿＿＿＿＿＿＿

為提供訂購、行銷、客戶管理或其他合於營業登記項目或章程所定業務之目的，英屬蓋曼群島商家庭傳媒（股）公司城邦分公司，於本集團之營運期間及地區內，將以電郵、傳真、電話、簡訊、郵寄或其他公告方式利用您提供之資料（資料類別：C001、C002、C003、C011等）。利用對象除本集團外，亦可能包括相關服務的協力機構。如您有依個資法第三條或其他需服務之處，得致電本公司客服中心電話 (02)25007718請求協助。相關資料如為非必要項目，不提供亦不影響您的權益。

1. C001辨識個人者：如消費者之姓名、地址、電話、電子郵件等資訊。
2. C002辨識財務者：如信用卡或轉帳帳戶資訊。
3. C003政府資料中之辨識者：如身分證字號或護照號碼（外國人）。
4. C011個人描述：如性別、國籍、出生年月日。

請於此處用膠水黏貼